大学数字图书馆国际合作计划
CHINA ACADEMIC DIGITAL ASSOCIATIVE LIBRARY

CADAL
项目标准规范丛书

数字资源存储、仓储和发布的标准规范建设

潘云鹤◎丛书主编

刘　翔　黄志强　施干卫　支文英◎编　　著

ZHEJIANG UNIVERSITY PRESS
浙江大学出版社

图书在版编目（CIP）数据

数字资源存储、仓储和发布的标准规范建设 / 刘翔
等编著. —杭州：浙江大学出版社，2018.12（2020.8 重印）
（CADAL 项目标准规范丛书 / 潘云鹤主编）
ISBN 978-7-308-18781-7

Ⅰ.①数… Ⅱ.①刘… Ⅲ.①院校图书馆—数字图书
馆—文献资源建设—标准 Ⅳ.①G250.76-65

中国版本图书馆 CIP 数据核字（2018）第 275781 号

数字资源存储、仓储和发布的标准规范建设

刘　翔　黄志强　施干卫　支文英　编著

责任编辑	张凌静（zlj@zju.edu.cn）
责任校对	刘　郡
封面设计	续设计
出版发行	浙江大学出版社
	（杭州市天目山路 148 号　邮政编码 310007）
	（网址：http://www.zjupress.com）
排　　版	杭州中大图文设计有限公司
印　　刷	广东虎彩云印刷有限公司绍兴分公司
开　　本	787mm×1092mm　1/16
印　　张	11.25
字　　数	288 千
版 印 次	2018 年 12 月第 1 版　2020 年 8 月第 3 次印刷
书　　号	ISBN 978-7-308-18781-7
定　　价	56.00 元

"CADAL 项目标准规范丛书"编委会

总　序

　　春华秋实，"CADAL 项目标准规范丛书"即将正式出版了。该丛书不仅汇编了历年来 CADAL 项目标准规范建设的成果，而且包含了 CADAL 人在标准规范建设中的经验总结和理论探索，是 CADAL 项目建设的基石，也是 CADAL 项目成果中璀璨的明珠之一。

　　CADAL 项目的建设始于 2000 年。那时，全球的数字图书馆建设热潮初起，包括卡内基梅隆大学、中国科学院和浙江大学等机构的中美两国计算机科学家共同发起了"中美百万册书数字图书馆合作计划（China-US Million Book Digital Library Project）"，目标是建设一百万册电子图书，并逐步向用户提供服务。2000 年 12 月，"百万册书计划"项目启动，项目定名为"高等学校中英文图书数字化国际合作计划（China-America Digital Academic Library，CADAL）"。

　　2002 年 9 月，国家计划委员会、教育部、财政部在《关于"十五"期间加强"211 工程"项目建设的若干意见》的文件中，将"高等学校中英文图书数字化国际合作计划（CADAL）"列入"十五"期间"211 工程"公共服务体系建设，CADAL 与"中国高等教育文献保障系统（China Academic Library & Information System，CALIS）"一起，构成了中国高等教育数字化图书馆的基本框架。2005 年 11 月，作为首个有外资参与的"211 工程"项目，CADAL 完成了一百万册资源的加工工作，拥有了较为齐全和完整的数字化特藏，初步建成了中国高等教育数字化图书馆。作为当时全球最大的公益性数字图书馆，CADAL 不仅数据量大，而且学术性强、开放程度高，一百万册图书向全世界开放提供数字化信息服务，CADAL 一期建设圆满完成。

　　2008 年正值我国数字图书馆建设规模、数字资源的海量管理乃至数字图书馆技术皆迅猛发展的时期。为了更好地实现"构建拥有多学科、多类型、多语种海量数字资源的，由国内外图书馆、学术组织、学科专业人员广泛参与的，具有高技术水平的学术数字图书馆"的项目建设总体目标，教育部决定继续投资 CADAL 建设，并将二期更名为"大学数字图书馆国际合作计划（China Academic Digital Associative Library，CADAL）"。建设方案几经酝酿、修改，2009 年 8 月，CADAL 项目二期可行性研究报告通过了教育部专家的评审和论证。作为"211 工程""中国高等教育文献保障系统"的两大专题之一，2010 年 4 月，项目二期正式启动，并于 2012 年 5 月通过验收。通过一、二期十年的建设，CADAL 项目以 250 万册的数字资源总量，继续保持国内外公益性数字图书馆规模的领先地位，实现了对科学技术与文化艺术的多种类型媒体资源的数字化整合，可以向读者提供一站式个性化知识服务，成为国家创新体系中重要的学术信息基础设施之一。

　　CADAL 的建设，见证了中国数字图书馆事业的成长历程：从蹒跚学步到健步如飞，而今不仅风华正茂，而且更充满了自信和创新的活力。

　　标准为人类文明的发展提供了重要的技术保障，CADAL 标准规范研究始于建设之初，并贯穿了 CADAL 建设的全过程。CADAL 人深知，当今世界，标准化已经成为衡量国家、行业、企业、项目核心竞争力的基本要素，"得标准者得天下"。

在 CADAL 项目建设之初，国际上已经有一些涉及数字图书馆的初步标准规范成果，中国的图书馆界正开始这方面的研究和实践。作为一个由海量数据、众多应用软件组成的复杂层次系统，若完全依靠"拿来主义"，不仅不能满足项目建设的需要，而且还会给项目的发展带来更大的障碍。

因此，CADAL 项目的标准规范建设始终立足于项目实践，在吸收、借鉴国内外数字图书馆标准研究已有的规范、标准成果的基础上，密切关注数字图书馆快速发展过程中出现的新技术、新介质、新形式，根据数字资源加工、发布、存储、服务、应用等流程，围绕数字资源创建、描述、组织、检索、服务和长期保存的整个过程，针对文本、文档、图像、音频、视频、动漫数据等多媒体的数字资源，构建了一个由数字对象、资源集合、信息组织、知识组织和辅助等 5 大框架——包含元数据标准、加工规范、多维度标签分类标准、知识标引标准、数字版权规范、数字图书馆评估规范等 16 个标准规范集——组成的 CADAL 项目标准规范体系，全面覆盖了数字资源从内容策划到创建、组织描述、保存管理、获取和整合，再到维护和提供服务的完整流程。CADAL 项目标准规范的建设过程，是一个"从实践中来，到实践中去"的典型过程。

CADAL 项目的标准规范建设遵循的是对数字图书馆发展趋势的正确判断。因而，CADAL 项目的标准规范，有的是遵循国际数字图书馆建设的互操作规范，将国内外的相关标准规范经过改造为我所用的；有的是根据项目建设的实际需要，经过项目建设检验的实践经验固化成文的；有的是适应新的发展需求形成的新规范。这些标准规范遵从一定的规则，形成系列，并构筑起一个完整的体系，既能指导实践，更具开放性、规范性，又保持可持续发展；从另一角度科学合理地诠释了数字资源从无序的集合到有序的信息组织，继而成为知识本体的生命周期；指导了 CADAL 项目的建设实践，引导了数字图书馆的发展方向。

"CADAL 项目标准规范丛书"的"汇编"部分，系统完整地展示了 CADAL 项目标准规范建设的成果；而丛书的另一部分，则收集了建设者们关于标准规范的部分理论研究成果。读者可以发现在将海量资源从信息变为知识，进而形成知识与情报网络的建设实践中，融入了大量对数字图书馆的新认知和新探索，诠释出了 CADAL 项目服务新模式的建立和关键技术的突破。

信息技术的快速变革，为数字图书馆标准规范的制定增添了相当大的难度。目前，包括 CADAL 项目在内的数字图书馆标准规范，大多是事实标准，随着技术的发展需要不断更新和修订。本丛书编入的部分标准规范，已经过多次修订和完善。如何兼容频繁变化的信息技术，使其对数字图书馆建设的当前与未来皆具指导意义，是 CADAL 项目标准规范建设的一个新挑战。

而 CADAL，已经做好准备，迎接新的挑战。

潘云鹤

2014 年 9 月

前　言

本书系"CADAL 项目标准规范丛书"之一,对 CADAL 建设过程中资源的存储方式予以梳理,从实践出发进行总结归纳,系统地总结了数字资源的存储方式、通常采用的仓储标准及资源发布时可遵循的相关压缩规范。

本书共分 4 章,涵盖了存储的概念、数字资源长期保存的策略、数字对象存储的标准及数字资源索引与压缩四大部分内容,具体如下。

第 1 章,对数字资源的存储系统进行了详细的论述,包括对存储介质特点的介绍、存储系统结构的分析和存储设备的介绍。

第 2 章,论述了数字资源长期保存的概念模型、组织框架及保存策略。数字资源长期保存是对数字资源进行摄入、保存和管理,在一定条件下提供服务或转移保存的活动。数字信息资源长期保存是伴随信息数字化和服务网络化的发展而出现的,按数字资源保存时间可划分为长期保存、中期保存及短期保存。

第 3 章,论述了数字对象的存储标准,包括通用数字资源存储规范中数字资源存储文档(DRSS)结构描述,数字对象文本类型存储的标准、数字对象图像类型存储标准、数字对象音频类型存储标准及数字对象视频类型存储标准。

第 4 章,论述了数字资源索引与压缩标准,包括数字资源索引技术介绍和数字资源压缩规范介绍,以便于在实际数字资源发布时采用。

本书第 1 章和第 3 章由刘翔撰写,第 2 章由施干卫撰写,第 4 章由黄志强撰写。另外,支文英主要负责书稿的校对工作。

由于作者水平有限,加之编写时间较为仓促,书中难免有疏漏和错误之处,恳请读者予以指正。

刘　翔

2018 年 8 月于浙江理工大学

目　录

第 1 章　存储系统简介 ………………………………………………………… 1

1.1　存储系统 …………………………………………………………………… 1

1.2　存储介质 …………………………………………………………………… 1

　　1.2.1　光存储 ……………………………………………………………… 2

　　1.2.2　Flash 存储 ………………………………………………………… 2

　　1.2.3　硬盘 ………………………………………………………………… 4

1.3　存储系统结构 ……………………………………………………………… 4

　　1.3.1　主机系统 …………………………………………………………… 4

　　1.3.2　连接方式 …………………………………………………………… 6

　　1.3.3　存储设备 …………………………………………………………… 9

　　1.3.4　磁盘阵列 …………………………………………………………… 10

1.4　网络存储系统 ……………………………………………………………… 16

　　1.4.1　直连式存储 ………………………………………………………… 16

　　1.4.2　存储区域网络 ……………………………………………………… 17

　　1.4.3　NAS 网络存储技术 ………………………………………………… 25

　　1.4.4　IP SAN ……………………………………………………………… 34

1.5　对象存储系统 ……………………………………………………………… 39

　　1.5.1　对象存储系统简介 ………………………………………………… 40

　　1.5.2　OSD 基本概念 ……………………………………………………… 41

　　1.5.3　对象存储文件系统体系结构 ……………………………………… 47

　　1.5.4　OSD 的安全 ………………………………………………………… 53

1.6　信息生命周期管理 ………………………………………………………… 55

　　1.6.1　信息生命周期 ……………………………………………………… 56

　　1.6.2　信息生命周期的五个阶段 ………………………………………… 57

　　1.6.3　信息生命周期管理 ………………………………………………… 57

　　1.6.4　ILM 对企业的战略价值 …………………………………………… 58

　　1.6.5　ILM 的实施方法 …………………………………………………… 58

　　　1.6.6　信息生命周期管理实施的步骤 ···································· 63

　　　1.6.7　信息生命周期管理的战略 ·· 64

第2章　数字资源长期保存 ·· 65

　2.1　数字资源长期保存模型 ··· 65

　　　2.1.1　OAIS数字资源长期保存概念模型 ································· 65

　　　2.1.2　SIRF数字资源长期保存模型 ····································· 68

　2.2　数字资源组织框架 ··· 69

　2.3　数字资源存储框架 ··· 69

　2.4　数字资源长期保存策略 ··· 70

　　　2.4.1　首选介质——磁带存储 ·· 70

　　　2.4.2　磁带存储系统的特点 ·· 71

　　　2.4.3　磁带存储系统的类型 ·· 71

　　　2.4.4　磁带存储系统的选择 ·· 73

　2.5　面向对象的并行文件系统与SIRF ·· 74

　2.6　推荐的存储架构模型 ··· 74

　2.7　文件及目录策略 ··· 75

第3章　数字对象存储标准 ·· 76

　3.1　通用数字资源存储规范 ··· 76

　　　3.1.1　数字资源存储文档 ·· 76

　　　3.1.2　DRSS文档头节点drssHdr ·· 79

　　　3.1.3　DRSS文档描述型元数据节点dmdSec ······························ 82

　　　3.1.4　DRSS文档管理型元数据节点amdSec ······························ 85

　　　3.1.5　DRSS文档文件节点fileSec ······································ 89

　　　3.1.6　DRSS文档结构图节点structMap ·································· 94

　　　3.1.7　DRSS文档属性组 ·· 101

　3.2　数字对象文本类型存储标准 ·· 103

　　　3.2.1　文本文件 ·· 103

　　　3.2.2　编码 ·· 103

　3.3　数字对象图像类型存储标准 ·· 112

　　　3.3.1　文件大小 ·· 112

　　　3.3.2　文件格式 ·· 112

　　　3.3.3　格式版本 ·· 115

　　　3.3.4　压缩模式 ·· 115

3.3.5　压缩率 ……………………………………………… 115

3.3.6　图像宽度 …………………………………………… 115

3.3.7　图像高度 …………………………………………… 116

3.3.8　色彩空间 …………………………………………… 116

3.3.9　图像来源 …………………………………………… 118

3.3.10　来源类型 …………………………………………… 118

3.3.11　图像获取设备信息 ………………………………… 118

3.3.12　创建时间 …………………………………………… 118

3.3.13　创建者 ……………………………………………… 118

3.3.14　创建设备 …………………………………………… 118

3.3.15　扫描仪信息 ………………………………………… 119

3.3.16　光学分辨率 ………………………………………… 119

3.3.17　扫描软件 …………………………………………… 120

3.3.18　数码相机信息 ……………………………………… 120

3.3.19　光圈值 ……………………………………………… 121

3.3.20　曝光时间 …………………………………………… 122

3.3.21　ISO 值 ……………………………………………… 123

3.4　数字对象音频类型存储标准 ………………………………… 123

3.4.1　音频块大小 ………………………………………… 123

3.4.2　音频数据编码 ……………………………………… 123

3.4.3　有损和无损 ………………………………………… 124

3.4.4　频率与采样率 ……………………………………… 124

3.4.5　采样位数 …………………………………………… 125

3.4.6　位速 ………………………………………………… 126

3.4.7　采样字长 …………………………………………… 126

3.4.8　音频压缩 …………………………………………… 128

3.4.9　编码器 ……………………………………………… 128

3.4.10　音频格式 …………………………………………… 129

3.4.11　声道 ………………………………………………… 134

3.4.12　声场 ………………………………………………… 135

3.4.13　声场衰变和混响时间 ……………………………… 137

3.5　数字对象视频类型存储标准 ………………………………… 137

3.5.1　数据率 ……………………………………………… 137

3.5.2　色彩 ………………………………………………… 137

3.5.3　编码器 ……………………………………………… 138

3.5.4 压缩率 ··· 139

3.5.5 帧 ·· 139

3.5.6 帧速率 ··· 139

3.5.7 采样率 ··· 140

3.5.8 显示比例 ··· 140

3.5.9 信号制式 ··· 140

3.5.10 视频格式 ·· 141

3.5.11 分辨率 ·· 145

第 4 章 数字资源索引与压缩 ·· 147

4.1 数字资源索引技术 ·· 147

4.1.1 索引技术概论 ··· 147

4.1.2 XML 索引及其分类 ··· 148

4.1.3 数字资源文档的存取 ··· 149

4.1.4 主流数据库管理系统的 XML 索引 ······························· 151

4.2 数字资源压缩规范 ·· 155

4.2.1 数字资源压缩概述 ··· 155

4.2.2 文本数字资源的压缩 ··· 158

4.2.3 图像数字资源的压缩 ··· 159

4.2.4 视频数字资源的压缩 ··· 161

4.2.5 音频数字资源的压缩 ··· 163

4.2.6 推荐的数字资源压缩规范 ······································· 165

参考文献 ··· 169

第 1 章　存储系统简介

1.1　存储系统

存储系统是用来保存数据,并能够按照用户请求提供相应数据的部件、设备和计算机系统。事实上,存储设备在本质上也是一种计算机系统,例如内存条本身也具有计算部件和寄存器。本质上,存储系统使得信息在时间上得以延续,而不会消逝;而计算机存储系统使得数字化信息得以保持在介质之中,在需要的时候能够提供及时的存取。

广义的存储设备包括 CPU 中的寄存器、多级高速缓存(cache)、内部存储系统和外部存储系统。内存也称为内存系统(memory system),而外部存储系统称作存储系统(storage system)。狭义的存储系统通常就仅仅指外部存储系统。相对于内存系统,存储系统必须提供大容量和非易失性的数据存储能力,非易失性使得存储系统在掉电或者断连主机的情况下能够正确地保存数据。

存储网络的出现,使得存储的层次更加复杂,一个远地存储系统可以为主机提供存储服务,极大地扩充主机可以使用的存储空间,但同时引入了存储空间管理的复杂性。因为每个存储设备总是要提供相应的存储空间供系统存取数据,必须把这些独立的、基础的物理存储空间构成统一使用的逻辑存储空间,这也是存储虚拟化所做的工作,但随着数据存储系统中存储设备和存储层次的增加,这种统一过程的复杂度和难度也相应地增加。

存储虚拟化(storage virtualization)最通俗的理解就是对存储硬件资源进行抽象化表现。通过将一个(或多个)目标(target)服务或功能与其他附加的功能集成,统一提供有用的全面功能服务。典型的虚拟化包括如下一些情况:屏蔽系统的复杂性,增加或集成新的功能,仿真、整合或分解现有的服务功能等。虚拟化是作用在一个或者多个实体上的,而这些实体则是用来提供存储资源或服务的。

1.2　存储介质

在原始社会,人类用树枝和石头等来记录数据,随后人类懂得了冶炼技术,采用金属在石头上刻画一些象形文字来记录信息。在战国至魏晋时代,采用了竹简为书写材料。东汉时,蔡伦改进了造纸术,可以采用纸张保存信息。近代信息技术飞速发展,存储的介质也多种多样。目前数据存储介质可以分为以下三大类。

1.2.1 光存储

光存储技术具有存储密度高、存储寿命长、非接触式读写和擦除、信息的信噪比高、信息位的价格低等优点。光存储由光盘表面的介质实现,光盘上有凹凸不平的小坑,光照射到其上有不同的反射,再转化为 0、1 的数字信号就成了光存储。通常是采用光驱中激光头发出的激光,其照射到上面会有不同的光反射回来,光驱将反射回来的光转化为 0 或 1 的二进制数据。

1.只读碟(CD-ROM)

记录介质为涂有光刻胶的玻璃盘基。只读碟(CD-ROM),即被写入数据之后只可以读取而无法再次写入的光碟。直径约 4.5 英寸,厚 1/8 英寸,能容纳约 660 MB 的数据。

2.可录光碟(CD-R)

采用热效应记录信息。用聚焦激光束照射 CD-R 中的有机染料记录层,照射点的染料发生汽化,形成与记录信息对应的坑点,完成信息的记录。CD-R 是一种一次写入、永久读的标准。CD-R 写入数据后,该光碟就不能再刻写了。

3.可重写光碟(CD-ROM)

可重写光碟相对于其他光碟的优势在于刻录后可以使用软件擦除数据,再次使用光碟。理论重写次数可达 1000 次,容量分别为 700 MB、4.7 GB 和 8.5 GB。

4.蓝光存储

蓝光(blu-ray)或称蓝光碟(blu-ray disc,BD)利用波长较短(405 nm)的蓝色激光读取和写入数据,并因此而得名。而传统 DVD 需要光头发出红色激光(波长为 650 nm)来读取或写入数据。通常来说,波长越短的激光,能够在单位面积上记录或读取的信息越多。当前,蓝光是最先进的大容量光碟格式,容量达到 25 GB 或 50 GB,在速度上,蓝光的单倍(1X)速率为 36 Mbps,即 4.5 MB/s,允许 1X～12X 倍速的记录速度,即 4.5～54 MB/s 的记录速度。

5.近场光存储

近场光存储是使用锥尖光纤作为数据读写的光头,而且将光纤与光碟之间的距离控制在纳米级,使从光纤中射出的光在扩散之前就接触到盘面,故称作近场记录。与传统的光存储方式相比,近场光存储的存储容量大大提高。当光斑直径小于半个波长时,存储密度就会提高几个数量级,可达到 100 GB 以上。

1.2.2 Flash 存储

Flash 闪存是非易失存储器,可以简单地理解成采用半导体芯片作为存储介质的技术的总称,一般叫作"Flash Memory"的技术,从字面上可理解为闪速存储器。手机内的 TF 卡、数码照相机用的 Flash 卡、U 盘等都属于这类产品。常见的半导体存储卡有如下几种:

1.CF 卡

CF(compact flash)卡最大的优势就是价格便宜,它的缺点是体积较大。

2.MMC 卡

MMC(multimedia card)卡是由西门子(SIEMENS)公司和首推 CF 的闪迪(SanDisk)公司于 1997 年推出的。MMC 卡的接口设计非常简单,只有 7 针。MMC 卡目前已经相当成熟,它的架构较为简单,兼容性很好,可以反复擦写 30 万次。

3.RS-MMC 卡

RS-MMC(reduced-size multimedia card)卡也是一款投放市场不久的超小型闪存卡,其标准体积为 24 mm×18 mm×1.4 mm,只有标准 MMC 卡的一半大小,然而却继承和沿袭了 MMC 卡所有的优势和性能特征。RS-MMC 卡同样支持自动错误改正、线上实时更新程序功能和平均读写演算法等诸多功能,在功耗、存储速度等方面比主流的 SD 卡、MMC 卡更加优秀。作为目前 MMC 卡标准的延伸技术,RS-MMC 卡解决了困扰手机及消费电子开发者很久的空间问题,使得设计超小外形的电子产品俨然成为可能。

4.SD 卡

SD(secure digital)卡的技术是基于 MMC 卡发展而来的,大小和 MMC 卡差不多,尺寸为 32 mm×24 mm×2.1 mm。长、宽和 MMC 卡一样,只是比 MMC 卡厚了 0.7 mm,可以容纳更大容量的存储单元。SD 卡与 MMC 卡保持着向上兼容,也就是说,MMC 卡可以被新的 SD 设备存取,兼容性则取决于应用软件,但 SD 卡却不可以被 MMC 设备存取。SD 卡接口除了保留 MMC 卡的 7 针外,还在两边多加了 2 针,作为数据线。采用了 NAND 型 Flash Memory,基本上和 SmartMedia 的一样,平均数据传输率能达到 2MB/s。

5.Mini SD 卡

Mini SD(mini secure digital)卡与目前主流的普通 SD 卡相比,在外形上更加小巧,重量仅有 3 g 左右,体积只有 21.5 mm×20 mm×1.4 mm,比普通 SD 卡足足节省了 60% 的空间。在存储容量上,Mini SD 卡也丝毫不差,从 32MB 到几个吉字节都有。

6.TF 卡

TF(transflash)卡外观轻薄小巧,只有一元硬币的一半大小,体积约为 11 mm×15 mm ×1 mm,据称是目前市面上体积最小的手机存储卡。TF 卡兼具嵌入式快闪存储卡体积小、节省空间的优点,又具备可移除式闪存卡的灵活特性,并附有 SD 转接器,兼容任何 SD 读卡器。

7.XD 卡

XD 卡(XD-picture card)属于目前小巧的存储卡,同时具有很大的容量,主要是适应数码照相机的小型化的需求。

8.固态硬盘

固态硬盘(solid state disk,SSD)是用固态电子存储芯片阵列制成的硬盘,由控制单元和存储单元(FLASH 芯片、DRAM 芯片)组成。固态硬盘的接口规范和定义、功能及使用方法与普通硬盘完全相同,在产品外形和尺寸上也完全与普通硬盘一致。

1.2.3 硬盘

硬磁盘(hard disk,HD),简称硬盘。它是一种储存量巨大的设备。IBM 于 1956 年制造出世界上第一块硬盘 350RAMAC,一问世就被广泛地用于计算机设备上。硬盘是电脑主要的存储媒介之一,由一个或者多个铝制或者玻璃制的碟片组成。这些碟片外覆盖了铁磁性材料。绝大多数硬盘都是固定硬盘,被永久性地密封固定在硬盘驱动器中。硬盘按照盘体直径的不同,分为 3.5 英寸、2.5 英寸、1.8 英寸、1 英寸等几种。

1.3 存储系统结构

存储系统环境会随着不同的计算模型而不断改进。目前,存储已经从单一内部磁盘演变为存储系统。存储系统不但要负责对数据的读/写请求(或命令),而且要负责实质上数据的传输。在较高层面上,存储系统应包括以下三个部分:

1.**主机系统 ——在操作系统和需要数据的应用程序间交互**

对存储数据的处理分布于存储系统的许多部分。从主机的角度看,存储数据的读/写一般由物理部件和逻辑部件实现。其中,物理部件包括中央处理器、内存、总线;逻辑部件包括应用软件、操作系统、文件系统以及数据库系统。

2.**连接方式 ——在主机和存储设备间承载读/写命令和数据**

网络互联包括在主机和存储系统间的任何部件。互联的物理部件有连线(主机内总线、光纤、同轴电缆、连接器和插座)、适配器(负责连接外部设备和主机内总线的主机总线适配器、网络接口卡)、交换机/集线器;互联的逻辑部件有通信协议及设备驱动程序。

3.**存储设备——负责数据存储的设备**

存储物理部件包括如磁盘、磁带、光碟的保持数据的物理设备,为这些设备服务的外部部件(如电源、风扇),以及将这些设备集成在一起的机械装置(如机箱和机架等);存储逻辑部件包括协议、处理算法等。

1.3.1 主机系统

用户通过应用程序来存储、检索数据,而运行这些应用程序的计算机被称作"主机"。主机的类型很广泛,可以是简单的笔记本电脑,也可以是复杂的服务器集群。一台主机包括一组使用逻辑部件(软件、协议)进行相互通信的物理部件(硬件设备)。存储系统环境的数据访问及其总体性能取决于主机的物理部件和逻辑部件。

主机物理部件通常包含三个核心:中央处理单元(central processing unit,CPU),内存及磁盘存储设备、输入和输出的 I/O 设备。

主机的逻辑部件由应用软件和协议组成,和物理部件一样,它们协同实现了与用户的数据交互。主机的逻辑部件包括:操作系统(operating system,OS)、设备驱动程序(device driver)、文件系统(file system)、卷管理器(volume manager)和应用程序(application program)。

1.操作系统

操作系统控制计算机环境的所有方面的操作和用户接口。其主要功能包括:管理所有系统硬件部件的内部操作和用户接口。操作系统管理着计算机环境中的各个方面,它工作于应用程序和计算机物理部件之间。操作系统提供给应用程序的功能之一就是支持数据访问。当然,操作系统也监视和响应用户动作。它组织和控制着物理资源并负责物理资源的分配。同时,它还提供了对所管理资源访问与使用的基本安全保障。在管理一些其他底层资源,如文件系统、卷管理器和设备驱动的同时,操作系统也担当基本存储管理的任务。其主要功能包括:控制应用程序与存储系统间的交互;检测并响应用户的动作和系统状态;将硬件部件连接到应用程序层和用户;管理系统的活动,例如存储和通信动作。

2.设备驱动程序

设备驱动程序允许操作系统侦测并使用标准接口存取和控制特定设备,如打印机、扬声器、鼠标、键盘、视频设备和存储设备等。设备驱动提供适当的协议使主机能够访问设备。

3.文件系统

文件系统提供数据的逻辑结构以及存取数据的方法。一个文件就是一个有关联关系的记录或数据的集合,它们作为一个整体存储在一起并被命名。一个文件系统就是大量文件的分层组织结构。文件系统使得对存放在磁盘、磁盘分区(disk partitioning)或逻辑卷(logical volume,LV)内的数据文件的访问变得更加容易。一个文件系统需要基于主机的逻辑结构和软件例程来控制对文件的存取。对磁盘上文件的访问需要由文件拥有者授权才能进行,这通常也是由文件系统来控制的。

4.卷管理器

早期,硬盘驱动器(hard disk drive,HDD)呈现给操作系统的是一组连续的物理块。整个硬盘驱动器都分配给文件系统或是其他数据体,由操作系统或应用程序使用。这样做的缺点是缺乏灵活性:当一个硬盘驱动器的空间使用完时,想要扩展文件系统的大小就很难。而当硬盘驱动器存储容量增加时,把整个硬盘驱动器分配给文件系统通常会导致存储空间不能被充分利用。磁盘分区的引入就是为了改善硬盘驱动器的灵活性和使用率。在分区时,硬盘驱动器被划分为几个逻辑卷。

逻辑卷管理器(logical volume manager,LVM)的发展使得文件系统容量的动态扩展以及高效的存储管理成为可能。LVM是一个运行在物理机器上管理逻辑和物理存储设备的软件。LVM也是一个介于文件系统和物理磁盘之间可选的中间层次。它可以把几个小的磁盘组合成一个大的虚拟磁盘,或是反过来把一个大容量物理磁盘划分为若干个小的虚拟磁盘,提供给应用程序使用。LVM提供了优化的存储访问,简化了存储资源的管理。它隐藏了物理磁盘细节和数据在磁盘上的分布。同时,它也允许管理员改变存储的分配而不用改变硬件,就算应用程序还在运行着也没有关系。

对操作系统来说,逻辑卷就像是一个物理设备。一个逻辑卷可以由不连续的物理分区组成,并可以跨越多个物理卷。一个文件系统可以创建在一个逻辑卷之上,而且逻辑卷可以通过配置来为应用程序提供优化的性能,也可以为镜像提供更好的数据可用性。

5.应用程序

应用程序提供在用户与主机间或者主机与其他系统间的交互点。多数应用都有存储的需求。这些存储短期或者长期依赖于应用程序。一个应用程序就是一个提供计算操作逻辑的计算机程序,它提供了一个介于用户和主机以及多个主机之间的界面。传统的使用数据库的商业应用都采用三层架构:前端是应用用户界面;计算逻辑,或应用本身,构成了中间层;而组织数据的底层数据库,则是后端。应用程序可以直接发送一个请求到底层操作系统,由操作系统来完成在存储设备上的读写操作。应用程序也可以在数据库之上,而数据库同样也要利用操作系统的服务来实现对存储设备的读写操作。这些读写操作最终完成了前端和后端之间的事务。

数据访问可以分为块级别和文件级别两种方式。这取决于应用程序是使用逻辑块地址,还是使用文件名和文件记录标识符来读写磁盘。

块级别访问是磁盘访问的基本机制。在这种类型的访问中,数据是通过指定逻辑块地址来从磁盘存储和查询数据的。块地址是基于磁盘的几何结构配置来获得的,而块大小则确定了应用程序存储和访问数据的基本单位。数据库,如 Oracle 和 SQL Server,在进行 I/O 操作时,就是根据逻辑块地址来定位数据的位置和定义数据访问块的大小。

文件级别访问是块级别访问的一个抽象。文件级别访问是通过指定文件名和路径来访问数据的。它通过底层的块级别访问来存储,向上则为应用程序和数据库管理系统(database management system,DBMS)屏蔽了逻辑块编址的复杂性。

对象级别访问是数据访问向智能化发展迈出的一步。这里,对象是访问和存储数据的基本单位。数据通过分类的方式来组织和管理,并通过唯一的对象标识符来加以区分。应用程序就是通过使用这些标识符来存储和检索数据的。

1.3.2　连接方式

主机及存储系统通过总线及通信协议进行互联,具有内部存储的主机可以是笔记本、电脑或者巨型企业服务器。

1.总线

总线指为了实现计算机一个部件与其他部件间进行数据传输而设置的数据通路集合。物理部件在设备间通过发送数据包的形式利用总线进行通信。这些数据包可以利用串行通路或者并行通路。在串行通信中,各个数据位依次进行传送。而在并行通信中,数据位同时在冗余的通路上进行传送。

一般在计算机系统中至少存在两种类型的总线:系统总线,负责处理器与主存间的数据传输;局部总线或者 I/O 总线,负责外部设备与主机的数据传输,是直接连接到处理器的高速数据通路。

位宽,即总线的规模,是总线中非常重要的指标。位宽决定了一次可以传送的数据量。例如,16 位总线能同时传送 16 位的数据,而 32 位总线则能传送 32 位的数据。形象地讲,位宽就如同高速公路的并行车道数目。

总线都有用频率衡量的时钟速度指标。高速总线能使得数据更快被传送,也使得应用程序运行更快。

2. 协议

协议指定义好的通信格式,使得发送方和接收方设备能够以约定方式通信。为系统制定的通信协议包含的元素有:

(1)紧密互联的实体:如中央处理器与随机存储器(random access memory,RAM)、存储缓冲器与控制器,这些互联实体采用标准的总线技术进行工作。

(2)直接互联的实体:指在中等距离上连接的设备,例如主机与打印机,主机与存储器[磁盘簇(JBOD)或开放系统的直连式存储(DAS)]。

(3)网络互联的实体:例如网络主机、NAS 或者 SAN。用于局部总线和内部磁盘系统互联的协议包括 PCI、IDE/ATA 及 SCSI。

PCI 指外部设备互联协议,是一种定义在计算机内部的局部总线协议。协议标准文本中详细规范了如何进行 PCI 扩充卡(如网络卡或调制解调器)的安装及与中央处理器的信息交换。进一步地说,PCI 包括微处理器和连接设备的互联系统,设备通过主机上各个插槽紧密联系并进行高速数据传输。PCI 协议具有即插即用功能,使得新卡的识别非常简单,它可以进行 32 位或者 64 位的数据传输,可以达到 133MB/s 的吞吐率。

IDE/ATA 协议指集成设备电子技术和高级互联技术,是目前广泛应用于现代磁盘接口的协议。IDE/ATA 具有低成本、高性能的特点。

SCSI 协议指小型计算机系统接口,是第二得到广泛使用的磁盘接口协议。由于具有比 IDE 更明显的优点,使其在诸如高端计算机的场合中得到了青睐。但是由于较高的成本以及对于家庭用户和商业桌面用户来讲并不需要新增的特点,使其并没有像 IDE/ATA 协议那么被广泛应用。需要强调的是,SCSI 协议是一种系统接口,能够实现设备与 PC 或者其他系统的连接,并且采用并行的方式实现多个数据线的数据传输。目前,SCSI 本身已经得到了很大的拓展,使得其应用范围可以不是单纯的并行接口,而是可以指相关技术和标准的宽泛概念。

发起一次 SCSI 通信的设备称为发起者,而为请求进行服务的 SCSI 设备称为目标。如果发起者是主机,那么发起者会释放通信连接并继续处理其他事件,而目标则执行接收到的命令。主机将等待来自于存储设备的中断信号以完成一次传输事务。SCSI 通信的部件包括发起者标识(initiator iD),目标标识(target iD)和逻辑单元号(logic unit numbers, LUNs)。其中,发起者标识指对发起者的唯一标号,也可以用作初始地址;目标标识指目标的唯一标号,用于与发起者进行交换命令和状态的地址信息;逻辑单元号说明在某个目标中的特定逻辑单元,逻辑单元可以不只是单个磁盘。

发起者标识,即初始的发起者 ID 号,一般用作从存储设备反馈的响应信号。目标标识,用于特定存储设备,即在诸如磁盘、磁带和光盘中设定的接口地址。逻辑单元号,反映了由目标看到的设备真实地址。

下面我们总结 SCSI 的特点,以及 IDE/ATA 协议与 SCSI 协议的比较(见表 1.1 和表 1.2)。

表 1.1　SCSI 协议的特点

优　点	缺　点
高传输速率,可达 320 MB/s	特定计算机需单独配置设定
可靠性强,耐久的部件	较少的基本输入输出系统(BIOS)支持
不仅能连接硬盘设备,还能连接许多其他设备	标准、硬件和连接器数量很多
SCSI 主机卡可以用于多个系统	无通用的软件接口和协议
完全向后兼容	

表 1.2　IDE/ATA 与 SCSI 的比较

特　征	IDE/ATA	SCSI
应用对象	内部存储	内部或者外部存储
速率(MB/s)	100/133/150	320
支持热插拔	不支持	支持
扩展性	较容易建立	扩展性好,但较难建立
性价比	高	高成本,高速传输

　　具有外部存储的主机通常是大型的企业服务器。在这类主机中,大多数部件在主机内部,而线缆和磁盘则在主机外部。构成的基本部件则与具有内部存储的主机相同,但是在连接磁盘存储时,主机往往会采用光纤电缆的方式进行高速传输。

3.光纤通道

　　光纤通道是一种用于网络存储环境中将服务器共享于存储设备间的高速互联方式。光纤通道部件一般包括 HBA 接口、集线器、交换机、电缆和磁盘。

　　光纤通道一般指用于通道各个元素间通信的软件协议和硬件部件。在两种最常见的外部存储设备接口中(SCSI 和光纤通道),SCSI 通常用于主机内部的存储器件,而光纤通道一般不会用于内部。SCSI 的特点是:有限距离、有限设备数目、单一发起者和单端口驱动。光纤通道的特点是:远距离,在 SAN 网络中可以有较多互联设备,支持多个发起者,双端口驱动。

　　当计算环境需要高速的互联性时,通常都会使用复杂的设备将主机和存储设备连接起来。

　　在网络存储环境中物理上互联的部件包括:

- 主机总线适配器(host bus adapter,HBA),用于连接主机和存储设备。
- 光缆:光纤电缆可以增加传输距离,减少电缆体积。
- 交换机:用于控制多个互联设备进行数据传输。
- 导向器:具有高可用性部件的复杂交换机。
- 桥:连接不同网络部分的设备。

1.3.3 存储设备

存储设备是存储系统环境中最重要的组成部分。存储设备使用磁性或固态介质。磁盘、磁带、软盘等使用的是磁性介质，CD-ROM 使用光学介质的存储设备，而可移动的闪存卡则是一个使用固态介质的例子。

1. 磁带

磁带（magnetic tape）是做备份最常用的存储介质，因为它的成本很低。过去的数据中心安装有大量的磁带驱动器，需要处理几千卷磁带。但是磁带有很多局限性，表现在以下几个方面：

- 数据在磁带上是沿着磁带的方向线性存储的，检索数据也是按顺序进行的，访问数据难免需要花费数秒的时间。因此，随机访问数据就非常耗费时间。这个缺点限制了磁带不能为那些需要实时、快速访问数据的应用程序提供服务。
- 在一个共享的计算环境中，存储在磁带上的数据不能同时被多个应用程序访问。同一时刻只能允许一个应用程序使用磁带。
- 磁带驱动器上的读写头与磁带表面是接触的，所以在多次使用后磁带会老化、磨损。

尽管有以上这些缺陷，磁带因其成本低和良好的移动性，仍然被广泛地采用。当今磁带技术正朝着高容量介质、高速驱动的方向发展。现在的磁带库通常与附加的内存和磁盘驱动器一起使用，很好地增加了数据的吞吐量。有了这些附加的设备，并增加了智能化管理，当今的磁带可以作为端到端的数据管理解决方案的一部分，特别是作为一种低成本的解决方案，以存放那些需要长期保存但又不经常被访问的数据。

2. 光盘存储

光盘存储（optical disk storage）在小的单用户计算环境中非常流行，它经常在个人电脑中被用来存储相片或作为备份介质。它同样被用作单应用程序（如游戏）的分布介质，或用来在封闭系统之间传送少量数据。光盘的容量和速度都比较有限，因此难以被用作企业级数据存储。

光盘的"一次写，多次读（write once and read many，WORM）"的特点是它的一个优势。CD-ROM 就是一个 WORM 设备。从某种程度上说，光盘可以保证数据内容不被更改，所以对于那些需要长期存储的、创建之后就不会改变的少量固定数据，可以把光盘作为一种低成本的备选方案。由一组光盘组成的光盘阵列，称为自动唱片点唱机，现在仍然是一种固定内容的存储解决方案。其他形式的光盘还包括 CD-RW 以及各种各样的 DVD。

3. 磁盘存储

磁盘驱动器（disk drive）是当今计算机存储和访问数据使用最多的存储介质，可以很好地支持性能密集型（performance-intensive）在线应用程序。磁盘支持快速的随机数据访问，这意味着大量用户或应用程序能同时写或检索数据。另外，磁盘有很大的容量，由多个磁盘组成的磁盘阵列能够提供更大的容量和更高的性能。

1.3.4 磁盘阵列

磁盘阵列是一种高级的计算机应用技术,主要应用于服务器领域。其原理是利用数组方式来做磁盘组,配合数据分散排列的设计,提升数据的安全性。RAID 也可以看作是一种特殊的数据备份方式,而其数据恢复也有不同于单个硬盘的特色。最早的多盘系统思想出现在 1987 年美国加州大学伯克利分校的三位研究人员(David A. Patterson,Garth Gibson 和 Randy H. Katz)发表的学术论文"A Case of Redundant Array of Inexpensive Disks"中,即廉价磁盘冗余阵列方案。这篇论文的主要思想就是将多个容量较小、相对廉价的硬盘驱动器进行有机组合,使其性能超过单价较贵的大容量硬盘。这一设计思想很快受到了重视,并且得到了实际应用。随着基于上述思想的多盘系统的不断出现,需要对各种技术进行必要的规范并制定相应的标准,为此工业界通过了一个称为磁盘冗余阵列(redundant arrays of inexpensive disks,RAID)的标准方案。根据 RAID 系统对磁盘数据分布以及校验方式的不同,RAID 系统可以分为 7 个级别(从 RAID 0 到 RAID 6)。其中,RAID 0,RAID 1,RAID 3 以及 RAID 5 是较为常用的级别。

RAID 磁盘阵列就是将 n 台硬盘通过 RAID 控制器(RAID controller)结合成虚拟单台大容量的硬盘使用,其特色是 n 台硬盘能加快读取速率及提供容错性。因此,某些组成 RAID 的方案的主要特色就是在数据存取速度提高的同时提供一定的容错性,有效地解决了冗余的要求。RAID 系统使得多个磁盘系统并行工作,这样增加了数据出错的概率。为了对这种可靠性下降进行补偿,RAID 特别增加了奇偶校验数据存储,以挽救由于某种噪音形成的数据丢失。

RAID 的一个基本概念称作强调扩充性及容错机制(extended data availability and protection,EDAP),可在无须停机的情况下自动检测故障硬盘、重建硬盘坏轨的资料、进行硬盘备份(hot spare)、进行硬盘替换(hot swap)、扩充硬盘容量等。

一旦 RAID 阵列出现故障,硬件服务商只能给客户重新初始化或者重建(rebuild),这样客户数据就会无法挽回。因此,用户须掌握 RAID 0、RAID 1、RAID 5 以及组合型 RAID 系列磁盘阵列数据恢复的方法,出现故障以后只要不对阵列做初始化操作,就有机会恢复磁盘阵列的数据。

RAID 技术主要包含 RAID 0～RAID 7 等数个规范,它们的侧重点各有不同。

1.RAID 0 组成原理

RAID 0 被称为"容量之王",这样说主要是因为在同等预算的硬件配置中,RAID 是所有存储技术中容量最大的、最早被用来获得海量的数据存储。因此,说到海量存储,肯定就会想到 RAID 0。海量存储就是在 RAID 0 技术的基础上推出并实现的概念,从诞生到现在,一直都有很大的市场,是很多中小企业海量数据存储的首选方案。

因为 RAID 0 没有采用任何冗余方式进行存储,所以严格地讲 RAID 0 不能算作 RAID 系列的成员。但是对于某些应用,例如超级计算机,性能和容量作为其基本的考虑,低成本要比可靠性重要。

在 RAID 0 系统中,用户和系统数据分布在磁盘阵列的所有盘面上。与单个大容量磁盘相比,其优点主要是:如果两个 I/O 请求同时等待不同的数据块,那么这些数据块就有可能分布在不同的磁盘上。这样就可以并行处理这些请求,减少 I/O 的排队时间。

RAID 0 以及其他级别的阵列均采用条带(stripe)的形式在可用磁盘上分布存放数据。用户数据和系统数据被看成是存储在一个逻辑磁盘上,磁盘以条带的形式划分,每个条带是一些物理的块、扇区或者其他基本单位。数据条带以轮转方式映射到连续的阵列磁盘中。可以定义每个磁盘映射一个条带,并将一组逻辑连续的条带定义为条带集。在这些条带上,数据是这样组织的:在一个有 n 个磁盘的阵列中,第一组的 n 个逻辑条带依次物理存储在 n 个磁盘的第 1 个条带上,构成第一个条带;第二组的 n 个逻辑条带分布在每个磁盘的第 2 个条带上,形成第二个条带;按照同样的组织,形成更多的条带。这样分布数据的特点就是,如果单个 I/O 请求由多个逻辑相邻的条带组成,则最多可以实现 n 个条带的请求并行处理,提高 I/O 的吞吐率。

在高速数据传输的应用场合,由于 RAID 0 没有冗余备份,其性能主要取决于主机的请求方式以及数据分布。为了适应高速传输要求,首先在主存和各个磁盘间应存在高速的传输路径,即在内部控制总线、主系统 I/O 总线、I/O 适配器和存储总线上应有高速路径。其次,磁盘阵列 I/O 请求方式上如果是大量逻辑相邻的数据,则单个 I/O 请求可以实现多个磁盘的并行数据传输,系统效率将会大大提高。如果每次 I/O 请求的数据量不大,但是请求次数频繁,可以通过平衡多个磁盘中的 I/O 负载以提高 I/O 执行速度。当条带的容量较大时,单个 I/O 请求就不会出现跨磁盘进行存取的情况,这样就可以实现多个等待 I/O 的请求并行处理,从整体上减少每个请求的排队时间。

2. RAID 1 组成原理

RAID 1 通过数据镜像来提升容错性。一个 RAID 1 至少由两块硬盘构成。如前所述,每个写操作都同时作用在两块磁盘上。对于硬件 RAID 而言,此操作对主机是完全透明的。发生磁盘故障时,RAID 1 的数据恢复代价是所有 RAID 级别中最小的。RAID 1 采用简单的备份方式实现数据的冗余。与 RAID 0 一样,RAID 1 也采用数据条带化分布存储,但是每个逻辑条带映射到两个不同的物理磁盘组中,在磁盘阵列中每个磁盘均有一个包含相同数据的镜像磁盘。RAID 控制器将利用镜像磁盘中的数据进行数据恢复,并同时继续对外提供服务。RAID 1 适用于那些对高可用性有需求的应用。

RAID 1 实现的原理是:它同样需要两块或两块以上同厂家、同型号、同容量的硬盘来搭建;不过与 RAID 0 不同的是,RAID 1 需要的硬盘数量必须是双数,RAID 0 无此需要;所组成的磁盘阵列,在 RAID 0 中是所有硬盘容量之和,而在 RAID 1 中则是所有硬盘容量的一半。RAID 1 的实质是实现单机数据热备的功能。

双机热备就是在两台机器上运行相同的系统,以软件来实现数据的双机互备,如果一台机器出现故障,马上通过管理软件切换到另外一台机器,以保障系统的稳定运行。RAID 1 的运行过程与双机热备原理基本一致,不同的是 RAID 1 是实现单机热备,在同一台机器所组成的磁盘阵列的双数硬盘上,使用虚拟技术对服务器硬盘进行平均分区,双区内运行的每一个变化相互实时镜像存储,并进行冗余记录。这样,当一块硬盘甚至一整个存储区域突然出现故障时,另外一个硬盘存储区域能够对之前的应用进行无缝切换,从而保证系统运行的完整性。

RAID 1 具有如下基本特点:

1)读请求可由包含请求数据的两个磁盘中的某一个提供服务,这样就可以找到最小的寻道时间和旋转延迟的磁盘,以提高读速率。

2)写请求需要更新两个对应的条带,这种更新完全同步。因此,写性能由两个盘中较慢的写来确定。RAID 1 的写相对于其他级别的阵列没有额外的操作,所以无"写损失"。

3)当一个磁盘的数据被损坏时,可以从另一个磁盘中得到恢复。

4)RAID 1 价格较贵,需要支持两倍于逻辑磁盘的磁盘空间。因此,RAID 1 的配置只限于存储系统软件、数据和关键文件的驱动器中。这种应用情况下,RAID 1 可以提供数据的实时备份能力,如果数据有所损失,可以从备份盘中立即恢复。

5)如果有大量的读数据要求,则 RAID 1 能实现高速的 I/O 速率,其性能可以达到 RAID 0 的两倍。然而,如果 I/O 请求中大部分是写请求,那么其性能将与 RAID 0 差不多。那么在读请求的概率高的数据传送密集型应用中,RAID 1 提供了对 RAID 0 改进的性能。

3.嵌套 RAID

许多数据中心对 RAID 阵列的数据冗余和性能都有需求。RAID 0＋1 和 RAID 1＋0 集成了 RAID 0 的性能优势和 RAID 1 的冗余特征,将镜像和分带的优点组合起来。这类 RAID 需要由偶数数量的磁盘构建,且至少需要四块磁盘。

RAID 1＋0 也被称为 RAID 10 或 RAID 1/0。类似地,RAID 0＋1 也被称为 RAID 01 或 RAID 0/1。RAID 1＋0 适用于写密集、随机访问、数据量小的 I/O 负载,具有以下特点:

- 高事务率的联机事务处理(online transaction processing,OLTP);
- 大型消息服务;
- 需要高 I/O 吞吐率、随机访问和高可用性的数据库应用。

RAID 1＋0 通常被称作"分条的镜像(striped mirror)":它的基本构成是镜像对。也就是说,数据首先被镜像,然后再将两个副本分别分条存储在 RAID 集的多个硬盘上。当替换故障磁盘时,只需重建镜像,即阵列控制器利用镜像组中的幸存磁盘来完成数据恢复,并继续提供服务。幸存磁盘中的数据将被复制到新替换的磁盘中。

RAID 0＋1 也被称作"镜像的分条(mirrored stripe)":它的基本构成是条带。这意味着,数据将首先分条存储到各个硬盘上,然后再对条带生成镜像。当一块磁盘失效时,整个条带都将失效。重建操作必须复制整个条带:从幸存条带的各磁盘中将数据复制到失效条带的相应磁盘上。这将给幸存磁盘带来额外的和不必要的 I/O 负载,并且引发二次磁盘失效。

4.RAID 2 组成原理

RAID 2 采用并行存取阵列,所有磁盘成员都进行对 I/O 请求的执行。驱动器的轴是同步旋转的,这样每个磁盘上的每个磁头都在同一位置。

RAID 2 也采用数据条带的方式进行存取,在 RAID 2 中,条带非常小,譬如一个字节或一个字。各个数据盘上相应位经过校验计算出保护位,将信息位和保护位分别存放在不同的磁盘上。通常有专用的磁盘用存储保护位,而保护位则采用汉明编码方式得到。这种编码方式可以纠正一位错误,检测出两位错误,这也使得 RAID 2 成为 RAID 系统中最为复杂的等级之一。

由于汉明码是以位为基础进行校验的,因此在 RAID 2 中,一个硬盘在一段时间内只存取一位的信息。例如,左边为数据阵列,阵列中的每个硬盘一次只存储一个位的数据。同理,右边的阵列(称之为校验阵列)则是存储相应的汉明码,也是一位一个硬盘。因此,RAID 2 中的硬盘数量取决于所设定的数据存储宽度。

在写入时,RAID 2 在写入数据位的同时还要计算出它们的汉明码并写入校验阵列,读取时也要对数据即时地进行校验,最后再发向系统。由于汉明码只能纠正一位的错误,所以 RAID 2 也只能允许一个硬盘出问题,如果两个或两个以上的硬盘出问题,RAID 2 的数据就将受到破坏。由于数据是以位为单位并行传输,所以传输率相当快。

虽然 RAID 2 比 RAID 1 所用的磁盘少,但是其价格仍然比较高,冗余磁盘的数目与数据磁盘数目的对数成正比。对于单个读取请求,所有磁盘同时进行读取操作,请求的数据和相关的保护位读出后传送到阵列控制器。如果出现在汉明码纠错范围内的单位错误,那么控制器马上可以识别并纠正。这一过程一般不会影响读取的速度。对于单个写操作,数据盘和校验盘都需要进行相应的写操作。RAID 2 一般应用于多磁盘易出错环境中,对于单磁盘而言其意义不是很大。

RAID 2 是早期为了能进行即时的数据校验而研制的一种技术(这在当时的 RAID 0、RAID 1 等级中是无法做到的),从它的设计上看也主要是为了即时校验以保证数据安全,针对当时对数据即时安全性非常敏感的领域,如服务器、金融服务等。但由于花费太大,目前已基本不再使用,转而以更高级的即时检验 RAID 所代替,如 RAID 3,RAID 5 等。

5. RAID 3 组成原理

RAID 3 同 RAID 2 类似,都是将数据条块化分布于不同的硬盘上,其区别在于 RAID 3 的存储数据组织结构与 RAID 2 相类似。但是它与 RAID 2 不同的是:无论磁盘阵列数目有多少,RAID 3 只需要单个冗余校验盘。在 RAID 3 中,数据分布在不同的较小的条带上,并且进行并行方式读写操作。RAID 3 没有采用纠错码,而采用对所有数据盘上相同位置的数据进行奇偶方式校验。

如果在 RAID 3 阵列中某一个磁盘驱动器不能工作时,那么可以通过存取奇偶校验盘的数据以及其他驱动器的数据来对出错磁盘进行数据重构。这样,当更换到不能工作的磁盘后,新的磁盘也能够恢复原有的数据。数据的再生过程可以简单描述如下:

假设 RAID 3 磁盘阵列中共有 5 个磁盘驱动器,其中前 4 个作为数据盘使用 D0 至 D3,最后一个 D4 磁盘作为奇偶校验使用,那么奇偶校验的第 i 位计算公式如下所示:

$$D4(i) = D3(i)D2(i)D1(i)D0(i)$$

如果磁盘 D1 不能正常工作,那么可以通过两边同时异或 D4(i)D1(i),得:

$$D1(i) = D4(i)D3(i)D2(i)D0(i)$$

由上可见,当阵列中某一个磁盘数据出错时,都可以从剩余磁盘相应条带中重新生成相应数据。

由于数据以较小的条带存储,RAID 3 可以获得非常高的数据传输率。任何数据读/写请求都会使数据盘进行并行操作,对传输大量数据非常有利。在使用 RAID 3 时,校验磁盘很容易成为整个阵列的速度瓶颈,因此 RAID 3 很少被人们采用。在 RAID 3 系统中,数据的写入操作会在多个磁盘上进行,然而不管是向哪个数据盘写入数据,都需要同时重新写校验盘的相关信息。对于那些经常需要执行大量写入操作的应用而言,校验盘的负载将会很大,无法满足程序的运行速度,从而导致整个 RAID 系统性能的下降。为此,RAID 3 更加适用于那些写入操作较少、读取操作较多的应用环境,如数据库和 Web 服务器等。

6. RAID 4

从 RAID 4 开始,磁盘阵列均采用了独立的存储技术,每个磁盘阵列成员的操作是完全独立的,各个 I/O 请求能够并行完成。那么独立存取方式将更适合于高速数据请求传输的应用,而较少应用于单次请求需要高速数据传输的场合。

RAID 4 和 RAID 3 很相似,数据都是依次存储在多个硬盘之上,奇偶校验码存放在独立的奇偶校验盘上。唯一不同的是在数据分割上,RAID 3 以位为单位,而 RAID 4 以数据块为单位,以备磁盘损坏时重构数据。条带是在磁盘块层次完成的。

RAID 4 也使用一个校验磁盘,各磁盘相同位置的分段形成一个校验磁盘分段,放在校验磁盘中。这种方式可在不同的磁盘平行执行不同的读取命令,大幅提高磁盘阵列的读取性能。RAID 4 的数据磁盘支持独立访问。因此,某个数据单元可以从单块磁盘中读写,而无须访问整个条带。RAID 4 提供了很好的读吞吐率和较好的写吞吐率。但写入数据时,因受限于校验磁盘,同一时间只能做一次。由于校验磁盘和 RAID 3 一样,也形成其性能的瓶颈。

RAID 4 使用称为"加重平均纠错码(海明码)"的编码技术来提供错误检查及恢复。这种编码技术需要多个磁盘存放检查及恢复信息,使得 RAID 4 技术实施更复杂,因此在商业环境中很少使用。

7. RAID 5

RAID 5 是一种兼顾存储性能、数据安全和存储成本的存储解决方案。

RAID 5 需要由三块或三块以上同厂家、同型号、同容量的硬盘搭建,硬盘需要支持热插拔,所组成的阵列容量大于所有硬盘容量减去一块硬盘的容量之差。以三块硬盘组成的 RAID 5 阵列为例,所组成的阵列中有 A、B、C 三块硬盘,A 盘、B 盘和 C 盘都负责存储数据,在三盘数据存储之外,还会在存储的同时自动生成奇偶校验信息,分别存储在不同的硬盘里,占据相对微小的空间。奇偶校验信息耗费的空间有限,但恢复数据的能力却无比强大。

当 A 盘、B 盘、C 盘中的任何一块硬盘出现故障时,拔出故障盘,换上无故障的新盘,存储于另外一盘中的相对奇或偶校验能依据存储在不同盘中的奇偶校验信息对数据进行有效的恢复。

RAID 5 的设计原理决定了其最大的优势:实现存储容量与系统稳定性(或称数据安全性)的和谐统一,最大限度地满足用户的存储需求。

RAID 5 需要由三块或三块以上的硬盘搭建,所组成的阵列容量大于所有硬盘总容量减去少于一块硬盘容量的差值,由此而来的阵列容量介于 RAID 0 与 RAID 1 之间,这样对高速硬盘的高昂采购成本就有了较为有效的控制;RAID 5 通过占用每块硬盘空间的很少一部分对各硬盘存储的数据进行奇偶校验实时记录,当存储数据的一块硬盘出现故障时,通过热插拔设备马上更换新的硬盘上去,新的硬盘会在很短的时间内以另外一块盘中存储的奇或偶校验值记录信息作为依据,将故障硬盘内存储的所有数据进行有效恢复,这样对系统的稳定性起了很好的补充作用。RAID 5 也有其缺点,总体来看有两点:

1)存储速率有所降低:作为 RAID 5 保障系统稳定与数据安全的手段,当对数据进行存储时,由于要同时对存储的单个数据包进行双硬盘奇偶校验信息备份,使得其存储速度相对单硬盘无校验存储的方式有所降低。

2）数据的安全性相对打折：在 RAID 5 中，采取三硬盘存储的方式，如果其中的两块硬盘同时出现故障，由于存储在两盘中的一些配对奇偶校验信息同时丢失，就再也无法找到能够恢复数据的备份信息，其后果必然是导致整体数据无法完整恢复。

RAID 5 相对 RAID 0 容量和 RAID 1 稳定的极端表现，展示了更多的包容性，实现了成本与性能的更加融合。在安全级别为中高级的数据存储市场中，RAID 5 是目前应用最广泛的存储技术。

8．RAID 6

RAID 6 是由一些大型企业提出来的私有 RAID 级别标准，它的全称为"Independent Data Disks with Two Independent Distributed Parity Schemes"，即带有两个独立分布式校验方案的独立数据磁盘。这种 RAID 级别是在 RAID 5 的基础上发展而成的，因此它的工作模式与 RAID 5 有异曲同工之妙。不同的是，RAID 5 将校验码写入一个驱动器，而 RAID 6 将校验码写入两个驱动器，这样就增强了磁盘的容错能力。同时，RAID 6 阵列中允许出现故障的磁盘也就可以有两个，但相应的阵列磁盘数量最少也要四个。

RAID 6 阵列中，每个磁盘中都具有两个校验值，而 RAID 5 里面只能为每一个磁盘提供一个校验值。由于校验值的使用可以达到恢复数据的目的，因此多增加一位校验位，数据恢复的能力就越强。不过在增加一位校验位后，就需要一个比较复杂的控制器来进行控制，同时也使磁盘的写能力降低，并且还需要占用一定的磁盘空间。因此，这种 RAID 级别应用还比较少，但相信随着 RAID 6 技术的不断完善，也会得到广泛应用。

9．RAID 7

RAID 7 的全称为"Optimized Asynchrony for High I/O Rates as well as High Data Transfer Rates"，即最优化的异步高 I/O 速率和高数据传输率。它与其他 RAID 级别具有明显的差异。RAID 7 不仅是一种技术，还是一种存储计算机（storage computer）。RAID 7 完全可以理解为一个独立存储计算机，其存储计算机操作系统（storage computer operating system）是一套实时事件驱动操作系统，主要用来进行系统初始化和安排 RAID 7 磁盘阵列的所有数据传输，并把它们转换到相应的物理存储驱动器上。通过自身系统中的阵列电脑板来设定和控制读写速度，存储计算机操作系统可使主机 I/O 传递性能达到最佳，完全可以独立运行。

RAID 7 等级是至今为止理论上性能最高的 RAID 模式，因为它从组建方式上就已经和以往的方式有了重大的不同。以往一个硬盘是一个组成阵列的"柱子"，而在 RAID 7 中，多个硬盘组成一个"柱子"，每个磁盘都有一个独立的 I/O 通道，它们与主通道相连，操作系统可以直接对每个磁盘的访问进行控制，让每个磁盘在不同的时段进行数据读写，这样就大大改善了 I/O 的应用，同时也提高了数据读写的能力，因而这种磁盘访问方式也叫作非同步访问。在 RAID 7 中有一个磁盘作为专门的校验盘，它适合对任何一个磁盘进行数据恢复。

总体来说，RAID 7 与传统的 RAID 级别有很大区别，它的优点很多，但缺点也非常明显，那就是价格非常高，对于普通企业用户并不实用。

1.4　网络存储系统

随着信息化在各行各业中的日益普及,Internet 和 Intranet 迅猛发展,使得运行在不同系统平台上的数据资料呈飞速增长的趋势。网络存储技术也渐趋普遍。这一节将详细介绍直连式存储、网络附加存储、存储区域网络以及 IP SAN 存储技术。

1.4.1　直连式存储

在网络发展的初期,数据大多局限于由 PC 机或服务器构成的局域网中,存储结构较为简单,存储设备直接通过总线挂接在 PC 机或服务器上,服务器管理多个大容量磁盘,通过卷管理器为客户端呈现一个统一的逻辑存储设备,以方便数据的访问。我们通常将这种磁盘与服务器的连接模式称为直连式存储。

直连式存储(direct-attached storage,DAS)是一种存储器直接连接到服务器的架构。应用程序使用块级的存取协议从 DAS 访问数据。基于存储设备相对主机的位置,DAS 可以分为内置和外置两种。

1.内置 DAS

在内置 DAS 架构里,存储设备通过串行或并行总线连接主机。物理总线有距离上的限制,只能支持短距离的高速连接。此外,大部分内部总线只能支持有限数量的设备,并且这些设备本身也会占用机箱的大量内部空间,使得难以维护其他部件。

2.外置 DAS

在外置 DAS 架构里,服务器直接连接到外部存储设备。大部分情况下,主机和存储设备之间使用 SCSI 或者 FC 协议通信。对比内置 DAS,外置 DAS 克服了距离和设备数量限制等问题,并且提供存储设备的集中管理。

DAS 的优点和局限性:DAS 相对于存储网络需要较低的前期投资。存储网络结构会在本书后文讨论。DAS 配置简单并且部署容易和快捷。可以通过基于主机上的工具来进行安装管理,例如主机上的操作系统,这使得存储管理的任务对于中小型企业来说较容易。相对于其他存储网络模型,DAS 是最简单的解决方案,所需的管理任务更少,需要设置和操作的硬件和软件也更少。

但是,DAS 不易扩展。一个存储设备只有有限的端口,这限制了主机能直接连接的存储设备的数量。有限的 DAS 带宽也限制了其可用的 I/O 处理能力。当达到容量上限的时候,服务的可用性就会大打折扣,而且这会引起涟漪效应,影响所有连接到该设备或阵列上的主机的性能。距离首先关系到 DAS 的部署,这可以由光纤通道连接来解决。此外,DAS 无法优化资源使用,因为它共享前端端口的能力有限。在 DAS 的环境里,未被使用的资源不能方便地重新分配,结果导致过载或欠载的孤立存储池。

存储设备的磁盘利用率、吞吐率和缓存容量以及主机的虚拟内存一起决定了 DAS 的性能。RAID 级的配置、存储控制器协议以及总线的效率则是影响 DAS 性能的额外因素。由于不存在存储器的互联问题和网络延迟等问题,DAS 有潜力优于其他存储网络方案。

DAS 中的主机和存储设备使用预定义的协议来进行相互间的通信,例如 IDE/ATA,
SATA,SAS,SCSI 和 FC。这些协议集成在 HDD 控制器上。所以,人们对存储设备的了解
通常就是其支持的协议。存储设备协议具体有以下几种:

(1)IDE/ATA

集成电路设备/高级技术(integrated device electronics/advanced technology attachment,
IDE/ATA)磁盘支持 IDE 协议。IDE/ATA 这个词体现了对于这一接口不同代和变体的双重
命名的惯例。IDE/ATA 里面的 IDE 这一部分定义了连接到主板下的控制器的规范,用于与
连接的设备进行通信,而 ATA 部分则规定了连接存储设备到主板的接口。

IDE/ATA 拥有多种标准和命名,例如 ATA,ATA/ATAPI,EIDE,ATA-2,Fast
ATA,ATA-3,Ultra ATA 以及 Ultra DMA 等。最新的一个 ATA 版本是 Ultra DMA/
133,支持 133 MB/s 的吞吐率。

在一个主从配置里面,一个 ATA 的接口支持每个连接器连接两个存储设备。但是,如
果驱动器的性能是首要的,就不推荐两个设备共享一个接口了。

IDE/ATA 磁盘提供很好的性能并且价格低廉,因而成为很受欢迎并被广泛应用的
硬盘。

(2)SATA

SATA(Serial ATA)是 IDE/ATA 规范的一个串行版本。SATA 是一个磁盘接口技
术,由一个工业领头厂商组织制定,目标是取代并行 ATA 技术。

SATA 提供点对点,距离可达 1 m 的连接,数据传输率可达 150 MB/s。增强的 SATA
版本还将数据传输率提高到了 600 MB/s。

SATA 总线使用一条专用线路将每个存储设备直接连接到主机上,利用的是低电压差
动信号(low-voltage differential signal,LVDS)技术。LVDS 是一个电信号系统,可以使用
廉价的双绞铜缆提供高速的连接。对于数据传输来说,SATA 总线使用 250mV 的 LVDS。

SATA 总线使用小型的 7 针连接器和细缆来进行连接。一个 SATA 端口使用 4 个信
号针脚,对比于并行 ATA 使用 26 个信号针脚连接 80 根线缆到 40 针的连接器上而言,这
种方式大大提高了针脚的利用率。

SATA 设备是可热插拔的,这意味着它们可以在主机开启和运行过程中连接或者
卸载。SATA 端口只允许单设备连接。如果将多个 SATA 驱动器连接到一个主机上,
该主机需要有多个端口。单设备连接是被 SATA 规范强制规定的,这样避免了类似
IDE/ATA 规范上线缆或者端口共享所造成的性能问题。

(3)并行 SCSI

SCSI 有多种可用的接口。并行 SCSI(简称 SCSI)是一种最早期和最流行的主机存储接
口模式。SCSI 是一套用于连接外围设备和计算机并进行相互间的数据传输的标准。通常
SCSI 用于连接硬盘和磁带到主机。SCSI 也可以用于连接多种类型的设备,例如扫描仪和
打印机。主机和存储设备之间的通信使用 SCSI 指令集。

1.4.2　存储区域网络

直连式存储常常被称作一种孤立的存储环境。主机拥有存储设备,但这些孤立存储设

备上的信息很难管理和共享。为了将这些分散的数据组织起来，存储区域网络（storage area network，SAN）应运而生。SAN 是一个高速的、专用的服务器网络以及共享存储设备。一个 SAN 网络由负责网络连接的通信结构、负责组织连接的管理层、存储部件及计算机系统构成，从而保证数据传输的安全性和力度。传统的 SAN 通过光纤通道（fibre channel，FC）网络连接，组成一个单一存储池，有助于实现数据集中和整合。SAN 的规模效益更好地满足了存储需求。SAN 同时提供了高效的管理机制和数据保护能力。

SAN 基础架构是光纤通道交换机的互联构造一个高速网，连接所有的服务器和所有的存储设备，让多个主机访问存储设备跟各主机间互相访问一样方便。SAN 的特点和应用如下：

1.SAN 的组成

SAN 由三个基本的组件构成：接口（如 SCSI、光纤通道、ESCON 等）、连接设备（交换设备、网关、路由器、集线器等）和通信控制协议（如 IP 和 SCSI 等）。这些组件再加上附加的存储设备和独立的 SAN 服务器，就构成一个 SAN 系统。SAN 提供一个专用的、高可靠性的、基于光通道的存储网络，SAN 允许独立地增加它们的存储容量，也使得管理及集中控制（特别是对于全部存储设备都集群在一起的时候）更加简化。而且，光纤接口提供了 10km 的连接长度，这使得物理上分离的远距离存储变得更容易。

2.SAN 的优点

- 可实现大容量存储设备数据共享。
- 可实现高速计算机与高速存储设备的高速互联。
- 可实现灵活的存储设备配置要求。
- 可实现数据快速备份。
- 提高了数据的可靠性和安全性。

3.SAN 的应用

结合 SAN 技术特性及其在众多行业的应用，在具有以下业务数据特性的企业中，适宜采用 SAN 技术：①对数据安全性要求很高的企业，如电信、金融和证券行业的计费系统；②对数据存储性能要求高的企业，如电视台、交通部门和测绘部门的音频/视频、石油测绘和地理信息系统等；③在系统级方面，只有很强的容量（动态）可扩展性和灵活性的企业，如各大中型企业的 ERP 系统、CRM 系统和决策支持系统；④具有超大海量存储特性的企业，如图书馆、博物馆、税务和石油的资料中心和历史资料库；⑤具有本质上物理集中、逻辑上又彼此独立的数据管理特点的企业，如银行、证券和电信的业务集中和移动通信的运营支撑系统；⑥实现对分散数据高速集中备份的企业，如各行各业的企业各分支机构数据的集中处理；⑦数据在线性要求高的企业，如商业网站和金融的电子商务；⑧实现与主机无关的容灾的企业，如大型企业的数据中心。

4.SAN 的光纤通道

SAN 是一个高速的、专用的服务器网络以及共享存储设备。传统的 SAN 通过光纤通道网络连接，组成一个单一存储池，有助于实现数据集中和整合。SAN 的规模效益更好地满足了存储需求。

(1)光纤通道概述

FC 结构是 SAN 的基本组成元素。光纤通道是一种高速网络技术,运行在高速的光纤线缆(一般用于 SAN 前端连接)和串行铜缆(一般用于后端磁盘连接)上。FC 技术主要用于满足日益增长的数据传输需求,包括主机、服务器和大规模存储子系统之间的数据传输。尽管 FC 网络在 1988 年才被引入,但 FC 的标准化进程早在美国国家标准研究所(American National Standards Institute,ANSI)颁发许可证给光纤通道工作组(Fibre Channel Working Group,FCWG)时就已经开始。1994 年,新的计算机高速互联标准被制定出来,光纤通道委员会(Fibre Channel Association,FCA)由 70 个颁发了证书的成员公司组成。隶属于国际信息技术标准委员会(International Committee for Information Technology Standards,INCITS)的技术委员会(Technical Committee Standards T11),负责光纤通道接口的设计。从 20 世纪 70 年代开始,T11(之前被称作 X3T9.3)制定了高性能和大规模存储应用程序接口的标准。

更高的数据传输速度是一个重要的 FC 网络技术特征。最初的实现提供了 100 MB/s 的吞吐率(即原始比特 1 Gbit/s 的流量,在光纤通道上为 1062.5 Mbit/s),远大于用于 DAS 环境中的 Ultra SCSI(20 MB/s)的速度。FC 在全双工模式中可以支持 200 MB/s 的吞吐率。与 Ultra SCSI 对比,FC 是存储网络上一个明显的技术飞跃。最新的 8 GFC(8G 光纤通道)提供了 1600 MB/s 的吞吐率(原始比特 8.5 Gbit/s),而 Ultra 320 SCSI 的可用吞吐率也只是 320 MB/s。FC 结构是高可扩展的,理论上一个 FC 网络可以容纳大约 1500 万个节点。

(2)SAN 及其演化

存储区域网络通过光纤通道交换机连接服务器(或者称为主机)和存储器并传输数据。SAN 实现了存储整合,允许多个服务器共享存储设备。它允许用户连接分散在不同地方的服务器和存储器。

SAN 提供了通信架构的物理设备,并提供了主机和存储阵列之间安全健壮的通信机制。SAN 的管理接口负责维护设备之间的连接,管理存储阵列及主机。

(3)SAN 组件

SAN 由三个基本组件构成:服务器、网络基础设施和存储设备。这些部件可以进一步细分为以下关键元素:节点端口、线缆、互联设备(例如 FC 交换机或者集线器)、存储阵列和 SAN 管理软件。

1)节点端口

在光纤通道中,设备诸如主机、存储器和磁带库都被称作节点。每个节点就是其他一个或多个节点的信息源或目标。每个节点需要一个或多个端口来提供物理接口,用于与其他节点进行通信。这些端口是 HBA 和存储器前端适配器的一个集成部件。每个端口都是全双工传输模式,拥有一个发送(transmit,Tx)链路和一个接收(receive,Rx)链路。

2)线缆

SAN 的实现使用光纤进行布线。铜缆可以用于短距离的后端连接,因为它在 30 m 距离内才能提供更好的信噪比。光纤线缆用光信号来携带数据。光纤分为两种:多模和单模。

多模光纤(multimode fiber,MMF)线缆可携带多个光束,以不同的折射角度同时在线缆核心内传输。根据带宽的不同,多模光纤被分为 OM1(62.5 μm)、OM2(50 μm)和激光器优化的 OM3(50 μm)。在 MMF 传输中,多条光束在线缆里穿越,容易发生色散和碰撞。这些碰撞会导致信号在长距离传输后强度减弱,这也被称作模间色散(inter-modal dispersion)。由于模间色散效应,MMF 线缆通常被用作距离在 500 m 以内的传输。

单模光纤(single-mode fiber,SMF)携带单个激光束,在线缆芯线中央穿越。这些线缆的直径有 7~11 μm 的规格,最常用的是 9 μm。在 SMF 传输中,单条光束在光纤的线芯正中直线穿越。极细的线缆线芯和单束光波,都减少了模间色散。在所有类型的光纤线缆中,单模光纤提供了最小的信号衰减和最大的传输距离(长达 10 km)。单模光纤被用于长距离的线缆传输,只受发射端的激光功率和接收端的灵敏度的限制。

MMF 一般用于数据中心的短距离传输,SMF 则用于长距离传输。MMF 收发器也比 SMF 收发器的价格低廉。

3)互联设备

集线器、交换机和控制器是常用于 SAN 的互联设备。集线器是用于光纤通道仲裁环(FC-AL)的互联设备。集线器将节点连接成一个逻辑环或者一个星型的物理拓扑。所有节点都必须共享带宽,因为数据会流经所有的连接点。由于廉价而性能较高的交换机的出现,集线器不再被用于 SAN 中。交换机比集线器更加智能,将数据从一个物理端口直接发送到另一个端口。因此,节点不再共享带宽,而是每个节点都有一个专用的通信路径,从而实现了带宽的聚合。

控制器比交换机更大,主要部署在数据中心。控制器的功能与 FC 交换机相似,但是控制器有更多端口并有更强的容错能力。

4)存储阵列

SAN 的基本目标是提供主机访问存储资源的能力。现代存储阵列所提供的大容量存储已经被 SAN 环境所利用,作为一种存储整合和集中化的方案。SAN 实现了存储阵列的标准特性,具有高可用性和冗余性,提高了性能、业务的连续性以及多主机的连接性。

5)SAN 管理软件

SAN 管理软件管理主机、互联设备以及存储阵列之间的接口。它提供了 SAN 环境的一个可视化视图,并且可以在一个中心控制台进行多种资源的集中管理。

它提供了关键的管理功能,包括存储设备、交换机和服务器的映射,以及监控和发现新设备时通知机制,还包括对 SAN 进行逻辑划分,称为分区。另外,这些软件还提供管理传统 SAN 组件的能力,例如 HBA、存储部件和互联设备等。

(4)FC 连接

FC 结构支持三种可选的基本互连方案:点对点、光纤通道仲裁环(FC-AL)和 Fabric 连接。

1)点对点

点对点是最简单的 FC 配置方案——两个设备直接相连。这种方案为每对节点间的数据传输提供专用的连接。但是,点对点配置方案只能提供有限的互联能力,在同一时间只能实现两个设备间的相互通信。而且,它不能容纳大量的网络设备。标准的 DAS 就使用点对点连接。

2）光纤通道仲裁环

在 FC-AL 的配置里，设备连接到一个共享的环。FC-AL 拥有令牌环拓扑和星形物理拓扑的特性。在 FC-AL 里，每个设备都与其他设备争用信道以进行 I/O 操作。在环上的设备必须被仲裁才能获得环的控制权。在某个给定的时间点，只有一个设备可以在环上进行 I/O 操作。作为一个环配置方案，FC-AL 可以抛开任何互联设备来实现，设备与设备通过线缆直接相连，构成环状结构即可。但是，FC-AL 的实现也有可能使用集线器，尤其是在仲裁环的物理连接采用星形拓扑的时候。FC-AL 配置方案有以下几项可伸缩性方面的局限性：FC-AL 在环内共享带宽；一个时刻只能有一个设备进行 I/O 操作；因为每个环上的设备都必须排队等待 I/O 请求的处理，所以在 FC-AL 拓扑里数据传输的速率会变得很低；FC-AL 使用 8 位地址编码；在同一个环上，最多只支持 127 个设备，增加和移除设备都会导致环的重置，这可能导致环流量的瞬间中断。

当一个在 FC-AL 拓扑上的节点尝试传输数据时，该节点会发送一个仲裁帧（arbitration frame，ARB）给环上的每个节点。如果两个节点同时尝试获得环控制权，具有最高优先级的那个节点就被允许与其他节点通信。优先级是由仲裁环物理地址（arbitrated loop physical address，AL-PA）和环 ID 决定的。当发起方节点接收到自己发送的 ARB 请求时，它就获得了环的控制权。该发起方就开始与目标方节点建立虚链接并传输数据。

3）光纤通道交换 Fabric

不像环配置方案那样，一个光纤通道交换 Fabric 提供互联设备、专用带宽以及可扩展性。在一个交换网里增加或移除设备极少引起网络服务中断，它不会影响其他节点正在传输的数据流量。

Fabric 连接也被称作 FC-SW。一个 Fabric 是一个逻辑空间，所有节点都可以在其中互相通信。这个虚拟空间可以通过一个交换机或一个交换机网络来构建。每个在 Fabric 中的交换机包含一个唯一的域标识符，同时也是 Fabric 寻址机制的一部分。在 FC-SW 中，节点并不共享一个环；相反，数据通过一个专用的路径在节点间进行传输。每个 Fabric 上的端口都有一个唯一的 24 bit 的光纤通道地址用于通信。

一个 Fabric 拓扑可以用其包含的层数目来描述。一个 Fabric 的层的数量取决于相距最远的两个节点所穿越的交换机的数量。但是请注意，这个数字完全由 Fabric 拓扑决定，它并不考虑存储器和服务器如何跨越交换机进行连接。FC-SW 使用交换机这种智能设备，它们可以通过交换端口，将数据流量从一个发送方节点直接转发到另一个目标方节点。Fabric 所做的只是在源和目标之间展开。

（4）光纤通道接口

FC 结构是带标准互联设备的通道/网络集成方案。SAN 内部通过 FC 连接。主机到存储设备的传统传输方式是在通道连接上进行的，例如并行总线。通道技术由于协议开销很低，所以能提供很好的性能。这是由通道的静态本质以及通道技术所采用的紧密软硬件集成所决定的。但是，这种技术有其固有的局限性，其体现在可以连接的设备数量以及设备间的距离限制上。

光纤通道协议（fibre channel protocol，FCP）是串行 SCSI-3 在 FC 网络上的一个实现。在 FCP 结构中，所有外置的和远程的存储设备都连接到 SAN 上，对于主机操作系统来说就像本地设备一样。FCP 的关键优势有以下几点：

- 在较长距离上保持较高的传输带宽。
- 支持网络上大量的可寻址设备。理论上来说，FC 可以支持超过 1500 万个设备地址在同一个网络上。
- 显现出通道传输的特性，提供达到 8.5 Gbit/s 的速率。

FCP 由 T10 制定的标准文档进行详细说明。FCP-3 是最新发布的标准，FCP-4 仍在制订之中。FCP 定义了光纤通道映射层(FC-4)，使用由 ANS X3.230-199X 所定义的服务，即光纤通道——物理和信号接口(FC-PH)，进行 SCSI 发起方和 SCSI 目标方之间的 SCSI 命令、数据和状态信息的传输。FCP 依照 SCSI 结构模型定义了光纤通道信息单元。FCP 也定义了光纤通道服务如何执行由 SCSI 结构模型定义的服务。

FC 标准可以将几个已存在的高层协议(upper-layer protocols，ULP)映射到 FC 帧上进行传输，包括 SCSI、IP、高性能并行接口(high performance parallel interface，HIPPI)、企业系统连接(enterprise system connection，ESCON)以及异步传送模式(asynchronous transfer Mode，ATM)。

(5)光纤通道协议栈

将一个通信协议看作独立层次结构会更容易理解。FCP 定义了 5 层通信协议：FC-0 到 FC-4(除 FC-3 层没有实现外)。在一个分层通信模型中，每个节点的对等层都会通过已定义的协议进行互相对话。

1)FC-0 物理接口

FC-0 是 FCP 协议栈的最底层。这一层定义了物理接口、媒介和原始比特的传输规则。FC-0 指定了包括线缆、连接器以及不同数据率下的光学和电器等参数。FC 传输协议可用在电器媒介和光学媒介上。

2)FC-1 传输协议

这一层定义了传输协议，包括串行编码和解码规则，以及所使用的特殊字符和差错控制等。在发起节点，一个 8 bit 的字符被编码成 10 bit 的传输字符。这些 10 bit 字符然后被发送到接收节点。在接收节点，这个 10 bit 的字符被转到 FC-1 层，解码为原来的 8 bit 字符。

3)FC-2 传输层

FC-2 传输层包含有效载荷、源地址和目的地址以及链路控制信息等。FC-2 层提供了光纤通道编址、结构和数据组织形式(帧、序列和交换)。它也定义了 Fabric 服务、服务类、流量控制以及路由等。

4)FC-4 高层协议

FC-4 是最高层的 FCP 协议栈协议。这一层定义了应用程序接口和高层协议映射到低层 FC 协议层的方式。FC 标准定义了几种可以在 FC-4 层操作的协议。其中一些协议包括 SCSI、HIPPI 组帧协议、企业存储连接(enterprise storage connectivity，ESCON)、ATM 和 IP 等。

(6)光纤通道编址

当一个端口连接到 Fabric 上时，FC 地址是动态分配的。FC 地址根据 Fabric 上的不同类型的节点端口，采用不同的格式。这些端口可以是在同一个公共环上的一个 N 端口和一个 NL 端口，或者私有环上的一个 NL 端口。

1）NL 端口的 FC 地址

NL 端口的 FC 地址模型与其他端口不同。在一个私有环里的 NL 端口的 FC 地址，两个高位字节分配全 0。但是，当一个仲裁环通过一个 NL 端口连接到 Fabric 上时，它就变成了公共环。在这种情况下，NL 端口支持 Fabric 登录，于是两个高位字节就被交换机设成正数值，并被称为环标识（loop identifier）。在同一个环里面，所有 NL 端口的环标识都是一致的。

2）FC 帧

一个 FC 帧由 5 个部分组成：帧起始（start of frame，SOF）、帧头（frame header）、数据段（data field）、循环冗余校验（cyclic redundancy check，CRC）和帧结尾（end of frame，EOF）。

SOF 和 EOF 扮演着分隔符的角色。除了具备这个功能，SOF 也是一个标记，标识一个帧是否为一个帧序列的第一帧。帧头长为 24 byte，包含帧的地址信息。具体包括以下信息：源 ID（source ID，S_ID）、目标 ID（destination ID，D_ID）、序列 ID（sequence ID，SEQ_ID）、序列计数（sequence count，SEQ_CNT）、始发交换 ID（originating exchange ID，OE_ID）以及响应交换 ID（responder exchange ID，RX_ID），另外还有一些控制字段。

S_ID 和 D_ID 是标准的 FC 地址，分别用于源端口和目标端口；SEQ_ID 和 OE_ID 分别用于标识一个帧为一个特定序列或一个特定交换的一部分。帧头还定义了以下字段：

路由控制（routing control，R_CTL）：这个字段指明了一个帧是链路控制帧还是数据帧。链路控制帧是非数据帧，不携带任何有效载荷。这些帧被用作设置和发送信息。相反，数据帧会携带有效载荷，被用作数据传输。

特定类别控制（class specific control，CS_CTL）：这个字段指定了 Class 1 和 Class 4 的数据传输的链路速率。

类型（type）：这个字段描述了如果一个帧是数据帧，其需要携带的高层协议。但无论如何，如果它是一个链路控制帧，这个字段就被用作一个事件的信号，诸如"fabric 繁忙"。例如，如果类型字段为 08，并且这是一个数据帧，那么它就表示在 FC 上这个帧会携带 SCSI 协议。

数据段控制（data field control，DF_CTL）：这是一个 1 byte 的字段，指明了任何已存在的，在数据有效载荷里开始的可选头部。这是一种在有效载荷里面扩展头部信息的机制。

帧控制（frame control，F_CTL）：这是一个 3 byte 的字段，包含了与帧内容相关的控制信息。例如，字段的其中一个比特指明这个帧是否是一个交换的起始帧。

FC 帧里面的数据段包含了数据有效载荷，原始数据最大可达 2112 byte——大部分情况下是 SCSI 数据。FC 帧最大可能的有效载荷可以包含 2112 byte 的数据，另外还有 36 byte 的固定开销。按照定义来说，一个链路控制帧的有效载荷为 0 byte。只有数据帧会携带有效载荷。

CRC 校验和实现了帧内容的错误检测。校验可以检验数据的完整性，通过检查帧内容是否被正确接收来检验。CRC 校验码由发送者在进入 FC-1 层编码前进行计算。类似地，又由接收者在 FC-1 层解码后再次进行计算。

在一个 FC 网络里，数据传输与两个人进行交谈类似，一个帧就代表一个词，一个序列就代表一个句子，一个交换就代表一次谈话。

交换操作：一个交换操作使得两个 N 端口可以确定和管理一组信息单元。这些单元映射到一个序列上。序列可以是单向的,也可以是双向的,取决于发起方和目标方之间交换的数据序列的类型。

序列:一个序列是指一组连续的帧,从一个端口发向另一个端口。一个序列关联到一个信息单元,这是由 ULP 所定义的。

帧:帧是第二层上的数据传输的基本单元。每个帧最多可以包含 2112 byte 的有效载荷。

(7)FC 分区

分区是一种 FC 交换机的功能,它使得节点在一个 Fabric 里可以被逻辑上分为不同的组,并且在组间互相通信。当一个设备(主机或存储器)登录到 Fabric 上时,它就会通过一个名字服务器进行注册。当一个端口登录到 Fabric 上时,它会经历一个设备发现过程,而其他设备是已在名字服务器上注册过的。分区功能控制着这个过程,只允许在同一个分区中的成员建立这些链路层的服务。分区可以被分为三种类型:

端口分区:使用物理端口的 FC 地址来定义分区。在端口分区里,访问数据取决于节点连接到哪个物理交换端口。FC 地址是在端口登录 Fabric 时动态分配的。所以,Fabric 配置上的任何改变都会改变分区。端口分区也被称作硬分区。尽管这种方法是安全的,但是它要求发生 Fabric 重配置事件时必须更新分区配置信息。

WWN 分区:它使用万维网名称来定义分区。WWN 分区也被称作软分区。它的一个主要的优点就是它的灵活性。它允许 SAN 重新连线,但并不需要重新配置分区信息。这是可以的,因为 WWN 相对于分区端口来说是静态的。

混合分区:它结合了 WWN 分区和端口分区的优点。使用混合分区时的一个特定的端口可以绑定到一个节点的 WWN 上。

(8)SAN 的设备类型

在 SAN 存储网络里所指的主要设备包括光纤通道交换机和光纤通道卡。光纤通道交换机在逻辑上是 SAN 的核心,它连接着主机和存储设备。光纤通道交换机有着许多不同的功能,包括支持 GBIC、冗余风扇、电源、分区、环操作和多管理接口等。每一项功能都可以增加整个交换网络的可操作性,理解这些特点可以帮助用户设计一个功能强大的大规模的 SAN。光纤交换机的主要功能如下:自配置端口、环路设备支持、交换机级联、自适应速度检测、可配置的帧缓冲、分区(基于物理端口和基于 WWN 的分区)、IP Over Fiber Channel (IPFC)广播、远程登录、Web 管理、简单网络管理协议(SNMP)以及 SCSI 接口独立设备服务(SES)等。光纤交换机往往根据功能和特点可被分为不同的类别。通常硬件都是基于相同的基本架构或者相同的 ASIC 芯片,只是软件的功能不同。光纤交换机的价格一般根据它所能满足的需求来制定,以下是各种主要类别的交换机的不同特点。

1)入门级交换机

入门级交换机的应用主要集中于 8～16 个端口的小型工作组,它适合低价格、很少需要扩展和管理的场合。它们往往被用来代替集线器,可以提供比集线器更高的带宽和更可靠的连接。人们一般不会单独购买入门级交换机,而是经常和其他级别交换机一起购买,以组成一个完整的存储解决方案。入门级交换机提供有限级别的端口级联能力。如果用户单独使用这类低端设备时,可能会遇到一些管理性的问题。

2）工作组级光纤交换机

光纤交换机拥有将许多交换机级联成一个大规模的光纤通道（fabric）的能力。通过连接两台交换机的一个或多个端口，连接到交换机上的所有端口都可以看到网络的唯一映像，在这个光纤通道上的任何节点都可以和其他节点进行通信。从本质上讲，通过级联交换机，能够建立一个大型的、虚拟的、具有分布式优点的交换机，并且这个交换机可以跨越的距离非常大。

工作组光纤通道交换机数量众多且更加通用。用户可以将工作组交换机用于多种途径，但应用得最多的领域是小型 SAN。

3）核心级光纤交换机

核心级交换机（又叫导向器）一般位于大型 SAN 的中心，使若干边缘交换机相互连接，形成一个具有上百个端口的 SAN 网络。核心交换机也可以用作单独的交换机或者边缘交换机，但是它增强的功能和内部结构使它在核心存储环境下工作得更好。核心交换机的其他功能还包括：支持光纤以外的协议（像 InfiniBand）、2Gbit/s 光纤通道、高级光纤服务（例如安全性、中继线和帧过滤等）。

核心级光纤交换机通常提供很多端口，从 64 口到 128 口或更多。它使用非常宽的内部连接，以最大的带宽路由数据帧。使用这些交换机的目的是建立覆盖范围更大的网络和提供更大的带宽，它们被设计成为在多端口间以尽可能快的速度用最短的延迟路由帧信号。

核心光纤交换机往往采用基于"刀片式"的热插拔电路板，只要在机柜内插入交换机插板就可以添加需要的新功能，也可以在线检修，还可以做到在线的分阶段按需扩展。

4）光纤通道卡

光纤通道是高性能的连接标准，用于服务器、海量存储子网络、外设间通过集线器、交换机和点对点连接进行双向、串行数据通信。

对于需要有效地在服务器和存储介质之间传输大量资料而言，光纤通道卡能提供远程连接和高速带宽。它是适于存储局域网、集群计算机和其他资料密集计算设施的理想介质。

光纤通道卡的优点：

- 在一个 Arbitrated 环路可连接最多 126 个设备。
- 通过交换结构最多可连接 1600 万个设备。
- CPU 占用低。
- 服务器不关机就可增加和配置所连设备。
- 易于扩展以加大存储容量。
- 利用 SCSI 至光纤桥可实现对现有 SCSI 硬盘的高速连接。
- 可实现光纤和铜缆的连接。
- 全双工传输速率达 2000 Mbit/s。

1.4.3　NAS 网络存储技术

随着信息化在各行各业中的日益普及，Internet 和 Intranet 迅猛发展，使得运行在不同系统平台上的数据资料呈飞速增长的趋势。为适应这种趋势，各种数据存储模式不断产生，其中就包括 NAS。

网络附加存储(network attached storage,NAS)是一种特殊的专用数据存储服务器,内嵌专为存储优化的独立系统软件,可提供跨平台文件共享功能。NAS设备完全以数据为中心,将存储设备与服务器分离,集中管理数据,从而有效释放带宽,提高网络的整体性能,降低新投资,保护现有投资。

NAS是一种通过RJ45网络接口与网络交换机相连接的存储设备,主要用于局域网环境中多台计算机主机共享存储空间和为局域网中的计算机提供文件共享服务,因此又称为文件服务器。

一台NAS存储设备至少包括硬件和针对文件共享应用优化过的操作系统两个基本组成部分。硬件包括CPU、内存、主板、包含RAID功能的多块硬盘。小型NAS的CPU、内存一般都嵌入主板中,硬盘一般为2~5块,支持RAID冗余功能;软件一般是由Linux操作系统针对文件共享应用优化裁剪而来,Free NAS就是一款很流行的文件共享专用Linux操作系统,也有用Windows XP裁剪而成的,微软也有一款专用的NAS操作系统WSS。

为了让NAS能够适合更多的应用,各NAS厂商都在软件方面下了很大的功夫,增加了很多很实用的功能。例如:集成在NAS中的打印服务器功能,可以在局域网中轻松实现打印共享;在用户权限管理方面支持用户权限、组权限和Windows域功能,可以配置丰富的访问权限;支持NFS/SMB/AFP/CIFS/FTP/HTTP等文件协议,可以实现Windows/Mac/Linux客户端的共享,可以通过FTP的方式上传下载文件,可以通过Web方式随时随地浏览共享文件;支持BT下载,支持DLNA设备的流媒体服务。有些NAS还支持磁盘配额管理,可以方便地控制每个用户最大的磁盘使用空间。

另外,几乎所有的NAS厂商都会提供一款配置管理软件,使其配置变得非常简单。同时,NAS厂商也都会随机附带基本的备份软件。但是,NAS的配置变得非常不同,NAS品牌之间附带的备份软件的功能差距还是比较大的,用户需要根据自己的需要进行选择。

概括起来,NAS有如下一些优点:

支持全面信息存取:使得文件共享更加高效,支持NAS设备和客户端的多对一和一对多的配置方案。多对一配置使得NAS设备可以同时服务多个客户。一对多配置使得一个客户可以同时连接多个NAS设备。

提高效率:消除了通用文件服务器在文件存取过程中的性能瓶颈。因为NAS使用的是为文件服务特制的操作系统,它将通用服务器从繁重的文件服务操作中解脱出来,提高了通用服务器的利用率。

增强灵活性:通过使用工业标准协议,NAS同时兼容UNIX和Windows平台的客户端。NAS的灵活性使其能够为不同的请求提供服务,这些请求可以是来自同一源端的不同类型的客户。

集中式存储:集中式数据存储将客户工作站上的数据冗余降低到最小,简化了数据管理,确保了更强的数据保护能力。

管理简单化:提供一个集中化的控制台,使得文件系统的管理更加高效。

可扩展性:NAS的高性能和低延迟设计,使得它能够针对不同的使用特征和商业应用类型进行部署,具有良好的可扩展性。

高可用性:提供高效的备份和恢复选项,使得数据具有更高的可用性。NAS使用冗余网络组件,提供可选的最大连接能力。NAS设备可以使用集群技术来进行失效切换。

安全性:在工业标准安全模式下,确保安全性、用户鉴权和文件锁等;性能稳定,维护简单,采用专用操作系统,无须担心病毒感染;实现同样的功能,性能价格比最好。

与前面介绍的 SAN 技术相比,两者之间存在明显的区别:SAN 是一种网络,NAS 产品是一个专有文件服务器或一个文件访问设备。

- SAN 是在服务器和存储器之间用作 I/O 路径的专用网络。
- SAN 包括面向块(SCIS)和面向文件(NAS)的存储产品。
- NAS 产品能通过 SAN 连接到存储设备。

NAS 的所有 I/O 操作都使用文件级的访问模式。文件 I/O 是一个高层的请求,指定了要访问的文件,但并没有指定文件的逻辑块地址。例如,一个来自客户端的文件 I/O 请求可能指定从某个文件的第 1586 字节开始读取 256 byte。与块级 I/O 不同,在文件 I/O 请求里面没有包含磁盘卷或磁盘扇区等信息。NAS 操作系统记录着文件在磁盘卷上的位置,并且将客户的文件 I/O 请求转换为块级的 I/O 请求,然后取出数据。

NAS 操作系统发出一个块级的 I/O 请求,来完成其收到的文件读写请求。取出的数据被转换为文件级的 I/O 操作,再交给应用程序和客户。

1. 文件系统和远程文件共享

文件系统是一个结构化的数据文件存储和组织形式。许多文件系统都会维护一个文件访问表,用于简化查找和存取文件等操作。

2. 文件系统访问

一个文件系统必须被挂载后才能使用。在大多数情况下,操作系统在启动过程中就会挂载本地文件系统。挂载的过程会创建一个文件系统和操作系统之间的链接。当挂载一个文件系统时,操作系统将文件和目录组织成一个树状结构,并且授予用户访问的权限。这棵树的根就是一个挂载点,这是按操作系统的约定来命名的。用户和应用程序可以从根到叶子节点来遍历整棵树。文件被放置在叶子节点,目录和子目录就放置在中间节点。用户和文件系统的关联在文件系统被卸载后解除。

3. 文件共享

文件共享是指在网络上进行文件存储和访问。在一个文件共享环境中,创建文件的用户(文件创建者或文件所有者)决定了可供其他用户进行操作的类型(读、写、执行、附加、删除和打印文件列表等),并且控制着对文件的修改。当多个用户尝试同时访问一个共享文件时,就需要一个保护机制来维护数据的完整性,使得这种共享是可行的。

文件传送协议(file transfer protocol,FTP)、分布式文件系统和使用文件共享协议的客户用服务器模型,都是文件共享环境的一些具体的实现例子。

FTP 是一个通过网络来传输数据的客户/服务器协议。一个 FTP 服务器和一个 FTP 客户端使用 TCP 作为传输协议来进行相互间的通信。FTP(就像标准中定义的那样)并不是一个安全的数据传输方法,因为它在网络上使用未加密的数据传输方式。基于 Secure Shell(SSH)的 FTP 则给原来的 FTP 协议增加了安全性。

分布式文件系统(distributed file system,DFS)是一个分布于不同主机上的文件系统。DFS 提供了主机直接访问整个文件系统的能力,同时保证了管理的高效性和数据的安全性。

由文件共享协议实现的传统的客户/服务器模型,是另一种远程文件共享机制。在这种模型中,客户将专用文件服务器上的远程文件系统挂载到本地。标准的客户/服务器文件共享协议包括 UNIX 上的 NFS 和 Windows 上的 CIFS。NFS 和 CIFS 使文件的所有者可以针对特定的用户或用户组设置所需的访问类型,例如只读或只写等。

在所有这些实现中,用户其实并不知道文件系统的实际所在位置。名字服务,如域名系统(domain name system,DNS)、轻量目录访问协议(lightweight directory access protocol,LDAP)以及网络信息服务(network information service,NIS),可以帮助用户确定和访问网络上的特定资源。名字服务协议创建一个命名空间,保存着每个网络资源的唯一名字,以此识别网络上的各种资源。

4. NAS 组件

NAS 设备拥有以下组件:

- NAS 头(包括 CPU 和内存);
- 一个或多个网络接口卡(network interface card,NIC)提供网络连接,其中包括千兆位以太网、快速以太网、ATM 和光纤分布式数据接口(fiber distributed data interface,FDDI)等类型;
- 一个优化过的操作系统,用于管理 NAS 的功能;
- NFS 和 CIFS 协议,用于文件共享;
- 工业标准存储协议,用于连接和管理物理磁盘资源,例如 ATA、SCSI 或 FC 等。

NAS 环境还包括客户端,它们通过采用标准协议的 IP 网络对 NAS 设备进行访问。

5. NAS 实现

如同之前提到的,NAS 有两种类型的实现:集成式和网关式。集成式 NAS 设备将所有 NAS 组件和存储系统集中在一个单独的容器中。在网关式 NAS 实现中,NAS 头通过 SAN 环境来共享存储器。

集成式 NAS 设备在一个单独的容器或机柜中集中了所有 NAS 组件,包括 NAS 头和存储器等。这使得集成式 NAS 成为一个自包含的环境。NAS 头连接到 IP 网络上,提供对客户的连接以及为文件 I/O 请求提供服务。存储器由一定数量的磁盘组成,可以是低廉的 ATA,也可以是高吞吐率的 FC 磁盘驱动器。管理软件则管理着 NAS 头和存储配置。

集成式的 NAS 解决方案,包括从单容器的低端设备到拥有外部连接的存储阵列的高端解决方案等不同实现。

低端设备类型 NAS 解决方案适合小部门的应用,它们最主要的需求就是存储整合,而并非高性能或某些高级特性,例如灾难恢复和保证业务连续性等。这种解决方案拥有固定的存储容量,而且原始的配置可能是不可升级的。如果需要扩展容量,这种解决方案必须增加额外的设备单元。由于需要对多个设备进行管理,这就增加了管理开销。

高端的 NAS 解决方案使用的是外置的专用存储器,这就使得扩展容量可以独立于 NAS 头或存储器来进行。但是这种解决方案的可扩展性仍然具有一定局限性。

网关式 NAS 设备由独立的 NAS 头和一个或多个存储阵列组成。NAS 头与集成式解决方案中的一样,发挥着同样的功能;同时存储器与其他应用程序共享,满足它们的块级 I/O的需求。这种解决方案的管理功能比集成式环境的管理更加复杂,因为 NAS 头和存储器的管理任务是分开的。除了与 NAS 解决方案绑定的组件之外,网关式解决方案也可以利用 FC 的基础设施,例如交换机、控制器或者直接式存储阵列等。

网关式 NAS 可扩展性最高,因为 NAS 头和存储阵列可以独立地根据需求进行扩展升级。增加网关式 NAS 的处理能力就是一个扩展的例子。当存储到达上限时,它就可以独立于 NAS 头对 SAN 进行扩展,增加存储容量。管理员也可以在不添加额外的互联设备和存储的情况下,为 NAS 环境增加性能和 I/O 处理能力。另外,网关式 NAS 通过在 SAN 环境中进行存储共享,提高了存储容量的利用率。

集成式解决方案是自包含的,并且可以连接到标准的 IP 网络上。但是在 NAS 实现中,设备如何进行连接,因不同厂商和不同型号而异。在一些方案中,存储器是嵌入 NAS 设备中的,并且通过内部链路连接到 NAS 头上,例如 ATA 或 SCSI 控制器。在其他一些方案中,存储器可能是外置的,并且通过 SCSI 控制器与 NAS 头连接。在高端集成式 NAS 型号中,外置存储可以通过 FC HBA 或专用 FC 交换机进行直接连接。在低端集成式 NAS 型号中,备份网络流量和正常的客户访问流量共享一条公共的 IP 网络链路。在高端的集成式 NAS 型号中,独立的备份网络可以用于将备份网络流量与正常客户访问流量分隔开,以免互相影响和阻碍。更复杂的解决方案可能会包含一个智能的存储子系统,在提高性能的同时提供更快的备份速度和更大的容量。

网关式解决方案的前端连接方式与集成式解决方案是类似的。一个集成式环境拥有固定数量的 NAS 头,使其可以相对容易地确定 IP 网络方面的需求。相反地,由于网关式环境存在可扩展性需求,所以网络需求的确定则相对比较复杂。增加更多的 NAS 头可能需要更多的网络连接和网络带宽。

在网关式解决方案中,NAS 网关和存储系统间通过传统的 FC SAN 进行通信。为了部署一个稳定的 NAS 解决方案,必须考虑多路径数据访问、冗余架构以及负载分配等因素。

在实现网关式 NAS 解决方案时,首先需要对当前的 SAN 环境进行分析。这个分析需要确定在现有 SAN 中引入一个 NAS 工作负荷的可行性。需要对现有 SAN 环境进行分析,确定当前的负荷主要是读还是写,是随机的还是连续的,以及主要的 I/O 大小等。通常来说,连续性读写包含的是大数据 I/O。典型的 NAS 工作负荷是随机性小数据 I/O。将随机性工作负荷引入连续性工作负荷可能会对连续性工作负荷造成破坏性影响。因此,一般建议将 NAS 和 SAN 所使用的磁盘分开。此外,还需要判定 NAS 工作负荷模式与存储子系统中所配置的缓存是否能够匹配。

6. NAS 文件共享协议

大多数 NAS 设备支持多文件服务协议,用于处理对远程文件系统的文件 I/O 请求。NFS 和 CIFS 是文件共享的通用协议。NFS 主要用于基于 UNIX 的操作系统环境中,CIFS 则用于基于微软 Windows 操作系统的环境中。

这些文件共享协议使得用户能够跨越不同的操作环境来共享文件数据,并且为用户提供了一种方法,以实现从一个操作系统到另一个操作系统的透明数据迁移。

NFS 是 UNIX 系统中使用最广泛的一种用于文件共享的客户/服务器协议。NFS 最初是基于无连接用户数据报协议(user datagram protocol,UDP)的。它使用一种与机器无关的模型来描述用户数据,使用远程过程调用(remote procedure call,RPC)作为两台计算机的进程间通信法。NFS 协议提供一套 RPC 方法用于访问远程文件系统,支持以下几种操作：

- 查找文件和目录；
- 打开、读取、写入和关闭文件；
- 修改文件属性；
- 修改文件链接和目录。

NFS 使用挂载协议建立客户和远程系统之间的连接，在两者之间传输文件。NFS（NFS v3 和更早的版本）是无状态协议，即不保存任何类型的、用于存储当前打开文件和相关指针等信息的数据表。因此，每次调用都必须提供全部参数来访问服务器上的文件。这些参数包括文件名和文件位置、指定的读写位置以及 NFS 的版本。

目前所使用的 NFS 包括以下三种版本：

NFS 第 2 版（NFS v2）：使用 UDP 提供客户和服务器间的无状态网络连接。类似文件锁等特性在协议外进行处理。

NFS 第 3 版（NFS v3）：使用最为广泛的一个版本，它使用 UDP 或 TCP，是基于无状态的协议设计。它包括一些新的特性，例如支持 64 位的文件大小、异步写以及新增的一些文件属性用于减少数据重取。

NFS 第 4 版（NFS v4）：这个版本使用 TCP，是基于一个有状态的协议设计。它在安全性方面有一定的加强。

CIFS 是一种客户/服务器应用协议，支持客户程序通过 TCP/IP 对处于远程计算机上的文件和服务发起请求。它是一种公共的、开放的协议，由服务器消息块（server message block，SMB）协议变化而来。

CIFS 协议使得远程客户能够访问服务器上的文件。CIFS 通过特殊的锁机制使多个客户可以共享文件。

CIFS 上的文件名使用 Unicode 字符集进行编码。CIFS 提供以下三个方面的特性来确保数据的完整性：

- 使用文件锁和记录锁，来避免用户覆盖另一个用户正在写的文件或记录；
- 运行在 TCP 上；
- 支持容错，并且可以自动恢复连接，重新打开中断之前已经打开的文件。CIFS 的容错特性取决于上层应用程序是否是基于这些特性来进行编写的。此外，CIFS 是一种有状态协议，CIFS 服务器保存着每个已连接客户的连接信息。当网络失效或 CIFS 服务器失效时，客户会接收到连接断开的通知。如果上层应用程序能够智能地恢复连接，用户的损失会降到最低。但是如果没有类似智能，用户就只能按部就班地重新建立 CIFS 连接。

NFS 和 CIFS 协议对发送到由 NAS 设备管理的远程文件系统上的文件 I/O 请求进行处理。NAS 的 I/O 过程如下：

①请求者将一个 I/O 请求封装成 TCP/IP 报文，通过网络协议栈进行转发。NAS 设备从网络上接收请求。

②NAS 设备将 I/O 请求转换为一种对应的物理存储请求，即块级 I/O 请求，然后对物理存储池执行相应操作。

③当数据从物理存储池返回时，NAS 设备对其进行处理并封装为相应的文件协议

响应。

④NAS 设备将这个响应封装成 TCP/IP 报文,通过网络转发给用户。

在 NAS 上创建和共享文件系统一般包含以下几个步骤:

①创建存储阵列卷:在存储阵列上创建卷,为卷分配逻辑设备编号(logical unit number,LUN),然后提交新创建的卷到 NAS 设备上。

②创建 NAS 卷:在 NAS 设备上进行探测操作,识别出新的阵列卷,并创建 NAS 卷(逻辑卷)。存储阵列上的多个卷可以合并为一个更大的 NAS 卷。

③创建 NAS 文件系统:在 NAS 卷上创建 NAS 文件系统。

④挂载文件系统:在 NAS 设备上挂载新创建的 NAS 文件系统。

⑤访问文件系统:将新挂载的文件系统用 NFS 或者 CIFS 协议发布到网络上,使得客户可以对其进行访问。

7.影响 NAS 性能和可用性的因素

由于 NAS 使用了 IP 网络,IP 带来的带宽和延迟等问题会影响 NAS 的性能。在 NAS 环境里,网络拥塞是其中最明显的延迟来源。可以通过构建 VLAN 来保障网络的通畅性。

虚拟局域网(VLAN)是一个从逻辑上进行划分的交换网络,划分的依据可以是功能、项目团队或应用程序等,而不需要考虑用户的实际物理位置。一个 VLAN 与一个物理 LAN 很相似,但 VLAN 可以将不同终端工作站分组,即使它们在物理上不在同一块网络区域中也可以。VLAN 是第二层(数据链路层)的结构。一个网络交换机可以划分为多个 VLAN,这样可以更好地利用端口,降低总的网络基础设施的部署开销。

VLAN 可以控制总的广播流量。一个 VLAN 上的广播流量不会传输到这个 VLAN 之外,这就可以充分降低广播负载,使得网络带宽可以被更多的应用程序使用,增强了网络对广播风暴的抵抗力。

VLAN 也用于提供安全防火墙功能,能够限制个人用户接入、识别网络入侵、控制广播域的组成和大小。

MTU 的设定决定了可以不分段传输的最大报文尺寸。“路径最大传输单元探测”过程用于发现在网络中传输而无须分段的最大报文尺寸。缺省的 MTU 设置是由每个协议自己指定的,同时取决于所安装的协议的类型。以太网卡默认的 MTU 设置是 1500 byte。有一种帧技术称为 Jumbo 帧,可以用来发送和接收超过 1500 byte MTU 的以太网帧。实际部署中最常用的 Jumbo 帧的 MTU 为 9000 byte。在网络流量繁重的情况下,服务器发送和接收大帧比小帧的效率更高。Jumbo 帧能够提升效率是因为它使用更少而更大的帧来传输与现存以太网帧同样多的数据。在同样的有效载荷情况下,更大的帧降低了原始网络带宽的消耗,同时能够平滑突发的 I/O 流量。

TCP 窗口大小是指任何时候网络上一个连接能承载的最大的数据量。例如,一对主机通过 TCP 窗口大小为 64 KB 的 TCP 连接进行对话,则发送者每次只可以发送 64 KB 的数据,然后必须等待接收者的确认才能继续发送数据。当接收者确认接收到所有发送的数据后,发送者才可以发送另外 64 KB 的数据。如果发送者接收到一个接收者发回的确认,表明只有 32 KB 的数据被接收到,也就是说另外 32 KB 数据还在发送中或者丢失了,那么发送者就只能发送另外的 32 KB 数据,因为传输中不能有超过 64 KB 的未确认数据。

理论上,TCP 窗口大小应该被设置成可用网络带宽以及数据在网络上发送的往返时间两者的乘积。例如,如果一个网络拥有 100 Mbit/s 的带宽,数据往返时间为 5 ms,那么 TCP 窗口大小计算如下:

$$100 \text{ Mbit/s} \times 0.005 \text{ s} = 524288 \text{ bit}$$
$$524288 \text{ bit} \div 8 = 65536 \text{ B}$$

所以用于控制数据流量的 TCP 窗口字段应该在 2 byte 到 65536 byte 之间取值。

链路聚合(link aggregation)过程将两个或多个网络接口合并为一个逻辑网络接口,从而实现高吞吐率、负载共享或负载均衡、透明的路径失效切换以及可扩展性等。NAS 设备中的链路聚合用合并信道的方法来实现冗余的网络连接。通过链路聚合,多个连接到同一交换机上的活跃以太网连接可以组合成一个链路。如果聚合中的一个连接或一个端口丢失了,所有在那条链路上的网络流量就会被重新分配到其他剩余的活动连接上。聚合的主要目的就是实现高可用性。

NAS 产品包括存储器件(例如硬盘驱动器阵列、CD 或 DVD 驱动器、磁带驱动器或可移动的存储介质)和集成在一起的简易服务器,可用于实现涉及文件存取及管理的所有功能。简易服务器经优化设计,可以完成一系列简化的功能,例如文档存储及服务、电子邮件、互联网缓存,等等。集成在 NAS 设备中的简易服务器可以将有关存储的功能与应用服务器执行的其他功能分隔开。

NAS 产品类型随着用户文件应用形态产生区别,NAS 市场已泾渭分明地形成了个人工作室/小型办公室、企业入门级与企业级中高阶等三类产品,这些产品的本质虽同样是提供文件共享存取服务,但由于针对的应用领域不同,三类产品在硬件平台等级、储存装置类型、保护数据的机制、系统可用性与附加功能等规格上,均存在极大的差异,进而反映在价格上。

硬件平台:NAS 产品内含的处理器等级、内存容量与网络端口频宽,显然对系统的数据处理能力有绝对的影响。NAS 硬件平台的规格越高,能服务的使用者数量越多,可管理的储存空间也越大,但价格也越贵。

储存装置类型:NAS 产品采用的磁盘驱动器类型、数量与容量,会影响本身可存放的文件数量与存取效能。硬盘的数量越多、容量越大或速度越快,则系统提供的效能与储存空间也越高,但相对地,机箱尺寸与价格也越高,还需消耗更大的安装空间与更多的电力。

数据保护机制:NAS 集中保管了来自多个客户端的文件数据,因此数据损毁的风险也就集中到 NAS 产品上,文件本身或磁盘的损毁都会造成数据的遗失。为保障所储存数据的完好,NAS 产品也提供了不同层级的保护措施,如文件系统层级的备份与快照、磁盘层级的 RAID 等,前者可在文件出问题时,取回先前备份的完好复本;后者则可防止因单一磁盘的硬件失效所造成的数据毁损。但这两类保护措施都有限度,故多数 NAS 产品均提供将数据备份到其他装置的机制,如备份到 USB 磁盘、本地端或远程的另一台 NAS 等,如此即使原来的 NAS 整台损毁,仍有备份可用。但数据保护机制越复杂、越完善,相对的代价也越高。

可用性:造成 NAS 数据存取服务中断的原因,有文件损毁、磁盘损毁、网络连接失效或 NAS 服务器硬件损毁等不同类型,针对数据本身的可用性,可透过 RAID 降级模式维持存取,而针对系统层级,NAS 产品则可透过多种高可用性措施,以便快速排除故障,在不停机的情况下恢复服务,如各组件的热抽换更换机制或丛集架构等。同样地,高可用性机制越完整,则数据的可用性也越高,但价格也越贵。

附加功能:NAS 是文件存取、网络连接与储存空间等三大要素的结合,然而除了文件共享存取的基本服务外,还有许多 IT 服务也是建立在前述三大要素的结合上,因此只要为既有的 NAS 平台添加必要的软件,就能让 NAS 产品提供更多的服务。但问题在于,这些额外的服务有时不是免费的,一些产品的附加功能授权费用还十分高昂。

各类应用环境需要的文件处理效能、储存容量、可用性与附加功能都不同,而不同类型用户所能承担的价格,彼此间更是天差地别,由此便造成了 NAS 产品定位的差异性。

8.SAN 和 NAS 的对比

(1)协议区别

NAS:TCP/IP 协议,在一个 IP 网络中进行访问的基于文件的存储设备。

SAN:光纤通道协议(Fibre Channel);Fibre Channel-to-SCSI,一个专用的基于光纤通道的存储网络。

(2)应用区别

NAS:文件共享(NFS 或 CIFS)小数据块远程传输,特定的只读数据库访问。

SAN:关键数据库应用处理,集中数据备份,具有容灾恢复和强化存储。

(3)优势对比

NAS:文件级访问,中性能交叉平台文件共享,易于使用、管理,成本较低,可以快速、简单地完成部署。

SAN:数据块级访问,可用性高,数据传输可靠,可降低网络流量,灵活配置,性能高,伸缩性强,可集中管理,由多家厂商支持等。

因此,在存储基础设施的决策中,基本原则是维持成本和性能之间的平衡。机构在寻找既有 SAN 的高性能和可扩展性,又兼具 NAS 的简易性和低总拥有成本的解决方案。由于存储网络技术的不断发展,SAN 和 NAS 的结合将成为必然。在企业中,SAN 和 NAS 都具有各自的优势。IP 技术的进步扩展了 NAS 解决方案,使其可以满足对性能敏感的应用需求。

成本和易用性对应用在性能和容量方面的需求有着驱动作用。虽然 NAS 始终避免不了高昂的协议开销,但是 NAS 应用程序更趋向于在文件共享任务上呈现最高的效率,例如 UNIX 的 NFS 和微软 Windows 的 CIFS。文件级的基于网络的锁机制提供了高级别的并发访问保护。NAS 也可以被优化。

在文件级保护方式下,将文件信息传送到多个客户。利用 NAS 的高效率的两种常用应用,包括托管本地目录和提供给各种 Web 服务器访问的静态网页的数据存储。在某些情况下,机构可以通过有限的方式为数据库应用部署 NAS 解决方案。但它们通常适用于某些特定应用,在这些应用中,大部分的数据访问是只读的,数据库很小,访问量很低,而且它们不需要可以预测的处理性能。在这种情况下,NAS 解决方案可以降低存储的总成本。

当选择一个合适的技术时,认真评估网络和存储行业的发展趋势是极其重要的。伴随着对高性能的需求,管理的简便性和数据的共享性需求也在不断增加。对技术的选择应该平衡各方面的需求,并且考虑所部署技术的复杂性和成熟度。

1.4.4 IP SAN

IP SAN 的技术可融合和应用于各种不同的用户环境中。FC 存储和 IP 存储在组织机构中协同使用,其中核心任务应用使用 FC 存储,关键业务应用和办公应用则使用 IP SAN,而灾难恢复解决方案可以同时使用这些技术。

iSCSI 和 FCIP(fibre channel over IP)是现行的两种主要的基于 IP 网络的传输协议。iSCSI 协议是对主机发送或接收的 SCSI 数据进行封装,使其成为 IP 数据包,然后由以太网网卡或 iSCSI HBA 设备进行传输。IP 数据可以路由至一个能够从 IP 封装包中解析 SCSI I/O 的网关设备或者路由至一个 iSCSI 存储阵列。然后,网关设备将解析之后的 SCSI I/O 发送给一个基于 FC 的外部存储阵列。如果是发送给 iSCSI 阵列,该阵列自身可以直接进行解析和处理封装的 I/O 操作。FCIP 使用 TCP/IP 作为数据传输协议,通过 FCIP 网关以桥接的方式对现有的 FC-SAN 网络进行扩展和连接,而且这种方法可以实现长距离的 FC-SAN 网络之间的互联。

目前,由于成本相对较低且易于实现,iSCSI 已经被广泛应用于服务器和存储设备之间的连接,特别是在原来没有部署 FC-SAN 的环境中。FCIP 也广泛应用于灾难恢复之中,数据通过 FCIP 被复制到备份站点的磁盘或者磁带上。

1. iSCSI

在 Internet 协议(IP)统治着局域网和广域网的今天,数据存储的需要也在日益增长。这两股力量似乎不可避免地要汇聚在一点上。Internet 小型计算机系统接口(internet small computer system interface,iSCSI)协议整合了存储和 IP 网络,使通过 IP 网络完成存储数据块的传输成为现实。它建立在两个已被广泛应用的技术之上,即为存储而建立的 SCSI 命令和为网络化而建立的 IP 协议。

iSCSI 是一种端到端的协议,用于在 IP 网络中传输存储 I/O 数据块。该协议被使用于服务器(initiator)、存储设备(target)和协议传输网关设备。iSCSI 使用标准的以太网交换机和路由器,将数据从服务器转移到存储设备。它还使得 IP 和以太网基础设施可以被用于对 SAN 存储系统的扩展访问,跨过任意距离完成对 SAN 的扩展接入。

发起方(一般是主机)、目标方(一般是存储系统)和基于 IP 的网络是 iSCSI 存储环境的主要组件。最简单的 iSCSI 实现方案不需要任何 FC 组件。例如,部署一个支持 iSCSI 的存储阵列,主机本身可以作为一个 iSCSI 发起方,并直接通过 IP 网络与存储设备通信。然而,在复杂的实现方案中,如果要实现 iSCSI 连接现有的光纤阵列,那么将使用 iSCSI 网关或路由器连接到现有的 FC-SAN。这些设备将完成 IP 数据包和 FC 数据包之间的互相转换,并由此来实现 IP 和 FC 环境的桥接。

支持 iSCSI 的主机需要一个硬件设备,例如支持 iSCSI 发起方的或者一块 iSCSI HBA 卡。需要注意的是,TCP/IP 网络协议栈上需要加载 iSCSI 发起方或者其他翻译模块,以便进行 SCSI 命令和 TCP/IP 协议栈的转换。

标准 NIC,TOE NIC(TOE,TCP/IP Offload Engine,一种专用的 TCP/IP 协议高速协处理器)及 iSCSI HBA,是三种可选的 iSCSI 物理连接设备。

标准 NIC 是最简单和最便宜的选择。因为大多数的服务器至少有一个,而且在许多情况下有两个内置 NIC。标准 NIC 只要加载一个 iSCSI 发起方软件。然而，由于网卡不具有额外的数据处理能力，因此它需要主机 CPU 来执行所有 TCP/IP 和 iSCSI 转换工作，这对主机 CPU 来说是一种额外的负担。

如果标准 NIC 用于大量 I/O 负载，主机 CPU 可能成为瓶颈；而 TOE NIC 可以帮助减轻这一负担。TOE NIC 可以完成 TCP/IP 协议栈的工作，仅将 iSCSI 的解析和处理工作交给主机 CPU 来完成。主机将 iSCSI 数据发送给 TOE NIC，然后 TOE NIC 使用 TCP/IP 协议将数据发送到目的地。虽然这种解决方案可以提高性能，但是 iSCSI 的功能仍然是由 iSCSI 发起方的软件来完成的，也就是说，仍然需要占用部分主机的 CPU 资源。

SCSI HBA 则可以提供性能上的优势，因为它独自承担整个 iSCSI 功能和 TCP/IP 协议栈功能。iSCSI HBA 也是一种从 SAN 环境通过 iSCSI 来引导主机启动的最简单的方法。如果没有 iSCSI HBA 卡，必须对已有操作系统做出额外修改后才能从存储设备上启动主机，因为 NIC 需要操作系统在加载之前获取一个 IP 地址。iSCSI HBA 的功能与 FC HBA 的功能非常相似，但它是最昂贵的方式。

不论什么类型的物理连接，都可以使用基于主机的多路径软件来实现支持容错的主机连接解决方案，也可以通过链路聚合技术绑定多块 NIC 来提供容错或负载均衡功能。复杂的解决方案还可能包括使用特定供应商的存储阵列软件，使得 iSCSI 主机通过多个 NIC 或 HBA 卡连接到阵列上的多个端口。

iSCSI 的拓扑结构可分为两类：本地模式和桥接模式。本地模式的拓扑结构中没有任何的 FC 组件，所有的通信通过 IP 网络来进行。iSCSI 发起方可以直接连接到 iSCSI 存储设备上，或者连接到标准的 IP 路由器或交换机。桥接模式通过提供 iSCSI 到 FC 的桥接功能以实现 FC 与 IP 共存。例如，iSCSI 发起方可以在 IP 环境内，而存储设备仍然留在 FC-SAN 环境内。

如果要部署一个存储阵列，本地模式的拓扑结构不需要任何 FC-SAN 组件。阵列中有一个或多个以太网网卡连接到一个标准的以太网交换机，并配置了一个 IP 地址和侦听端口。一旦 iSCSI 发起方或客户端配置了适当的目标存储设备的信息，它就可以连接到阵列，并请求所有可用的逻辑单元号（LUN）。只要阵列可以处理足够的存储流量，单一阵列端口可以同时服务多个主机或 iSCSI 发起方。

许多阵列可以配置多个接口，以满足高可靠性的设计需求，或者将 iSCSI 发起方配置成具有多个目标存储的设备。一些 NAS 设备也能够作为 iSCSI 目标存储，使得这些 NAS 成为一种集中存储，能够提供文件级和块级的数据访问服务，为没有 iSCSI/FC 桥接的 NAS 设备的存储环境提供了更多的选择。

iSCSI 桥接模式的解决方案需要 FC 组件。一般的阵列本身不具有任何 iSCSI 功能，也就是说，它没有任何以太网端口。因此，必须用桥接器、路由器、网关或者多协议路由器这些外部设备实现从 IP 网络到光纤通道 SAN 之间的协议转换和通信。这些设备可以是独立的，或者在多数情况下是集成到现有的 FC 交换机中的一个模块。桥接设备通过以太网端口与 IP 网络进行连接，同时使用 FC 端口与存储设备进行连接。这些端口也需要分配 IP 地址，类似于具备 iSCSI 功能的阵列上的端口。

iSCSI 发起方/主机将桥接器的 IP 地址配置为目标存储。这个桥接器同时也配置了一个或者多个 FC 发起方，称之为虚拟发起方，因为没有 HBA 那样的物理设备来产生发起方记录。

FCP 和 iSCSI 本机模式可以组合使用。在这种情况下，存储阵列可以在不借助任何外部桥接设备的情况下，对外提供 FC 和 iSCSI 存储服务。因为不再需要进行桥接设备配置，部署 iSCSI 的复杂性就被降低了。可是，对存储阵列也提出了更高的要求，因为它需要同时处理 FC 和 iSCSI 流量。

iSCSI 是工作在 OSI 模型的应用层的命令型协议。发起方/主机和目标方使用 SCSI 命令和应答来互相通信。SCSI 命令描述块、数据和状态的信息被封装入 TCP/IP 数据包，然后通过网络在发起方/主机和目标方之间传输。

iSCSI 是一种会话层协议，它启动了可以识别 SCSI 命令和 TCP/IP 的设备之间的可靠会话。iSCSI 会话层接口负责处理登录、验证、目标发现和会话管理。TCP 可以为 iSCSI 在传输层上提供可靠的传输服务。

TCP 被用来控制消息流、窗口、错误恢复和重发功能。它依赖于 OSI 模型的网络层提供全局地址和连接。此模型数据链路层的第 2 层协议允许通过单独的物理网络提供节点到节点的通信。

发起方/主机在与可用目标建立会话之前必须可以发现目标在网络上的位置以及目标的名字。这种发现可以通过两种方式来实现：发送目标发现和网络存储名称服务（Internet storage name Service，iSNS）。

在发送方发现中，发起方/主机需要手动配置目标方的 iSCSI 端口的网络信息，用来与目标的 iSCSI 服务建立发现会话。发起方/主机发出发送目标的命令，目标方会以主机的可用名称和地址来响应。

iSNS 协议能自动发现 IP 网络上的 iSCSI 设备。发起方/主机和目标方可以配置为在 iSNS 服务器上自动登记。每当发起方/主机想知道它可以访问的目标时，它可以通过查询 iSNS 服务器来获取可用目标列表。

发现也可以通过服务定位协议（service location protocol，SLP）来实现。然而，相比发送目标发现和 iSCSI 来说，这种方式比较少见。

全球唯一的 iSCSI 的标识符，称为 iSCSI 名称，用来命名 iSCSI 网络内的发起方/主机和目标方，以便于它们之间的通信。这种唯一标识符可以用来识别和管理存储资源，它可以是部门、应用、制造商名称、序号、资产数量或任何标记的组合。

iSCSI 有两种类型的名称：

（1）iSCSI 认证名称（IQN）：一个组织必须拥有一个注册域名，以便生成 iSCSI IQN。此域名不需要映射到激活的或已解析的地址。它只是保留下来以防止其他组织使用相同的域名来产生 iSCSI 名称。名称中包含日期，以避免转让域名所造成的潜在冲突；该组织必须在该日期内拥有该域名。IQN 的例子如下：

iqn. 2008-02. eom. example:optional_ string

optional_string 可以由序号、资产数量或任何存储设备标识符组成。

（2）扩展的唯一标识符（EUI）：EUI 是基于 IEEE EUI-64 命名标准的全局唯一标识符。扩展唯一标识符包括 EUI 前缀和后续 16 个十六进制字符名字，例如：

eui. 0300732A32598D26 a

这 16 个字符包括由 IEEE 分配的 24 位的公司名称和 40 位的唯一 ID，如序列号。尽管对用户来说不太友好,但这样可以更加精简,因为由此产生的 iSCSI 名称是由 EUI 加上十六进制字符组成的 WWN。

在这两种格式中,允许的特殊字符包括点、短画线和空格。iSCSI 的合格名称使得存储管理员可以为存储设备分配有意义的名字,从而使管理更加容易。

网络地址授权(NAA)是一种额外的 iSCSI 节点名字类型,是由国际信息技术标准光纤通道(FC)协议委员会(INCITS)T11 所制定的全球命名格式并应用于串行连接 SCSI(SAS)中。

iSCSI 会话是在发起方/主机和目标方之间建立的。会话 ID(SSID)标识一个会话,它包括发起方/主机 ID(ISID)和目标方 ID(TSID)。会话可以为下列中的一项而建立:

- 发现发起方/主机的可用目标和指定目标方在网络的位置;
- iSCSI 正常运行(发起方和目标方之间的数据传输)。

在会话过程中可能会增加和删除 TCP 连接数。每个 iSCSI 连接会话都具有唯一的连接 ID(CID)。

iSCSI 发起方/主机和目标方使用 iSCSI 协议数据单元(protocol data unit,PDU)进行通信。所有的 iSCSI PDU 都包含一个或多个报头部分,其后没有或跟随多个数据段。PDU 被封装进 IP 数据包以便传送。

发起方/主机和目标方之间的 iSCSI 通信是基于请求—应答的命令序列来进行的。一个命令序列可能会生成多个 PDU。一个 iSCSI 会话中的命令序列号(CmdSN)是用来给会话中的发起方/主机到目标方的命令 PDU 进行编号的。这个编号用来确保每个命令的传输和发送顺序相同,和会话中的 TCP 连接无关。

命令编序从第一个登录命令开始,其后每一个命令的 CmdSN 是递增 1 的。iSCSI 目标协议层负责按 CmdSN 定义的顺序将命令传送到 SCSI 协议层。即使发起方/主机和使用端口组的目标方之间存在多个 TCP 连接,目标接收到的数据和命令也有正确的顺序。

类似于命令编号,状态序列号(StatSN)用于对状态应答进行顺序编号。

当目标方准备好接收数据时,会向发起方/主机发出请求—到—传送(R2T)PDU。数据序列号(DataSN)确保在同一命令内为数据提供正确的传送顺序。DataSN 和 R2T 序列号分别为 PDU 和 R2T 的数据编序。每个序列号由 iSCSI 定义的一个无符号 32 位整数计数器存储在本地。这些序列号在命令、状态和数据交换过程中,通过适当的 iSCSI PDU 在发起方/主机和目标方之间传输。

在进行读操作时,DataSN 初始值为零,其后在该命令序列中每一个数据单元的序列号将逐一递增。如果是写操作,第一个主动提供的数据单元或第一个 R2T 响应的数据单元的 DataSN 初始值为零,其后每一个数据单元序列号也逐一递增。R2TSN 命令初始化时设定为 0,其后目标方每发送一个 R2T 命令,序号就逐一递增。

iSCSI 协议在 IP 数据传送过程中处理错误情况。命令编序用于流量控制。序列号用来监测丢失的命令、应答和数据块。除了 TCP 校验和以太网 CRC 校验之外,使用可选的消息摘要可以改善通信完整性。

iSCSI 中的错误检测和恢复可分为三个级别:Level 0,会话恢复;Level 1,故障恢复;Level 2,连接恢复。错误恢复级别在登录期间进行协商。

- Level 0:如果一个 iSCSI 会话被破坏,所有的 TCP 连接都需要关闭,所有的任务和未完成的 SCSI 命令应该继续完成。然后,通过登录来重新启动会话。
- Level 1:为了能恢复数据的传输,每个节点应该能够有选择地恢复会话中丢失或损坏的 PDU。在这个级别上,识别 iSCSI 任务的错误并进行数据恢复,而后试图重复传输遗失的或损坏的 PDU。
- Level 2:建立新的 TCP 连接以取代失败的连接。新连接将从失败连接的地方开始重新传输。

iSCSI 可能会在未受保护的 IP 网络中出现安全漏洞。可以使用某些安全方案,例如 IPSec 和验证解决方案[如 Kerberos 和 CHAP(挑战握手认证协议)]来加强安全性。

2.FCIP

业界目前正在寻找在整个企业中传送数据的新方式,这种方式适用于本地的 SAN 以及更长的距离,并确保数据可以被所有需要它的用户访问。实现这一目标的极佳方式之一是通过可靠的高速连接实现地理上分散的 SAN 的互联。这种方法需要在整个企业内使用现有的 IP 基础设施进行 FC 块数据传送。

FCIP 标准作为一个可管理、能发挥成本效益的方案迅速获得认可,它结合了 FC 块数据存储以及成熟并广泛部署的 IP 基础设施两者的优势。FCIP 是一种隧道协议,使分散的 FC-SAN 孤岛通过现有的 IP 网络可以透明地在局域网、城域网和广域网之间进行互联。因此,企业现在有了一个更好的方式来利用现有的投资和技术进行数据的保护、存储和迁移。

FCIP 使用 TCP/IP 作为其底层协议。在 FCIP 中,FC 帧封装成 IP 有效载荷。FCIP 不会控制 FC 帧(为传输转换 FC ID)。

当 SAN 孤岛使用 FCIP 互相连接时,每个双向连接被称为 FCIP 连接。两个 SAN 孤岛之间的每一个成功的 FCIP 连接将产生一个完全合并的 FC 光纤网络。

当 SAN 的数据合并、复制、备份时,FCIP 可能需要较高的网络带宽。FCIP 自己不进行限速或流控,这些都是由光纤网络中的 FC 交换机和其他设备来完成的。

一个 FCIP 环境就像是一个单一的、连贯的 SAN。在分散的 SAN 孤岛被合并之前,SAN 只包括功能齐全的第二层网络。这个第二层网络是一个标准的 SAN 结构。这些物理上独立的光纤网络通过 IP 链路连接合并成一个单一的光纤网络。

FCIP 网关路由器通过标准的 FC 连接和每一个光纤网络相连。光纤网络将这些路由器当作第二层的光纤网络交换机。路由器上的另外一个端口连接到 IP 网络,并且分配一个 IP 地址。这类似于给网关上的 iSCSI 端口分配 IP 地址。一旦 IP 网络连通,两个独立的光纤网络就会合并成一个。当两个光纤网络合并时,所有交换机和路由器都要有各自的唯一的域名 ID,而且网络需要包含唯一的分区集合名,否则整个光纤网络将被分割。在连接的每一边的 FC 地址对另一边的网络都是可见的,在新的网络环境内可以对任何实体进行分区和屏蔽。

性能、可靠性和安全性是存储解决方案必须考虑的因素。FCIP 方案也不例外。

从性能的角度来说,在第二层网络中从不同交换机上到多 FCIP 网关的多路径连接消除了单点故障,并提供了更高带宽。在长距离的情况下,如果没有足够的带宽,IP 网络可能会成为瓶颈。从用户角度来看,由于 FCIP 创建了一个统一的光纤网络,底层 IP 网络的中断可导致 SAN 环境的不稳定,例如被分割、过度 RSCN 和主机连接超时。

FC 交换机的供应商已经认识到这些弊端,并已实现了一些功能来提供更高的稳定性,如将 FCIP 流量分流到一个分隔的虚拟光纤网络。

安全是另一个 FCIP 解决方案需要考虑的因素,这是因为数据会在公共的 IP 网络上进行传输。不同的路由器提供各种安全选项来保护数据。IPSec 就是这样一种可实施在 FCIP 环境中的安全措施。

iSCSI 可以使 IT 组织在合理的花费下获得存储网络架构带来的便利。通过混合 IP SAN 技术,存储网络现在可以分散在不同的地区,从而提高整个企业的存储利用率。FCIP 已成为企业中一种可实现业务连续性的解决方案。

由于 IP SAN 是基于标准的以太网协议的,管理员对其概念、安全机制和管理工具都很熟悉,这使得 IP SAN 可以快速被采纳。某些对块 I/O 有需求的应用不能用 NAS 来实现,却可以通过 iSCSI 来实现。

1.5　对象存储系统

随着网络技术的飞速发展和用户对大规模存储系统日益增长的需求,网络存储系统逐渐成为存储系统领域的主流。网络存储系统要想成功,必须有效解决以下三个主要问题:第一,提供高性能的存储,在存储容量、性能和数据吞吐率方面能满足成百上千台规模的集群服务器聚合访问需求;第二,提供安全的数据共享访问,便于集群应用程序的编写和存储的负载均衡;第三,提供强大的容错能力,确保存储系统的高可用性。

目前,国际上主流的网络存储结构主要有存储局域网络(storage area network,SAN)和网络附加存储(network attached storage,NAS)。SAN 采用交换式结构,可为较大数目的节点和存储设备提供一个快速、可扩展的互联。它采用 SCSI 块 I/O 的命令集,通过在多个磁盘上的并发的数据访问,提供高性能的随机 I/O 性能和数据吞吐率,具有高带宽、低延迟的优势,在高性能计算中占有一席之地。如 SGI Columbia 就采用基于 SAN 结构的 CXFS 文件系统,实现高性能文件存储。但是 SAN 系统的价格较高,且在可扩展性方面仍有一定局限性,随着 SAN 连接规模的扩大,其安全性和可管理性也存在着不足。NAS 采用 NFS 或 CIFS 协议提供数据访问接口,以文件为传输最小单元,通过 TCP/IP 实现网络化存储,支持多个平台间的数据共享,具有可扩展性好、价格便宜、用户易管理等特点。由于 NAS 的协议开销高、带宽低、延迟大,不利于在高性能 I/O 集群中应用,因此,通常用于与其他异构系统的互联,如 IBM Blue Gene 通过 NFS 与外部存储系统互联。NAS 和 SAN 都难以提供完美的存储解决方案:NAS 基于文件,SAN 基于块。"文件"级别的接口提供了安全性和跨平台的互操作性;而"块"级别接口在快速访问、高性能方面有优势。因此,将两种方式结合起来产生一种全新的接口——对象(object)。基于对象的存储(object-based storage,OBS)提供一个完美的解决方案。因在性能、可扩展、数据共享,以及容错、容灾等方面有杰出表现,对象存储的概念已经被工业界广泛认可。惠普、Panasas 等公司已经推出了相关产品。

对象存储是基于封装了用户数据的数据对象,包括数据、属性和元数据。数据、属性和元数据的结合,使对象存储得以确定数据的布局或保证基于每个数据对象所提供的服务质量,这就提高了灵活性和可管理性。

对象存储的独特设计,不同于传统的基于块接口的标准存储设备。对象存储是一个磁盘驱动器的智能进化,它可以存储和提供对象,而不仅仅是简单地将数据存放于磁道和扇区。这个任务的完成是通过将底层存储功能移动到存储设备中,并通过对象接口来访问设备实现的。使用对象存储的系统能提供以下好处,这在典型的 IT 存储应用范围内是广泛可取的:

- 存储层的智能空间管理;
- 数据感知的预取和缓存;
- 健壮性,多个客户端的共享访问;
- 使用卸载的数据路径的可扩展;
- 可靠的安全保障。

1.5.1 对象存储系统简介

对象存储系统(object-based storage system,OSS),或者也叫对象存储设备(object storage device,OSD),业界通常选用 OSD 作为这种技术的代名词。

OSD 是综合了 NAS 和 SAN 的优点,同时具有 SAN 的高速直接访问和 NAS 的数据共享等优势,提供了高可靠性、跨平台性以及安全的数据共享的存储体系结构。

对象存储系统研究最早可追溯到 1980 年的两个面向对象操作系统,一个是卡内基梅隆大学(Carnegie Mellon University,CMU)的 Hydra OS,另一个是英特尔(Intel)的 Imax-432 OS。这两个操作系统最先用可变长的对象存储文件、进程状态等多种数据。1980 年,麻省理工学院(Massachusetts Institute of Technology,MIT)第一次在他们的 SWALLOW 项目中实现了分布式对象存储,成为该领域的先驱。对象存储系统的标准最初来自于卡内基梅隆大学并行数据实验室(Parallel Data Lab,PDL)1995 年到 1999 年的"Network Attached Secure Disks(NASD)"项目。该项目的目标是:使用商业存储设备构建高带宽、低延迟、安全、可扩展的存储系统。1997 年,CMU 在美国存储工业联盟(National Storage Industry Consortium)发起一个工作组。该工作组包括了惠普、IBM、希捷、StorageTek 以及昆腾等厂商。该工作组在 CMU 的 NASD 项目研究基础上,于 1999 年成立了全球网络存储工业协会(Storage Networking Industry Association,SNIA)的对象存储设备工作组(OSD 工作组),发布了 ANSI 的 X3 T10 标准。从此以后,SNIA 的 OSD 工作组促进了对象存储设备接口的变革,众多厂商纷纷在其实验室中开展了对该技术的研究。目前 T10 工作组仍在对对象存储命令集(object-based storage devices command)(后文简称为命令集)进行修改和完善。对象存储系统中的对象是数据的一种逻辑组织形式。块是固定大小的,与其不一样,对象是可变长的,是一些具有逻辑关系的数据的载体,可包含任何类型的数据,如文件、数据库记录、图像,以及多媒体视频、音频等。至于包含何种类型的数据由用户决定,对象可动态地扩大和缩小。对象还具有属性,用于描述对象的特征,如多媒体数据对象的服务质量(quality of service,QoS)属性描述了该对象的网络延迟要求。

根据目前对象存储命令集草案中的定义,对象共分为四种:用户对象(user object)、分区对象(partition object)、集合对象(collection object)和根对象(root object)。用户对象是对象存储设备中数量最多的,它存放各种数据;把用户对象进行分区管理,构成分区对象;集合对象是一些具有相同或相近特性的用户对象或者分区对象的集合;而根对象及其属性用于描述对象存储设备的一些特征。

对象存储概念一经提出,便得到了存储界的广泛关注。各大研究机构和存储系统供应商纷纷研究和实现了各自的对象存储系统。其中,影响力最大的有集群文件系统公司的 Lustre 项目、卡内基梅隆大学的 NASD 项目、IBM 公司的 Storage Tank 项目等。

1.5.2 OSD 基本概念

与传统的数据访问方法,包括基于块的方法(并行 SCSI,SAS,FCP,ATA,SATA)和基于文件的方法(NFS 和 CIFS)相比,基于对象的数据访问模型是一个新兴的技术。

一个 OSD 类似于一个逻辑单元。传统的面向块的设备提供作为无关联块阵列组织的数据的访问方式,与其不同,对象存储允许以存储对象的方式来访问数据。存储对象是一个组织数据的虚拟个体,该虚拟个体通过用户以逻辑上相关的方式进行制定。存储对象的空间是由 OSD 的本身进行分配而不是一个基于主机的文件系统。OSD 对所有必要的底层存储设备进行管理,包括空间管理和提供安全功能。因为对于对象没有基于主机的元数据(如 inode 信息),那么对于应用程序而言获取一个对象的唯一方法就是通过它的对象标识符(OID)获取。图 1.1 将传统的基于块的磁盘数据结构与基于对象的磁盘数据结构进行了对比。

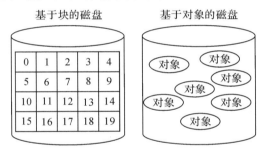

图 1.1 基于块的磁盘与基于对象的磁盘的数据结构对比

OSD 中对象的集合,形成一个单一的 OID 的平坦空间。虚拟文件的层次结构可以通过重新排列对象的指针来模拟,如图 1.2 所示。

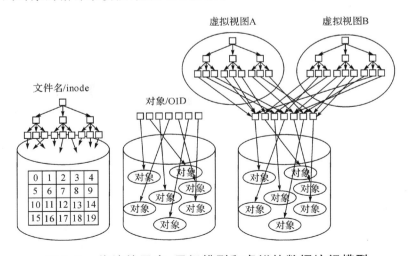

图 1.2 传统的层次、平坦模型和虚拟的数据访问模型

对象是在 OSD 中数据存储的基本单位。每个对象是完备的,它由用户数据、一个 OID、元数据(构成对象的块的物理位置)和属性构成,如图 1.3 所示。

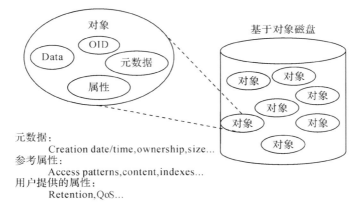

元数据:
 Creation date/time,ownership,size...
参考属性:
 Access patterns,content,indexes...
用户提供的属性:
 Retention,QoS...

图 1.3　包含数据、OID、元数据和属性的对象

ANSI T10 SCSI OSD 标准定义了四种不同的对象(见图 1.4):

- 根对象:OSD 本身。
- 用户对象:由来自应用程序或客户端的 SCSI 命令创建。
- 集合对象:一组用户对象,如所有的"∗.mp3"对象或所有属于同一个项目的对象。
- 分区对象:为一组用户对象和集合对象的容器,这些用户对象和集合对象具有相同的安全和空间管理的特点,如配额和密钥值这些对象。

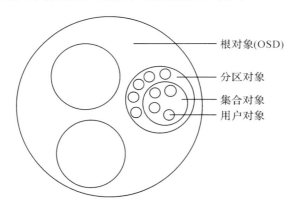

根对象(OSD)

分区对象
集合对象
用户对象

图 1.4　对象类型

文件系统和其他基于主机的数据管理应用程序同时存储用户数据和元数据。OSD 的对象属性保证了 OSD 对象上应用程序的关联性,如根对象、分区对象、集合对象或用户对象。属性可以用来描述一个 OSD 对象的具体特点,如 OSD 的对象所占用的总字节数、OSD 的对象的逻辑大小,或 OSD 对象的最后修改时间。

属性页的编号表明了该属性页所关联的 OSD 对象类型,据 ANSI T10 SCSI OSD 标准的定义对于每个对象有 2^{32} 种属性页,而每个属性页有 2^{32} 种属性。只有小范围的属性命名空间是由标准预定义的。最主要的部分可以由应用程序定义,这就提供了很好的数据服务和有助于改善服务质量(QoS)。两类属性包括:

- 存储属性(类似的 inode):OSD 使用其来管理对于数据的块的分配,如 OID、数据块的指针、逻辑长度、使用的容量。
- 用户属性:用于应用程序和元数据管理者存储对象相关的更高层次的信息,如密度、容量、性能、成本、适应性、权能、可管理性、可靠性、可用性、可维护性、互操作性、安全性、用电量、配额等。

数据对象的属性和元数据的存储是直接的,并在层与层之间和跨设备自动进行的。当对象通过某个系统层或设备,该系统层能根据它所理解的属性值产生反应。忽略其他属性,不修改也没有动作。因此,标记为高可靠性的对象与标记为临时的对象是被区别对待的。数据的存储属性将高服务级别与数据关联起来,以获得更好的数据缓存、预取和迁移等,如图 1.5 所示。

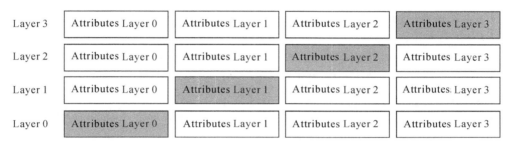

图 1.5　属性层服务级别

对象存储系统的组成:

①首要成分是对象(object),它包含了数据以及足够的附加信息——对象的属性,对象属性反映对象的某些特征,能帮助 OSD 进行数据自治和自我管理。

②基于对象的存储设备(OSD),它比现今的磁盘驱动器更加智能,它能储存对象并服务于对象,而不是简单地将数据放到其扇区和磁道上。

③元数据服务器,它保存文件的元数据信息,协调集群环境中的众多计算节点,使它们能共享数据,同时能保持所有节点上的 Cache 一致性。

④互联网络,它将用户客户端 OSD 和元数据服务器互联起来。

⑤对象存储文件系统,它与计算节点集成在一起,接受来自操作系统的 POSIX 文件系统命令和数据,直接寻址 OSD,并将对象跨多个 OSD 条带化分布。

1. 对象

对象是对象存储系统中的数据存储的基本单元。和传统存储系统中的基本成分——"文件"或"块"——不一样,对象是数据加上一组描述此数据各方面的属性的一个组合。这些属性反映了对象的某些特征。不像传统的基于"块"的存储系统,存储系统必须集中管理系统中的每一个块的存储属性,对象只需维护它自身的属性,告诉存储系统如何管理这一片特定的数据。这就简化了存储系统的任务,通过把数据管理与数据本身分开而增加了灵活性。

在存储设备中,所有对象都是通过一个 128 位的对象标识(对象 ID 号)被访问的。访问时用一个基于对象 ID 的简单接口——ObjectID,Offset,Length,Operation。其中,Offset 是对象内的开始字节地址,Length 是要访问的数据字节长度,Operation 为操作命令(读、写等）。

2.对象存储设备

对象存储设备代表了下一代用于网络存储的磁盘驱动器。它是一种智能的设备,包含磁盘、处理器、RAM 内存和一个网络接口。这就使得 OSD 能管理本地对象及其属性,并自治地服务和存储来自网络的数据。OSD 是对象存储体系结构的基础。

命令集中描述的 OSD 命令是一组可用于基于对象的存储设备的各种操作。对象存储系统中,众多的 OSD 直接连接到网络交换机上,统一向客户端提供服务。跟传统的 SAN 配置不一样,对象存储设备能被直接并行寻址,能达到极高的聚合数据吞吐率。

OSD 在对象存储系统中的主要功能分成以下 4 个方面:

①数据存储——任何存储设备的首要功能是在物理介质上可靠地存取数据。像任何传统的存储设备那样,它必需管理布局在标准的磁道和扇区上的数据。这些数据只能通过它们的对象 ID 来访问,不能在 OSD 之外以"块"格式被访问。也就是说,OSD 只提供"对象"一级的访问接口。客户端访问 OSD 时,需要指定一个特定的对象 ID、一个在对象内读或写数据的起始地址(offset)、请求的数据块长度(length)以及一个操作命令,才能去访问对象中的数据。在对象存储系统中,用户无法直接获取 OSD 中某个物理"块"中存储的数据。

②智能布局——OSD 用它的内存和处理器去优化数据在磁盘上的布局并从磁盘上预取(pre-fetching)数据。对象的属性提供了对象数据的附加信息,来帮助做出布局决策。例如,当对象的属性说明此对象是一个较大的多媒体数据信息时,OSD 可以根据此属性信息,在磁盘上分配一段连续的块空间存放此对象。OSD 拥有一个写后缓存(write-behind cache),大量写的数据能被缓冲存放,并被跨磁盘有效地写多遍。同样,OSD 能智能地提前读(read-ahead)或预取一个对象的数据块,把它们放在缓存中随时可用,以达到最大的性能。

③元数据管理——OSD 管理与其上存储的对象相关的元数据。这些元数据与传统的 inode 数据相似,包括与对象相关的如时间戳、在磁盘上的逻辑分布、数据块和对象的长度等。在传统的存储系统中,这些数据是由文件服务器(对 NAS 而言)或主机操作系统(对 DAS 或 SAN 而言)管理的。对象存储体系结构把管理存储系统中绝大部分元数据的任务分摊给各个 OSD 去做,从而降低了客户端和系统元数据服务器的开销,消除了 SAN 中元数据服务器成为整个系统瓶颈的可能。

④安全性——对象存储通过两个途径使其安全性高于 SAN 或 NAS 网络存储系统。首先,对象存储是一个网络存储协议,像其他网络存储协议(SAN 或 NAS)一样,它很容易受到外部攻击。但对象存储体系结构不需要担心存储系统之外客户端对 OSD 安全的影响,它使用了一种基于三方通信的安全协议。每一个数据传输的命令,都要核准数据请求及其动作是否合法才能执行。其次,对象存储系统提供给每一个客户端一个安全加密记号。这个记号告诉 OSD,允许该计算节点以什么样的特权,在多长时间内,能访问哪一个对象。OSD 检查每一个进来的数据传输请求是否有正确的授权,并且拒绝任何不正确的、无效的或过期的请求。这些记号由元数据服务器管理,并实时与客户端和 OSD 进行信息交互。

3.元数据服务器

为客户端提供元数据,主要是文件的逻辑视图,包括文件与目录的组织关系、每个文件所对应的 OSD 等。在传统的文件系统中,元数据由本机或者文件服务器负责维护,每次对数据库的操作都要获取元数据。

在对象存储系统中,由于每次操作只有一次对元数据的访问,具体的数据传输都由 OSD 和客户端通过直接连接进行,大大地减少了元数据的操作,降低了元数据服务器的负担,从而为系统的扩展提供了可能性。

元数据服务器(metadata server,MDS)协调客户端与 OBD 之间的交互,管理与上层文件系统有关的元数据。它提供下列功能:

①安全策略:包括身份验证、授权证书管理、访问控制等。新的 OSD 加入网络中时,由元数据服务器对 OSD 的身份进行验证,并向新加入的 OSD 颁发证书,元数据服务器周期地更新证书,确保每个 OSD 都是合法的。同样,当客户端请求访问 OSD 时,先由元数据服务器进行身份验证,然后才向客户端发送证书授权访问。对文件的每一对 Open(Create)/Close 操作,客户端只需在 Open(Create)时向元数据服务器发请求取得授权证书,此后,客户端将用该证书访问 OSD,直到文件被关闭。元数据服务器用访问控制位(access control bit)描述客户的访问权限,包含在证书中返回给客户端。客户端访问 OSD 时,OSD 检查访问控制位,给予用户相应权限。

②Cache 一致性维护。在对象存储系统中,Cache 一致性是至关重要的,因为 Cache 存在于客户端、OSD 和元数据服务器中,必须保证三者的统一。而数据与元数据在系统中是分开存放的,这使一致性的维护变得更加重要。当客户端请求对一个特定的文件执行一个操作时,MDS 检查与此文件相联系的访问允许和访问控制,并提供一个映射图(map)和一个访问能力(capability)给此请求节点。此映射图由 OSD 列表及它们的 IP 地址组成,包含了要访问的对象的组成成分等。capability 是一个提供给计算节点的安全加密的记号。

③文件目录的元数据管理。MDS 将存储系统的文件结构提供给客户端。当客户端请求对一个特定的文件执行一个操作时,MDS 检查与此文件相联系的访问允许和访问控制,并提供一个映射图和一个访问能力给此请求节点。此映射图由 OSD 列表及它们的 IP 地址组成,包含了要访问的对象的组成成分等。

④负载平衡。MDS 与 OSD 和客户端保持实时的通信联系。MDS 掌握了整个对象存储系统中的数据传输负载。另外,客户端在将文件存放在 OSD 之前,都会到 MDS 申请存储空间,此时 MDS 就可以根据整个系统的负载以及系统中对象在各 OSD 之间的分布,给客户端分配较为合理的 OSD 用来存储数据,尽量做到对象在各 OSD 之间平均分布。另外,MDS 还可以根据当前客户端请求对象的热度,将热点的对象进行复制,由多个 OSD 同时向客户端提供服务,减小用户的等待时间,提高系统的集合带宽。

⑤网络连接。为客户端提供认证,为了增强系统的安全性,MDS 为客户端提供认证方式。OSD 将依据 MDS 的认证来决定是否为客户端提供服务。

网络连接是对象存储系统的重要组成部分。它将客户端、MDS 和 OSD 连接起来,构成了一个完整的系统。

计算机网络的发展是当前计算机体系结构中发展最快的领域之一。目前常用于网络存储的是光纤通道(FC)和以太网(Ethernet)。由于 FC 的成本比较高,由其构建的大规模 SAN 存储系统的价格一直十分昂贵。而以太网的成本较为低廉,性能上也有了很大的改进,在网络存储领域已经占有一席之地。在网络存储系统中使用较为广泛的是千兆位以太网(gigabit Ethernet,GE)。随着万兆位以太网(10 Gb Ethernet)的大规模应用,其成本也会随之降到可接受的程度。使用以太网构建的网络存储系统在数据传输速度上并不亚于光纤通道,而万兆位以太网甚至已经超过了光纤通道。用以太网实现对象存储系统有两个优势:一是廉价的商业化部件;另一个是可以利用大量成熟的基于 Ethernet 的管理技术和工具。目前影响力较大的集群文件系统公司的 Lustre 系统和 Panasas 公司的 Activescale Storage Cluster 都是构建在以太网之上的。但对象存储系统并不只针对 Ethernet,同样可在其他网络(如 Myrinet,InfiniBand)上构建。

⑥对象存储文件系统。为了使客户端能直接对 OSD 读写对象,必须安装一个文件系统。这个分布的文件系统在对象存储体系结构中提供了 6 个关键功能。

- POSIX 文件系统接口——对象存储文件系统必须为其上的应用提供一个透明的接口。文件系统将提供一个 POSIX 接口给应用层,使应用能实现标准的文件系统操作,如对其下的存储系统做 Open,Close,Read 和 Write 文件的操作。此外,它还必须支持一整套用户所期望的访问保护和控制,允许它对任何给定的文件进行互斥或共享的访问。

- 缓存(cache)——对象存储文件系统必须在客户端上提供对读入的数据的缓存,以补充 OSD 上的缓存,提高系统整体性能。还将有一个写数据的缓存,用来聚集多次写入的数据,以更高效地传输数据到 OSD 上以及数据在各 OSD 上的合理布局。第三个缓存是用作存放元数据和安全记号的,这样客户端就能够很快地生成安全命令去访问 OSD 上它们被允许访问的数据。

- 对象 RAID——对象存储文件系统必须能处理以对象为单位的跨多个 OSD 的对象 RAID。不像标准的 RAID,对象分布文件系统能对每一个对象用一种不同的数据布局和 RAID 级别。此分布文件系统取一个对象,将它分成一个或多个组成对象(component object),作为对象的子集送到每一个 OSD 上。每个组成对象的大小(条带单元的大小)可被指定为对象的一个属性。条带的宽度,也即对象被条带跨越的 OSD 的个数,也可被指定作为对象的一个属性。因为对象是被并行读写的,所以条带的宽度将直接与对象的带宽关联。如果 RAID 被规定了,那么奇偶校验位将由客户端提交给对象条带。

- iSCSI——对象存储文件系统必须有一个 iSCSI 驱动程序,来将 SCSI 命令、对象存储系统对命令的扩展以及要在 TCP 网络上传送的数据打包,才能对 OSD 进行数据读写。这里的 iSCSI 驱动程序同时要安装在客户端和 OSD 上。

- 可安装(mount)——可在所有的客户节点的根目录上安装此文件系统。同时使用访问控制来确定对文件树的不同部分的访问。

- 附加的文件系统接口——除了 POSIX 接口,还可能要用到其他的应用接口,例如 MPI-IO(Message Passing Interface for I/O)。此接口允许并行的应用程序能通过文件系统中的低级的 I/O 控制命令去完全控制数据跨多个 OSD 的布局。这对于建立数据分块比较大的 RAID,或允许集群将检查点设置到单个文件以达到最大的重新启动的灵活性是很有用的。两种 MPI-IO 实现被广泛地使用,一种是 Argonne 实验室的 MPICH/ROMIO,另一种是 MSTI 的 MPI PRO,它们都支持 MPI 标准。

1.5.3　对象存储文件系统体系结构

对象存储系统的概念一经提出,受到学术界和工业界的广泛关注。众多研究机构和厂商纷纷开发出各具特色的原型系统,其中备受人们关注的有集群文件系统公司的 Lustre 系统,Panasas 公司开发的 Activescale Storage Cluster 以及 IBM 公司的 Storage Tank 系统。这些对象存储系统在性能上较传统的 SAN 和 NAS 系统都有很大的提高,特别是在可扩展性方面特点尤为突出。

1. Lustre

Lustre 是一个开放源码的、基于对象存储的高性能分布式文件系统,由集群文件系统(cluster file system,CFS)公司研发,已经开放的版本为 1.4.6,在其官方网站(http://www.lustre.org)可以自由下载。目前,Lustre 在美国能源部(DOE)、Lawrence Livermore 国家实验室、Los Alamos 国家实验室、Sandia 国家实验室、Pacific Northwest 国家实验室的高性能计算系统中已得到了初步的应用。Lustre 运行在商业设备上,使用基于对象的磁盘(object-based disks,OBD)存储数据,元数据服务器(MDS)为整个文件系统提供元数据服务。Lustre 由三个部分组成,即客户端、MDS 和存储服务器(object storage target,OST)。三个部分通过高速的互联网连接。Lustre 把文件当作由元数据服务器定位的对象,元数据服务器指导实际的文件 I/O 请求到存储服务器,存储服务器管理在基于对象的磁盘组上的物理存储。对于客户端而言,Lustre 是一个透明的文件系统,无须知道具体数据所在的位置,可以透明地访问整个文件系统中的数据。客户端同 OST 进行文件数据的交互,包括文件数据的读写、对象属性的改变等;同 MDS 进行元数据的交互,包括目录管理、命名空间管理等。由于采用元数据和存储数据相分离的技术,可以充分分离计算和存储资源,使得客户端计算机可以专注于用户和应用程序的请求,存储服务器和元数据服务器专注于读、传输和写数据。存储服务器端的数据备份和存储配置以及存储服务器扩充等操作不会影响到客户端,存储服务器和元数据服务器均不会成为性能瓶颈。三个组成部分除了各自的独特功能以外,相互之间共享诸如锁、请求处理、消息传递等模块。Lustre 是一个高度模块化的系统,三个组成部分可以在一个节点上工作,也可以在不同的节点上工作。

2005 年 3 月中旬,惠普公司宣布正式向国内市场推出其第二款基于惠普"存储网格"体系结构的产品——HP StorageWorks Scalable File Share(HP SFS)。惠普公司推出的 SFS 是首款采用 Lustre 技术的商业化产品。Lustre 技术已经于 2004 年在世界上最大的 10 个 Linux 集群之一的美国能源部西北太平洋国家实验室(PNNL)上投入使用。PNNL 的 HP Linux 超级集群配备了 1800 多颗安腾 2 处理器,运算速度可达 11 Teraflops(1 Teraflop 相当于每秒 1 万亿次浮点运算),并且可以在单一的 53 TB 基于 Lustre 的文件共享系统中提供 3.2 GB/s 的带宽来运行生产负载。独立的 Linux 客户机可以向并行 Lustre 服务器以 650 MB/s 的速度来写入数据。这套系统消除了 I/O 带宽瓶颈问题,从而为用户在成百甚至上千台独立的、分布式的文件系统之间拷贝文件节约了大量时间。

2. Activescale Storage Cluster

同集群文件系统公司一样,Panasas 公司也开发出了自己的对象存储系统——Activescale

Storage Cluster,应用于大规模的 Linux 集群环境。该系统由 StorageBlade,DirectorBlade 和 Panasas 文件系统组成。

StorageBlade 就是对象存储体系结构中的 OSD,数据保存在 StorageBlade 上。目前,系统中每个 StorageBlade 包含两个 120 GB 或者 150 GB 的 SATA 硬盘用于存放数据。StorageBlade 使用的是 1.2 GHz Intel Celeron CPU,配备 512 MB SDRAM 作为内存。StorageBlade 使用一个千兆位以太网作为传输接口。这就使得 StorageBlade 具有了相当的处理和数据传输能力。DirectorBlade 就是对象存储体系结构中的 MDS。DirectorBlade 拥有很强的处理能力,使用 Intel LV Xeon 2.4 GHz 的 CPU,并配备了 4 GB 的 DDR 内存。为了保证 DirectorBlade 拥有足够的数据传输带宽,DirectorBlade 配备了两个千兆位以太网接口。根据需要,DirectorBlade 还可以再添加一个,组成双机热备份。Activescale Storage Cluster 使用千兆位以太网作为网络连接,其中对外的连接由 4 个千兆位以太网进行捆绑,提供了高速的访问接口。Panasas 文件系统运行在 Activescale Storage Cluster 上,为应用程序提供文件系统接口,将应用程序的文件请求发送给 DirectorBlade 和 StorageBlade,并将 StorageBlade 返回的数据交给应用程序。Panasas 文件系统在客户端将需要写到 StorageBlade 的数据进行 RAID 分带,将包括校验数据在内的所有分带分别写入各个 StorageBlade,从而使数据的存储更可靠。DirectorBlade 也为文件系统提供了元数据访问、文件和目录访问管理,以及客户端上数据的 Cache 一致性。Panasas 文件系统在可扩展性上表现非常突出,当 OSD 的数量从 30 增加到 300 时,整个系统的集合访问带宽几乎呈直线增长。

3. IBM Storage Tank

IBM 公司在原有的 GPFS 文件系统之上进行改进,开发出了 Storage Tank 存储系统。总体上来讲,Storage Tank 仍然属于 SAN 文件系统,但它在很大程度上借鉴了对象存储的理念,使得 Storage Tank 在性能和可扩展性方面较传统的 SAN 系统有了很大的改进。

Storage Tank 是一个异构可扩展的 SAN 文件系统。它可以提供异构环境下的文件共享访问,对数据进行集中管理,而且能提供企业级的可扩展性。Storage Tank 采用积极的缓存策略,尽量在客户端缓存文件元数据和数据。即使打开的文件被关闭,都可以在下次使用时利用已经缓存的文件信息,整个文件系统由管理员按照目录结构划分成多个文件集(fileset)。每一个文件集都是一个相对独立的整体,可以进行独立的元数据处理和文件系统备份等。不同的文件集可以分配到不同的元数据服务器处理,形成元数据服务器机群,提供系统的扩展性、性能、可用性等。

在 Storage Tank 中,块虚拟层将整个 SAN 的存储进行统一的虚拟管理,为文件系统提供统一的存储空间。这样的分层结构有利于简化文件系统的设计和实现。同时,它们的客户端支持多种操作系统,是一个支持异构环境的分布式文件系统。Storage Tank 采用了基于策略的文件数据位置选择方法,能有效地利用系统资源、提高性能、降低成本。与传统的 SAN 相比,Storage Tank 在数据管理上改动较大。传统的 SAN 在管理数据块时是进行统一管理的,向上也是提供统一的块访问接口。而 Storage Tank 在此基础上进行改进。对于存储资源,它仍然使用统一的块管理,但在此之上增加了一个抽象层,对上提供普通的文件服务,文件到块的映射关系由此抽象层管理。这就使得数据管理具有更清晰的层次,更具模块化。系统的可扩展性较传统的 SAN 也有较大的提高。由于使用普通的文件访问接口,就很容易让不同环境下的用户使用,提高了系统的可用性。

4.对象存储系统体系结构

对象存储系统是一个分布式的网络文件系统。它主要由三个部分组成:设备端、元数据服务器端和客户端。这三个部分通过高速网络进行互联,目前大多数的对象存储文件系统都是采用高速的以太网作为互联网络。

对象存储文件系统的设备端部分就运行在各个 OSD 上。OSD 是一个智能设备,除了拥有大量的存储资源外,它还拥有自己的 CPU 和内存。对象存储文件系统的设备端主要负责 OSD 内的对象及其属性的组织和在存储介质上的物理存放,并向外提供基于对象的访问接口。对象存储文件系统的设备端接收从网络上发来的各种请求,对其进行命令解析和安全验证。当安全验证通过后,将数据从存储介质上读出,以对象为基本传输单位发送给请求者。用户在向 OSD 发出数据请求时,以对象为基本单元,而对象在存储介质上的物理分布对用户来说是透明的。

对象存储文件系统的元数据服务器部分运行在元数据服务器上。元数据服务器可以是一台普通的服务器,也可以是集群服务器。对象文件系统元数据服务器部分主要负责维护用户请求的文件到 OSD 上的对象的映射关系、安全认证信息和 Cache 数据一致性等。与 SAN 不同的是,对象存储文件系统的元数据服务器部分所管理的是对象一级的元数据。而对象在磁盘上的组织等元数据交由存储该对象的 OSD 管理。这就大大减轻了对象存储系统元数据服务器的负载,减小了元数据服务器成为瓶颈的可能,增加了整个对象存储系统的可扩展性。

对象存储文件系统的客户端运行在各种用户的终端机或者大型的集群服务器上。它主要负责给用户提供一个友好的访问界面,能够高效、安全地利用 OSD 提供的存储资源。为了不影响用户的应用,客户端要求能支持各种平台环境,并能在用户不修改应用程序的情况下提供高效、安全的服务。因此,客户端一般提供两种使用方式,一种是以 API 或者系统调用的形式提供给用户直接使用;另一种就是直接在 Linux 环境下挂载出一个目录或者在 Windows 环境下创建一个逻辑盘符供用户使用。

5.对象存储的设备端

对象存储文件系统设备端运行在对象存储设备上。对象存储设备是一个智能存储设备,它拥有自己的 CPU、内存、EPROM、网络接口、块设备接口和磁盘等存储介质。对象存储设备体系结构如图 1.6 所示。

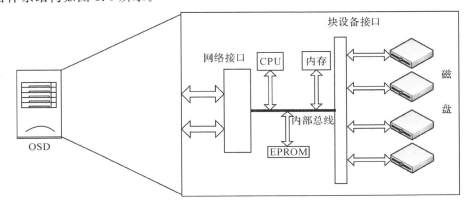

图 1.6　对象存储设备体系结构

　　如图 1.6 所示,对象存储文件系统设备端运行在对象存储设备上时,通过网络接口接收和发送数据。此时接收和发送的数据都是以对象作为基本传输单元的;而对象及其属性在磁盘等存储介质上如何存放,磁盘上的空间如何管理等都由运行在 OSD 上的对象存储文件系统客户端部分管理。OSD 的一些配置信息和启动参数都存放在 EPROM 中。

　　当数据请求到达 OSD 后,网络接口将接收到的数据存放到内存中,交由 CPU 进行处理。CPU 从数据中提取出请求命令、对象 ID、对象内偏移、读写长度等相关信息。CPU 得到这些信息后,根据对象存储文件系统客户端部分软件设计的一种机制找到对象所存放的磁盘及其具体的位置,并向磁盘发出读写请求,完成操作。最后通过网络端口向请求发出者返回相关信息。

　　从图 1.6 中我们可以看出,较传统的存储设备而言,OSD 具有了相当的处理能力。因此,对象存储文件系统就将对象在存储介质上的具体存放的任务交由 OSD 负责。同时,OSD 可以利用自己的处理能力合理安排对象及其属性在不同磁盘上的分布,在 OSD 所挂载的多个磁盘上做负载平衡。

　　另外,每个对象都有属性,OSD 还可以自己定义对象的属性,而对象的属性反映了对象的特征。这样一来,OSD 就可以利用对象的属性把对象进行分类管理,方便用户使用。另外,对象存储文件系统的设备端部分可以利用 OSD 的处理器和内存,借助对象的属性,对用户访问的对象进行预取和缓存,提高 OSD 的性能。另外,在响应读写请求时,OSD 还以对象为基本单元负责数据的安全。因此,用户访问 OSD 只能以对象为基本单元,用户无法读取 OSD 中磁盘上指定位置的数据块。这就使得对象存储系统中有关数据的安全信息较 SAN 而言大为减少,相应的管理也更为合理。

6.对象存储文件系统元数据服务器

　　对象存储文件系统的元数据服务器部分运行在普通的服务器或者集群服务器上,它负责管理由用户访问时所使用的文件名到 OSD 上的对象 ID 的映射关系、对象存储文件系统中的 Cache 数据一致性、用户认证以及安全证书等。

　　对象存储文件系统的元数据服务器部分与客户端和 OSD 通过 Socket 进行通信。MDS 负责维护文件到对象的对应关系,并实时掌握 OSD 的各种信息,如负载、可利用空间等。这通过这些信息对负载和对象在 OSD 间的分布进行实时的调度,实现 OSD 间的负载平衡。此外,元数据服务器还负责管理用户的访问权限。与传统的分布式文件系统不同的是,这里的元数据服务器对权限的管理以对象为基本单元,其粒度介于块和文件之间,相对于块一级和文件一级而言,在易管理性和可共享性上做了很好的折中。与此同时,元数据服务器还负责对用户的认证以及安全证书的发放。

　　对象存储文件系统的元数据服务器部分为每个用户维护着一张文件与对象之间的对应表。一个文件可以对应多个对象,多个文件也可以聚合起来,在一个文件中存放。这可以通过元数据表中的 Flag 值来表示:Flag 为 0 时,表明一个文件对应了多个对象,索引号表明文件对应的各对象的排列顺序,偏移表示对象在文件中的起始的偏移地址;Flag 为 1 时,表明多个文件聚合存放在一个对象中,索引号表明各文件在这个对象中的排列顺序,偏移表示各文件在这个对象中的起始偏移地址。OSD 号是指各 OSD 设备的设备号,它是各 OSD 设备的唯一标识。对象号是全局唯一的,根据 OSD 命令集的规定,它是一个 128 位无符号数。要注意的是,这里的文件名对某个用户而言是全局唯一的,因为对象存储系统同时可以对多个用户提供服务,但每个用户所看到的文件视图应该是各自独立的。

7.对象存储文件系统客户端

对象存储文件系统的客户端部分运行在用户的终端 PC 机或者高性能集群服务器上。它提供一套标准的访问接口供用户调用,使得用户在访问对象存储系统时像访问本地文件系统一样。

用户对各种应用程序不进行任何修改就可以在对象存储系统上运行。用户的终端 PC 机或者高性能集群服务器所使用的操作系统平台是各不相同的。为了保证用户的应用程序能透明地访问对象存储系统,对象存储文件系统就必须能在 Windows 操作系统下创建出一个虚拟的盘符或者在 Linux 操作系统下挂载一个目录。当用户访问虚拟盘符或者这个目录时,实际上使用的就是对象存储系统中的存储资源。与此同时,对象存储文件系统还提供一套标准的 API 供用户调用。用户可以根据自己的要求直接调用 API 来使用对象存储系统,从而提高性能。

对象存储文件系统客户端接收到上层应用发下来的读写请求时,通过与元数据服务器交互,获知所访问的文件由哪些对象组成,在哪个 OSD 上。然后直接与 OSD 通信进行数据访问。在进行数据传输时,不需要元数据服务器干预。这种结构大大减小了元数据服务器的负载,用户在进行数据访问时的性能和效率也大为提高。也正因为此,对象存储系统具有很强的可扩展能力。

8.OSD 命令集

OSD 命令集(Information Technology-SCSI Object-Based Storage Device Commands)由美国 T10 工作组指定和修改。T10 工作组是美国信息技术标准国际委员会(The International Committee for Information Technology Standards,INCITS)旗下的一个标准制定组织,主要负责指定 SCSI 存储接口方面的标准。INCITS 隶属于美国国家标准研究所(American National Standards Institute,ANSI)。

T10 工作组维护的 OSD 命令集于 2004 年 7 月 30 日又一次做了修改。该命令集已经于 2004 年 11 月 15 日由 INCITS 出版(ANSI/INCITS 400—2004)。目前 T10 工作组正在制订下一代 OSD 命令集(Information Technology-SCSI Object-Based Storage Device Commands-2,OSD-2)。OSD 命令集定义了一组用于对象存储的命令集,从而替代传统的"块"一级的存储模式。OSD 命令集是 SCSI-3 命令集的扩充。它的指定主要用来定义一种能提供高效的输入/输出接口、可自我管理、自我分配、可变长的数据存储容器——对象。

2005 年 9 月全球网络存储工作协会(中国)(Storage Networking Industry Association,SNIAChina)和《计算机世界》共同主办的美国网络存储世界(Storage Networking World,SNW)大会中国分会上,希捷公司(Seagate)、美国 Emulex 公司和 IBM 共同进行了面向对象的存储设备联合技术演示。该次 SNW 上的演示是 OSD 第一次展示在驱动器上生成文件系统,同时也是第一个符合 OSD 命令集的原型设备。

OSD 命令集的主要包含 4 部分内容:对象存储模型、对象存储命令一般格式、对象存储命令和对象存储命令的参数。

对象存储模型定义了一种全新的存储模式。传统的存储系统中文件系统分为两个层次:文件系统用户组件和文件系统存储管理组件。这两个部分都运行在主机系统中。而对象存储模式将这两个部分进行了拆分。文件系统存储管理组件被下移到对象存储设备(OSD)上,称为 OSD 存储管理组件。对象存储管理组件向上以对象存储接口提供服务。文件系统用户组件通过对象存储接口,调用 OSD 上的对象存储管理组件。这种存储模型的实质就是将用户与存储设备之间的接口由"块"变为对象。对象在磁盘上的分布与管理由 OSD 负责,减轻了主机的负担。对象存储模型中还定义了一种基于三方通信的安全模型。

OSD 命令集是 SCSI-3 命令集的扩充,它的命令形式和 SCSI 命令十分相似。与 SCSI 命令不同的是,OSD 命令中除了有对数据的操作外,每个命令都包含处理对象属性的部分。OSD 命令集定义了 20 个对象操作命令,其中包括常见的读、写等操作,也定义了一些对象存储系统特有的操作命令,如 LIST,LIST Collection 等。对象存储命令的参数较为复杂,也是它的一大特色。主要是因为对象都具有属性,而每个 OSD 命令都有对对象属性进行处理的部分。正是因为对象拥有属性,而属性反映了对象的某些特征,这就使得 OSD 能较为合理地自我管理和分配对象在磁盘上的分布,OSD 就能提供高效的基于对象的存储服务。对象存储命令的参数主要分为属性参数、诊断参数、日志参数、模型参数等。

9.对象存储文件系统的数据访问流程

对象存储文件系统的三个部分是一个不可分割的有机整体,它们通过高速互联网络互相通信,共同为用户提供服务。对象存储文件系统的数据访问流程(以写数据为例)如图 1.7 所示。

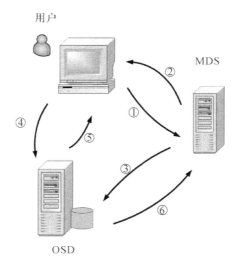

图 1.7   对象存储文件系统的数据访问流程

典型的对象存储文件系统的写数据的访问流程具体步骤如下:

①用户在使用对象存储文件系统时,以写文件为例,首先向对象存储文件系统客户端发出写请求,同时将所写文件的文件名、文件的数据及其长度传给对象文件系统客户端。对象文件系统客户端在接收到写请求后,首先与元数据服务器进行通信,获取写文件的安全认证等相关信息。

②元数据服务器接到用户的请求后,就会对用户进行安全检测,判断是否是合法用户、是否拥有写权限等。安全检测通过后,就会根据目前整个系统的负载和各 OSD 上存储资源的使用情况,合理分配一些 OSD 负责接收用户的数据,并将相关信息返回给客户端。其中包括用户可以将文件写到哪些 OSD 上,文件由哪些对象组成,其对象 ID 是多少以及安全证书等。

③与此同时,MDS 将与被分配用来接收数据的 OSD 进行通信,让其做好准备接收数据,并将相关的安全认证信息告诉此 OSD。

④对象文件系统客户端得到这些信息后,直接与 OSD 建立连接,向 OSD 发出写对象请求,并将安全证书发送给 OSD。OSD 接收到安全证书后对其进行安全检验,通过后开始接收数据。此时的数据都以对象为单位进行传输。数据传输完成后,创建对象的相关属性。

⑤数据传输完成后,向用户返回信息,通知数据已经接收完成。对象存储文件系统客户端得知数据传输完毕后,向上层应用程序返回信息。

⑥与此同时,通知元数据服务器数据传输完毕,让其记录文件到对象的索引信息。整个写请求操作完成。

整个数据传输的过程是一个三方通信的过程。用户在进行文件数据传输时,直接和 OSD 通信,元数据服务器没有直接干预,这就使得元数据服务器不再成为分布式文件系统的瓶颈。另外,元数据服务器对整个对象存储系统中各 OSD 的负载情况了如指掌,当用户有访问请求时,元数据服务器可以合理安排那些 OSD 相应请求,做到 OSD 间的负载平衡。而且元数据服务器管理的是对象的元数据,较 SAN 系统而言,其管理的数据量要小很多,从而摆脱了元数据服务器成为分布式文件系统的瓶颈。

用户的应用程序要能从 OSD 读写数据,就必须由对象文件系统客户端、元数据服务器端和 OSD 合作共同完成。三方通过高速网络进行连接,保持实时交互。文件由哪些对象组成、分布在哪些 OSD 上都是由元数据服务器根据整个对象存储系统的实时负载合理地进行分配。

1.5.4 OSD 的安全

在 ANSI T10 SCSI OSD 标准为基于权能的协议定义了强安全性,该协议强制性地保证 SCSI 请求的完整性和客户端的合法使用。每个命令必须附有哈希码(HMAC-SHA1 算法的 160 位密钥的哈希消息认证码),它标识一个特定的对象以及针对该对象执行的操作列表。OSD 安全过程流程如图 1.8 所示。

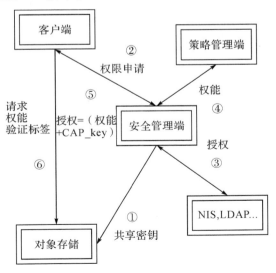

图 1.8 OSD 安全过程流程

①安全管理端与一个 OSD 交换共享密钥。

②客户端必须从安全管理端发出请求获取一个权能,并对访问的对象指定 OSD 的名称、分区 ID 和 OID。

③安全管理端来决定客户端通过 LDAP,NIS 或 Kerberos 的方法发出请求是否被授权。

④因为这种身份认证的方法超出了 ANSI T10 SCSI OSD 协议的范围之外,安全管理端与策略管理端交互来确定客户端是否被授权来对指定的对象执行请求操作。如果操作是允许的,安全管理端将生成证书,包括所请求的权能和完整性校验值(CAP_key)。CAP_key 是通过使用一个 OSD 的密钥和权能的伪随机函数产生的。

⑤证书从安全管理端发送到客户端。

⑥客户端发出请求、权能以及对每个 OSD 命令验证标签。验证标签是由客户端使用 CAP_key 计算出来的。

在处理命令之前,OSD 验证了以下内容:

- 验证标签,基于密钥和权能信息;
- 该功能尚未以任何方式修改;
- 该功能允许对指定对象的请求作出操作。

如果通过测试,OSD 允许基于权能中编码的权限的操作。一个客户端可以请求允许多种类型的操作的证书,如读、写或删除。可以允许客户端主动缓存和重用凭证,最大限度地减少安全管理的信息数量。证书可以被缓存、传播、阻塞、撤销或过期。

1.权能

SCSI 命令描述块(command descriptor blocks,CDB)的字段,指定命令可以请求的命令功能(哪个 OSD 对象可以被访问)。权能的内容可以由策略管理端管理用于应用程序客户端,也可以由安全管理端通过证书进行保护。

2.证书

一个由安全管理端准备的数据结构,由完整性校验值(CAP_key)进行保护。此证书被发送到应用程序客户端来定义对某个 OSD 逻辑单元的访问,用于指定 OSD 对象上指定命令的执行。证书包括由策略管理端准备,并由应用程序客户端复制到每个 CDB 来请求指定的命令功能的一种权能。

3.OSD 的共享密钥层次结构

共享密钥的层次结构从最高到最低包括以下内容:

- 主密钥:层次结构中位于最高层次密钥,可以允许对驱动器不受限制的访问。主密钥的丢失被认为是一个灾难性事件。因为主密钥的这种重要性,该协议限制了它的使用仅仅局限于设置的根密钥这种罕见事件。主密钥仅仅在驱动器的所有者发生改变的情况下才能被修改。
- 根密钥:与主密钥类似,根密钥提供对驱动器不受限制的访问。然而,根密钥不能被用来初始化驱动器或设置一个新的主密钥。根密钥设置好后,可以用来设置分区密钥。根密钥是可以根据需要或者作为一个用于维护安全的预定的更新操作的一部分被修改的。

- 分区密钥:用于为每个分区产生工作密钥。对象存储分为多个分区,每个分区都有一个唯一的分区密钥和工作密钥。
- 工作密钥:用于生成客户端,以及用于访问单个对象的权能密钥。由于它们的频繁使用,工作密钥应经常刷新,如每隔一小时。不幸的是,一旦密钥刷新就会立即导致该密钥所产生的所有证书失效,当所有的客户端必须与安全管理端通信以获得新的凭据时也可能导致性能的显著下降。由于所有证书在被对象存储缓冲之前必须进行验证,这也就增加了 OSD 上的负载。为了解决这些问题,对象存储可以将最多 16 个更新版本的工作密钥声明为可用。这将有效地定义多个工作密钥同时可用,因此,一个密钥的刷新只会影响到有限数量的权能。

为了支持这一功能,该协议需要一个被纳入特定权能中的密钥版本,那些权能标识了哪些密钥在验证过程中可用。

对象存储与传统存储的对比见表 1.3。

表 1.3　对象存储与传统存储的对比

类　　型	存储接口	存储系统	优　　点	缺　　点
块级存储	块	块存储设备	如:SAN,提供高性能的随机 I/O 和数据吞吐量	可扩展性和可管理性较差,价格较高,不能满足成千上万 CPU 规模的系统
文件存储	文件	块存储设备 文件系统	如:NAS,扩展性好,易于管理,价格便宜	开销高、带宽低、延迟大,不利于高性能集群应用
对象存储	对象	块存储设备 文件系统 定位逻辑 应用程序	支持高并行性,可伸缩的数据访问,管理性好,安全性高,适合高性能集群使用	处于发展阶段,相应的硬件、软件支持有待进一步完善

1.6　信息生命周期管理

"今天一个现代人一天所吸收的信息,比莎士比亚一生所得的信息还要多,"相信这种说法在今天已经被越来越多的人所认同。据统计,每年的全球数据增长量超过 50%,而且这种增长的速度还在加快。对于企业来说更是如此,许多业务信息大多数可以在网上找到,这对公司基础设施的建设提出了巨大的增长要求。随着信息技术引入企业商务实践,信息量正在大幅增长。而数据的存储格式却五花八门,难以统一。电子邮件信息、Word 等文本类文档属于非结构化信息,数据库和业务交易等数据又属于结构化信息。然而要把这些不同来源的数据信息进行整合是一项非常复杂的系统工作。另一方面,信息的相关程度却不断提高。人们显然更关注的是信息之间的关联关系。而且,电子数据的增长也带来了一套全新的属性数据。属性数据是指关于数据的本身的信息(也是数据),譬如文件是由谁创建的,谁接触过、修改过,以及它存放在何处等内容。这种呈指数性增长的趋势,对管理提出了重大的挑战。

企业必须面对日益激烈的竞争和要求不断缩减开支的经营环境。在这样的环境下,增长的信息系统基础设施建设工作将变得更加困难。在预算可能持平或略有上升的情况下，信息主管(chief information officer，CIO)承担着用好每一分钱，发挥最大效益的工作压力。控制数据信息成本的能力至关重要，如果 CIO 仅仅只是做扩张计划，那么就有可能导致信息系统产生冗余和重复，而这是企业所不希望看到的。

成本费用的压缩和企业规划的要求都无法阻止对于更方便的信息存取的需求。企业已经认识到信息对于企业来说，具有不可否认的战略价值。利润就来自于那些关键业务信息的易获得性、快速传递以及对它们的安全保护。

理解和认识信息的商业价值是知识管理的核心问题，它不仅需要企业的信息管理者具有高瞻远瞩的战略眼光，还需要企业整体业务团队的通力合作。

信息在它存在的生命周期中的不同阶段具有不同的商业价值，需要与之匹配的管理手段和方法。这意味着企业需要创建相关的流程，来允许信息根据需要自由地流动。信息在流动的过程中，价值并不总是越来越小，而企业制度才是决定一项业务数据信息流向的主要因素。企业需要建立起一种更加高效的数据移植能力，使得需要相关信息的人员可以更快地获取信息。

随着信息化的普遍应用，企业各方面的信息都开始电子化。对于企业信息，特别是财务信息等重要信息，国家都有法规要求。一些国家的重点行业，如金融、电信和政府部门等，对信息的安全性和可靠性更是有专门的规定，这都是和百姓的生活息息相关的。尤其考虑到中国人口众多的实情，每个人的资料信息量加起来就更大，这些都需要高效的信息管理。

不可抗力的情况发生，会对信息造成无法挽回的损失，譬如 2003 年的美国东北部部分地区和加拿大东部地区大面积停电。如果企业的重要业务数据丢失，那么对企业造成的损失就不仅仅是数据本身，还有可能丧失商业机会，客户服务水平也会下降。从小的方面来说，个别硬件系统的意外和不稳定同样会对重要信息形成破坏，造成难以弥补的损失。

从以上几点可以看出，越来越需要能对信息进行更加有效安全的管理模式。

1.6.1　信息生命周期

信息生命周期(information lifecycle)是指信息数据存在一个从产生，到被使用、维护、存档，直至删除的一个生命周期。

另外一种含义：信息生命周期是指信息被收集、存储、加工和维护使用的整个过程，包括六个阶段，即信息的识别、信息的收集、信息的传递、信息的存储、信息的加工及信息的维护使用。

信息生命周期是指随着时间变化而发生的"信息价值的改变"。在创建之初，数据通常有最高的价值且使用频繁。随着数据存在时间的不断延长，对数据的访问就不那么频繁了，对组织来说，其价值也在逐步降低。根据信息价值的改变，掌握信息生命周期对于部署合适的存储基础设施是十分有帮助的。

例如，在订购处理系统中，信息的价值从下订单开始到保修期结束不断地变化。当公司刚接收到一个新的销售订单后，开始处理订单并发货时，信息的价值最高。当订单处理完毕后，客户和订单数据都不用实时访问了。除非客户有保修需求或有其他特殊事件发生，公司可以把这些数据转移到更便宜的、可访问性和可用性更低的二级存储设备上。在保修期结束后，公司就可以将这些数据归档或处理掉，以便腾出空间存储更有价值的信息。

1.6.2　信息生命周期的五个阶段

一般说来,从管理的角度而言,信息数据的生命周期分为五个阶段:产生、传播、使用、维护和归宿(存档或删除),如图 1.9 所示。

产生阶段指信息数据从无到有的起源。信息数据可以是由企业内部的某一个或某些人员创立的,也可以是从外部接收的,还可以是信息系统本身运行所产生的。例如,各种来往商业函件,计算机系统的输入输出,员工编写的各种报告、报表、统计数据等。

传播阶段是指数据一旦产生后,按照某种方式在企业内部或外部进行传递并到达最终用户手中的过程。

使用是指在信息到达最终用户手中后对数据进行的分析、统计和以其为基础进行的商业、政治和道德决策。

维护是指对信息的管理,这种管理包括存放、读取、传输、拷贝、备份等。

归宿是指对已经使用过的信息进行最终处理。这种最终处理可能是存档,例如对各种法律法规要求存档的文件进行最后归档,也有可能是删除,对于使用过且不再需要的信息可以进行该处理,例如对个人 E-mail 的处理。其中,存档时间的长短依赖于该信息的法律价值、历史价值、情感价值、商业价值、军事价值和政治价值。

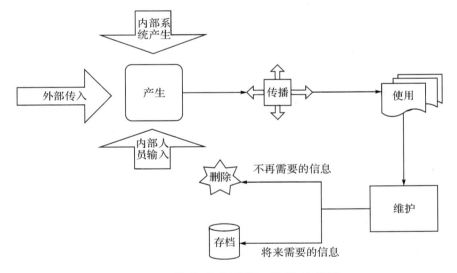

图 1.9　信息生命周期五阶段的关系

1.6.3　信息生命周期管理

根据 META 集团的定义,信息(或数据)生命周期管理(information lifecycle management,ILM)是信息在储存媒介网络之内流动的过程,而这种过程需要确保企业获取需要的商业信息,并向客户提供一个良好的服务水平,同时把单位成本降到最低。ILM 还要满足日益增长的对于成熟和自动化存储管理的需求,这可以在保持企业对于商业环境变化做出快速反应的能力的同时,提高个人的工作效率。这一种定义强调的是过程的概念。

ILM 的积极推行者 EMC 公司将 ILM 定义为主动预防性的信息管理方法,帮助企业以最低的总体拥有成本在信息生命周期的每一阶段都能获得信息的最大价值。

从这些定义可以看出,ILM 不是一个具体的产品,而是一个管理理念,更强调从企业级别的视角对信息进行更有效的管理、更有价值的开发和利用的全过程。

信息生命周期管理作为一种信息管理模型,认为信息有一个从产生、保护、读取、更改、迁移、存档、回收、再次激活以及退出的生命周期,对信息进行贯穿其整个生命的管理需要相应的策略和技术实现手段。信息生命周期管理的目的在于帮助企业在信息生命周期的各个阶段以最低的成本获得最大的价值。

一笔业务信息从客户订单下达开始就诞生了,此时信息拥有的价值较高,许多相关部门的人员都要对信息进行存取和处理,当一个订单完成以后,该笔信息的价值开始逐渐下降,此时将它转存到低成本的存储介质中可以节约成本。而当该笔业务发生后续服务问题,譬如质量、咨询和改进等,此时企业又重新需要该条信息的内容,需要把它重新激活,提取到高效设备中。随着质量保证期期满,这一信息的价值又重新下降,直到一定期限以后退出它的生命周期。

除了关注信息在其生命周期各阶段中的不同价值,信息本身的内容同样十分重要。特别是在当前的经营环境下,信息需要以更加认真的处理方式来对待。举例来说,信息技术人员在结束以后一段时间,是不能随便清除所有电子邮件文档的。其中的垃圾邮件当然可以马上删除,但是那些属于业务交易、人力资源和财务等重要文档却应当被保留,做进一步的分类、储存和保护,为了能在更长期间内使用。同时,由于这一信息可能在一定时期内都会有人要查阅,所以也不应该简单地将其移动到后备数据系统。在这里,关键的问题是识别的流程、制度规定以及方便实用的技术支持能力。

存储设备可以从成本考虑,分为高、中、低等各种不同的硬件平台,对应重要程度不同的、结构性不同的数据,然后还要选择相应的软件。

1.6.4 ILM 对企业的战略价值

利用信息生命周期管理,可以将信息管理与业务目标相对应。这样在数据对业务的价值不断变化时,企业可以按照信息的当前价值来管理数据,从而获得:

- 通过分层存储平台提高资产利用率;
- 实现信息和存储基础结构的简化和自动化管理;
- 获得成本高效的信息存取、业务连续性和保护解决方案;
- 通过基于战略的管理,确保更容易符合政府政策和法规;
- 通过将存储基础结构和管理与信息的价值相匹配,从而以最低的信息持有成本提供最大的信息利用价值。

1.6.5 ILM 的实施方法

信息生命周期管理对企业用户而言是一种信息技术战略,是一种理念,而不仅仅是一个产品或方案。信息化建设中最关键的是数据,数据代表着信息,它可以构成企业的核心竞争力。信息从产生的那一刻起就自然地进入一个循环,经过收集、复制、访问、迁移、退出等多个步骤,最终完成一个生命周期,而这个过程必然需要良好管理的配合,如果不能进行很好的规划,结果要么是浪费了过多的资源,要么是资源不足而降低了工作效率。

一般情况下,数据引用概率与数据寿命之间的关系,是理解数据应当如何管理的关键所在。为信息在它的整个生命过程中规划存储和迁移的方案是 ILM 的核心内容。

信息生命周期管理是由 StorageTek 首先提出来的,经过易安信(EMC)公司的发展和大力宣传,进入市场化阶段指日可待。然而我们应当认识到,信息生命周期管理作为一项企业信息化战略,不可能一蹴而就,而是一项相对长期的工作。当代的企业或多或少都已经有自己的信息系统,信息生命周期管理不可避免地要利用和继承企业目前所拥有的技术和体系结构。

EMC 公司建议客户分三个阶段实施信息生命周期管理:第一步,实施自动网络存储,优化存储基础设施;第二步,提高服务等级,优化信息管理;第三步,实施集成式生命周期管理环境。

第一个阶段,各机构应消除直连式存储,逐步将存储完全网络化,然后实现存储环境自动化,以便经济有效地融合和控制存储资源,保证业务连续性。

第二个阶段,服务等级阶段的任务是:在存储网络中建立服务等级层次,然后部署初始信息管理工具,按照企业要求的变化,将信息转移到相应的服务等级层次中。利用这些工具,许多机构都能够按照相关法规的要求优化其信息管理资源。

前两个阶段是最后实现价值的基础,一般情况下,需要若干年时间才能实现信息生命周期管理的自动化。在这种集成式环境中,客户将能够在整个混合 IT 基础设施中贯彻企业战略精神,并在适当的时候从一个控制台为一定的服务等级提供相应的应用。

第三个阶段,借助信息生命周期管理,企业不但能经常自动制定决策,保证按照预定的业务准则和战略,以便在适当的时候为适当的应用提供适当的信息,还能按照信息价值变化的敏感性实时地进行调整。

这三个阶段使技术人员能够利用各项新技能和新方法了解自身的信息需求,并随着实际经验的积累提高自动化水平。

ILM 体系分为管理服务、通用服务和自动化模块三个功能区域,每个功能区域都包含很多具体的服务模块。每个模块都清楚自己在整个自动化 ILM 系统内的位置和作用,模块间通过一个称为 ILM 知识库的数据库来与其他服务共享基础数据。模块化的设计方式使得用户可以根据需要,自主决定 ILM 解决方案的组成。下面我们来讨论这些组成部分以及它们对于整个体系的作用。

1. 管理服务

自动化 ILM 体系的管理服务提供系统的操作管理功能。管理服务由四部分组成:应用程序、信息组、存储网络和平台。每层中都包括一组管理服务,每个服务提供一项具体的ILM 流程功能。譬如,美国 Legato 公司网络服务可向信息组层提供备份/复位服务。

管理服务可以单独安装,也可以与其他的服务组合使用。自动化 ILM 框架并不限制使用的具体产品,通过通用标准的使用,自动化 ILM 为通用服务和自动化模块提供了公开的接口。这些开放性的接口允许任何的第三方管理服务、用户接口或是业务应用程序可以利用自动化 ILM 系统内各部分的功能,并整合它们。为了得到支持,管理服务必须和通用服务层衔接,并在自动化 ILM 知识库中注册名称和服务类型。基础数据用来描述业务应用、信息组以及服务水平协议。举例来说,一个第三方复制产品必须在知识库中注册名称和服务类型,并为信息组提供一个复制。

（1）应用服务

应用服务负责业务应用程序及其运行的主机环境操作。该服务包括高度的资产可用性、自动化和监控服务。这些服务通过监控应用程序及其运行环境和自动化恢复与服务流程,从而改进信息存取的可靠性。譬如,LEGATO 的自动化可用性管理工具就是一个提供资产可用度保证的服务。这一服务对受控程序提供故障处理和重新启动的功能,从而为用户提供近似连续的应用服务和信息服务。

应用服务层通过 ILM 知识库中的基础数据进行定义,包括全部自动化 ILM 服务可识别的名称和服务水平协议。

（2）信息组服务

信息组为某一个应用程序或业务流程相关的所有数据子集提供一个特殊命名的对象。该名称和信息组的内容将为所有自动化 ILM 服务知晓并共享。由于信息组是管理服务经常操作的对象,它就构成了自动化 ILM 环境中的基本管理单元。举例来说,一个名为 OracleInfoSet 的信息组可能包括与 Oracle 数据库有关的数据表文件。信息组的名称和它的文件内容和属性也由自动化 ILM 知识库中的基础数据进行定义,信息组提供了每个管理服务所需要的输入信息。举例来说,备份服务会向信息组服务请求获得它所要备份的文件列表。基于信息组的协议,它还决定备份的目的地、频率和保存期长度。这种配置信息的能力为所有 ILM 服务提供了标准化管理的可能。

（3）存储网络服务

存储网络服务为物理存储设备与应用程序之间提供了一个管理接口。这些服务构成了一个抽象层,简化并提高了物理存储设备的分配和管理能力。存储网络服务可以对固定存储和移动存储设备进行操作,并对不同设备类型的细微差别进行调整适应。

（4）固定存储管理

固定存储管理提供磁盘虚拟服务和卷管理服务。磁盘虚拟服务负责将不同类型的硬件设备集中化,形成一个统一的存储池。它通过将底层存储网络的复杂性隐藏起来,从而大大地简化了存储管理工作。而卷管理服务则负责对不同存储设备的特征进行平滑处理,为应用程序和文件系统操作存储设备提供了一个抽象层面,它们使得物理上分散的多个磁盘看上去就像一个完整的存储系统。信息卷是自动化 ILM 主要依赖的功能之一。信息卷与传统意义的卷十分相似,只不过它专门为具体应用的信息组服务并以 ILM 服务为最终目的。譬如备份和复制服务正是通过信息卷来完成的。

（5）移动存储管理

移动存储管理有着自己独有的管理特点,包括设备虚拟、设备共享和介质跟踪。存储网络服务就是针对这三项困难而设计的。设备虚拟服务为移动存储设备提供一个通用的接口,该服务为不同的磁带、光盘驱动器以及它们的自动换片装置提供数据通道和控制功能。它也是一个隐藏了不同接口差异和管理的抽象层,从而为信息组服务提供了一套有效利用移动存储资源的管理方法。

　　由于移动存储设备比较昂贵,而且如果它们仅为特定目标服务(比如归档和备份)的话,就无法得到充分的利用,所以人们总是想方设法要共享这些设备,譬如磁带驱动器和自动换片装置。为了解决这个问题,存储网络层提供一个存储选择服务。这个服务功能负责控制设备的通道,并确定在出现两个以上服务的同时请求使用一个共享装置的时候,只有其中一个得到控制权。这使得多个服务共享存储设备成为可能,尽管它们实际上是通过分时执行来实现的。多个服务共享设备的做法可以节省大笔购买存储设备的费用,并能提高每个设备的利用效率。

　　技术人员经常为查找一个移动存储介质(磁带和光盘等信息介质)头痛不已,更不用说在该信息的生命周期各阶段实施有效的管理了。问题的关键就在于,当一个磁带或是光盘脱离了驱动器和自动换片装置以后,要继续跟踪它摆放的位置和决定它的保存期限就变得十分困难。正是由于及时找到这些介质很困难,将信息复制到移动存储设备的方法很少得到充分使用。而这正是跟踪服务对 ILM 流程的重要性所在。它负责跟踪每个媒体的内容和位置(磁带或光盘)并记录好每个介质位置移动的过程。这为快速查找和充分利用移动存储设备提供了坚实的基础。跟踪服务同时也为用户提供保存管理,让用户及时了解每个移动介质的可使用期限。期满的媒体能够得到及时处理和再循环利用。通过管理这些介质的合理数量,从而降低存储成本和费用。同时,建立应用程序与移动存储设备之间的索引,大大地提高了系统执行的速度。

　　(6)检测和分配服务

　　这项服务涉及整个存储网络层的平台操作,帮助管理整个系统的硬件和软件存储资源。分配服务为从信息卷增加或移走的存储设备提供动态控制,而检测服务则检查当前可用的存储资源,并为可供分配的资源编制目录。这两项服务一起为磁盘虚拟和卷管理提供支持功能。当信息卷需要增加存储空间的时候,分配服务搜寻可用资源并为它分派新的存储空间。而分配服务依赖检测服务为其提供存储网络硬件的信息,包括磁盘驱动器、存储阵列、SAN、磁带驱动等网络存储资源。检测到的存储资源由 ILM 知识库共享给其余的 ILM 服务,从而节省了系统冗余。

　　2．通用服务

　　通用服务提供了一组可以共享的功能,为自动化 ILM 其他功能部分集中处理一些统一的通用功能方法和模型。通用服务提供下列服务:

　　①服务间通信:提供了自动化模块与管理服务之间的通信渠道。这一服务定义一个通用数据格式作为通信的基础。它也提供一个目录服务,使得不同应用之间能相互了解。

　　②安全服务:为所有服务提供证明和授权服务。为不同的用户提供一套统一的授权控制机制。

　　③报告:提供关于 ILM 服务历史统计和数据汇集的工具。通用报告系统允许用户组合不同的服务信息,并通过应用程序的视角,进一步挖掘信息背后的内容。举例来说,它可产生关于某个特殊电子邮件应用的全部信息报告。

　　④事件管理:提供一个集中的知识库,为查看和保存系统内各个 ILM 服务事件实施有效管理。

　　⑤通用资源检测:检测可用的通用硬件和软件,编制目录使所有自动化 ILM 流程可以共享它们。这将减少每个应用各自检测的工作,并为资源提供一个通用的名称。

⑥监控和修复服务：为自动化 ILM 环境提供了自我修复的功能。这些服务结合在一起，为系统内各问题的识别和自动纠正提供了通用的方法。

⑦安装和配置服务：提供一种安装和更新软件的通用方法。这一服务管理软件模块的新版本更新和整个系统环境中的分配。

⑧许可服务：提供全部自动化 ILM 软件模块的许可协议控制、统一的管理和报告。

3. 自动化模块

自动化模块利用自动化 ILM 系统的管理服务和通用服务提供的功能，来完成更高级的操作。它主要包括：

（1）协议驱动管理模块

在所有自动化 ILM 给企业带来的效益中，协议驱动管理可能是受益最大的。这个自动化模块通过使用服务水平来定义自动化配置操作和服务水平管理，从而简化了 ILM 流程并降低了费用。协议驱动管理通过引入业务需求，提供智能管理服务。

自动化 ILM 协议管理负责系统协议管理。协议管理使用协议和资源数据来控制和协调服务水平。

通过读取知识库中的分类基础数据和服务水平协议，协议管理确定对具体应用程序和信息组提供怎样的服务支持，它负责配置需求服务来保证协议得到贯彻。当服务水平配置完成后，协议管理通过监控低层管理服务的运行，来保证和验证它们的正确执行。

举例来说，如果一个应用被归入接受"标准的保护服务"类别，并且这一服务水平定义为应用数据每个晚上都需要备份，那么协议管理工具将检测备份服务的执行，确保信息得到正确的保护。如果应用数据没有被备份，一个可见的通知将送达管理控制平台，提醒管理人员服务水平协议没有得到执行，同时一份电子邮件或短信将发送到适当管理者的手中。

服务水平协议被用来定义广泛的管理能力，包括：

- 关键的核心应用程序，必须在 20 min 内得到恢复；
- 对于业务来说"重要的"应用信息，必须每个晚上进行备份；
- 连续 6 个月不使用的数据可以被迁移到慢速存储设备上；
- 业务部门的所有电子邮件必须在 WORM（写一次、可读多次的存储设备，譬如 CD-R）上保存 5 年。

协议管理使得管理人员易管理一组应用程序的服务水平，增加或降低服务等级，而修改服务水平协议可以影响所有受控的应用程序。这种能力简化了配置工作的复杂性，并为 ILM 提供了量化的配置方法。

（2）情景管理模块

当 ILM 的自动化程度越来越高的时候，用户可能会在启动服务水平协议前想了解其可能的结果。而 ILM 本身也需要具备为服务水平目标（service level objective，SLO）提供推荐协议的能力。这些能力就是我们知道的"情景分析"（what-if），或者说是预测模型。情景管理是这方面的帮助和支持，它仰仗于对不同情景影响的叙述、探究和评估的能力。在某项改动之前，通过情景分析，可以使用户对改动后的影响有一个直观的了解，做到心中有数。

（3）工作流管理模块

工作流管理负责协调复杂的 ILM 工作流程，这些流程经常需要人员操作的介入。工作流程管理需要自动化 ILM 系统与 IT 部门和业务部门共同合作。工作流程定义工作的顺序步骤和必要的批准环节,而批准环节就需要技术人员的参与。譬如说,协议管理需要一个附加的存储空间,这将启动一个工作流请求。第一步是识别符合应用程序需要的存储设备,这可以由分配服务自动完成。在空间得到分配之前,这项需求的业务线经理拥有成本费用批准权。工作流程管理将请求通过电子邮件发往业务经理,得到业务经理批准后,存储扩展流程得以继续。

（4）分类管理模块

对信息进行识别和分类是令管理人员最头痛的一件事情。分类管理模块负责帮助管理人员识别和分类已存在的应用程序和信息。使用信息检测技术和分类模板来刻画程序和数据使用特征,分类管理模块帮助用户建立适合企业的初始分类,并对现有程序和信息的分类提供建议,然后用户可以接受、拒绝或修改这些分类建议。分类定义完成以后,通过基础数据记录在自动化 ILM 知识库中,可以被其他 ILM 服务调用。当企业环境中有大量的数据要处理,分类管理模块能够大大地提高信息分类处理速度。

（5）服务水平管理

服务水平管理位于自动化 ILM 结构的顶层。服务水平管理监控并处理在业务部门和技术部门之间建立的服务水平协议（service level agreement,SLA）。服务水平管理维护应用程序、ILM 服务以及业务部门之间的三方关系。服务水平管理获取业务部门对某项应用程序的服务水平需求,然后提供评估和跟踪功能,以确保该项服务水平得到实施。如果服务水平没有达到标准,业务部门和技术部门将接到通知,要求他们要么修改需求,要么纠正系统来解决问题。服务水平管理也提供“费用反馈”功能,它向业务部门报告该部门使用的计算资源和相关费用。

1.6.6　信息生命周期管理实施的步骤

为实现信息生命周期管理的全部优势,需要考虑一个由以下 3 个基本模块组成的构架:专用存储平台、存储管理软件和信息管理软件。

信息生命周期管理大致需要进行以下步骤:

首先,盘点已有的信息系统。由于大多数时候,信息生命周期管理不是投资建立一个全新的基础结构,而是要在已有的基础上构建和创建完整的信息管理,所以,企业首先需要理清自身的资产,认识现有信息系统的优点和弱点,为下一步信息生命周期管理的开展打好基础。

然后,实现存储网络化和整合。迁移到自动化网络存储环境为企业提供了基于战略进行管理的基础,以及手动开发分层存储平台价值的功能。通过整合服务器和存储设备来降低成本,通过集中存储管理降低复杂程度,增强业务连续性,以及在不中断业务的情况下灵活地扩大或缩减规模。

接着,将服务级别与数据价值相匹配,实施有针对性的信息生命周期管理。通过对数据和应用程序进行分类并将其与业务流程结合在一起,可将信息生命周期管理提升一个级别。企业将对存储资源实现更好的管理和最优分配,将服务级别与相应存储解决方案进行匹配,并且提高业务连续性和法规符合程度。

最后,实现管理与控制自动化,实现跨应用的企业级信息生命周期管理。这一阶段,开始规划企业整体范围内自动化的、基于战略的信息管理方案。产品和服务在该阶段中不断完善和创新,将实现企业范围内自动化管理和控制,在企业内保持服务级别和数据价值的一致,并且不断地进行自动调整,以确保业务制度和规则在适当的时间将信息传递到正确的应用程序。

1.6.7　信息生命周期管理的战略

一个成功的信息生命周期管理战略应当具备以下标准:

①以业务为中心。信息技术应当和企业实务相结合,与关键业务流程相匹配,与应用程序以及商业目标保持一致。

②以制度为基础。许多信息的储存年限、方式以及可接触人员受到政府法规的管制,CIO需要确保系统实施方案能够体现和达到政策的要求。

③集中化管理。为了能够全面地控制和管理企业全部整合的信息资产,包括结构化的和非结构化的信息,信息生命周期管理必须采用集中化管理。

④能够处理异质环境。由于信息系统需要在整个企业内运行,信息生命周期管理一定要包含全部平台类型和操作系统。

⑤与数据价值相关。信息生命周期管理的关键一点是按照数据信息对企业而言的价值高低来安排适当的存储设备的能力。这样使重要的信息得到足够的保护,同时一般信息的存储成本也得到控制。

第 2 章　数字资源长期保存

数字资源长期保存是对数字资源进行摄入、保存、管理,在一定条件下提供服务或转移保存的活动。数字信息资源长期保存是伴随信息数字化和服务网络化的发展而出现的。目前许多国家的图书馆、高等院校、民间机构等开展了不同程度的探索性活动。当前,国际上对数字资源长期保存活动并没有一个公认的、一致的定义。英国国家图书馆等单位联合提出,"数字资源长期保存"这一概念涉及为保证数字资源长期可持续的获取而进行的一系列管理活动,它的定义因研究的目的以及长期获取的保证行为不同而不同。按数字资源保存时间划分为长期保存(long-term preservation)、中期保存(medium-term preservation)和短期保存(short-term preservation)。其中,长期保存是指为保证数字比特流可长期维护和其内容可长期获取的必要管理活动。

2.1　数字资源长期保存模型

2.1.1　OAIS 数字资源长期保存概念模型

在数字信息逐渐成为信息生产和利用的主流介质的趋势下,数字信息资源长期保存已成为数字图书馆和其他数字信息系统的战略问题。数字信息长期保存,需要保护数字信息本身及相关技术、方法和工具,包括:保存数字比特流,保存数字格式与处理信息,保存数字信息处理环境,保存数字信息的验证和管理机制,保存数字信息的组织利用环境。为了有效实施数字信息长期保存,还需要建立数字信息保护责任体系及相应的选择标准,需要研究开发具体的数字信息更新、技术仿真和数据迁移技术与系统,开发描述数字信息长期保存要求和政策的元数据。然而,数字信息的易更改性、不稳定性、对软/硬件环境的依赖性及其载体寿命的短暂性等,对数字信息的真实性、完整性、长期可读取和可理解性构成了严重威胁。对于如何有效地长期保存数字信息,国际出版界、图书馆界、档案馆界、政府组织及相关研究机构都做了不懈努力。

OAIS 是美国国家航空和航天局 NASA 与美国太空数据系统咨询委员会(Consultative Committee for Space Data Systems,CCSDS)联合制定的标准。该标准旨在对资源的存取和长期保存规定基础概念和参考框架。这个参考模型(见图 2.1)阐述了档案信息保存功能的全过程,包括加工、档案存储、数据管理、访问和发布。它同时阐述了数字化信息向新媒体及格式迁移,表述了信息的数据模型,信息保存时软件的角色,以及档案间数字信息的交换。参考模型确定了存档功能的内在及外在界面,确定了这些界面的很多高级服务。

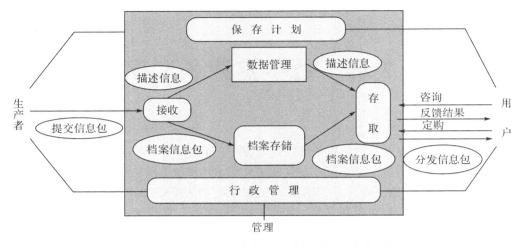

图 2.1　OAIS 数字资源长期保存概念模型

OAIS 体系提出了数字信息资源长期保护所涉及的步骤、功能、信息单元和管理要求。

1.OAIS 数字资源长期保存功能概述

（1）接收

接收指从生产者（或者从行政管理控制下的内部要素中）接收提交信息包（submission information package，SIP），并为档案馆的内容存储和内容管理做好准备。功能包括：接受提交信息包；确保提交信息包的质量；遵照档案馆的数据格式和文件标准创造档案信息包（archival information package，AIP）；从档案信息包中提取"描述信息"放入档案馆的数据库，并使之随着"档案存储"和"数据管理"而更新。

（2）档案存储

档案存储指为存储、维护和检索档案信息包提供服务。功能包括：从"接收实体"接收档案信息包，并将它们添加到永久存储库中；管理存储体系；更新档案资源的存储媒体；进行例行的或专门的错误检测；提供灾难恢复功能；为满足订购要求而提供档案信息包供用户存取。

（3）数据管理

数据管理指为两类描述信息提供保管、维护和存取服务。这两类描述信息分别是：识别和证明档案资源的描述信息；识别和证明行政管理数据的描述信息。行政管理数据是用来管理档案馆的。功能包括：管理档案数据库的功能；完成数据库的更新；对管理数据库的数据提供咨询并形成反馈结果，最后使这些反馈结果形成报告。

（4）行政管理

行政管理指向档案系统的所有工作提供服务。功能包括：就提交协议与信息生产者谈判；审查提交的信息，确保它们符合归档标准；维护系统硬件和软件的配置管理；提供系统监督功能，如监控和改良档案馆的运作，盘点和报告档案内容，迁移或更新档案内容；负责制定和维护档案标准和政策；提供用户支持；激活存储请求。

（5）保存计划

为监控 OAIS 环境和提供建议服务，目的是确保 OAIS 存储的信息能够长期被指定用户群存取，即使原来的计算机环境已经过时。其功能包括：为迁移当前的档案资源而评价档案内容,并且定期建议更新档案信息;为档案标准和政策提供建议;监控技术环境的变化;监控指定用户群的服务要求和知识库的变化;设计信息包模板并提供设计帮助和检验,以使这些模板专门用于"提交信息包"和"档案信息包"的特定提交活动中;设计详细的迁移计划、软件原型和检验计划,以实现"行政管理"的迁移目标。

2.OAIS 数字资源长期保存信息模型

内容信息是 OAIS 作为最初保存目标的信息,它由内容数据对象和表征信息组成。内容数据对象包括物理对象和数字对象。物理对象是一种实实在在的、可以看得见的物体,它传达了一种值得保存和分发的信息,且该信息能够单独使用。数字对象是由一组比特序列所组成的对象。

表征信息的目的就是要将比特流转变成更有意义的信息。表征信息实现这一目的的方法是描述格式、数据结构概念,哪种格式或哪种数据结构用在了比特序列中,由此,使得诸如字符、数字、像素、数组、表格等更有意义。它由结构信息和语义信息组成。

除了内容信息外,档案信息必须包含那种能在不确定的时期内,随着时间的推移而理解内容信息的信息。具有这种功能的特殊的信息对象,合起来就被称为"保存描述信息"。保存描述信息包括如图 2.2 所示的几类信息。

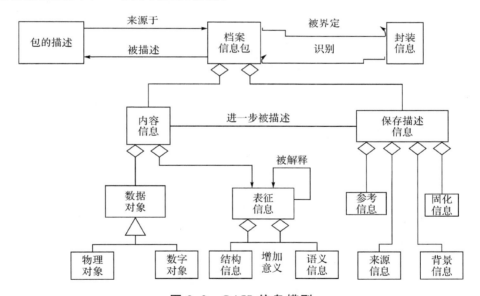

图 2.2　OAIS 信息模型

(1)参考信息

参考信息是识别内容信息的信息。它确定一个或更多的机制,为内容信息提供指定的标识符。它还向外部系统(如分类系统、参考系统和注册登记系统)提供标识符,使它们清楚地查阅特定的内容信息。在 OAIS 参考模型中,除了少数参考信息外,大部分的参考信息都将复制到封装描述中,以方便用户存取自己感兴趣的内容信息。

(2)背景信息

背景信息是说明内容信息与它所处环境之间关系的信息,包括:为什么要创建内容信息,它与现存于其他地方的内容信息对象有什么样的关系等。

（3）来源信息

来源信息是说明内容信息历史的信息,包括:内容信息的起源或来源,内容信息产生以来所发生的任何变化,内容信息产生以来有些什么样的人保管过它。

（4）固化信息

固化信息主要用于检测数据的完整性,或证实关键码,或检验关键码,以保证特殊的内容信息对象免于被不明不白地改动。针对具体的内容对象,固化信息为之提供特殊编码和错误侦察方案。固化信息并不包括完整性维护机制,是由 OAIS 的基础服务部门提供的。

（5）封装信息

封装信息是一种实际存在的或逻辑存在的信息,它将信息包中的组成部分捆绑或联系在一起,并在具体的媒体上形成一个可识别的实体。

（6）描述信息

描述信息是用来帮助用户查找、分析并定购其感兴趣的信息的。它通常来源于内容信息和保存的描述信息。

OAIS 是一个包括人员组织、系统、存档数据的整体,它的责任是保存信息并且为指定的团体提供服务。由于这个参考模型能够对记录进行精密的筛选、合理的归档、长久的保存与更新,同时该模型还符合 ISO 国标,从而为数字信息的长期保存提供了最基本的功能描述,以及一个共同的术语和概念框架。

2.1.2　SIRF 数字资源长期保存模型

存储行业协会(SNIA)在 Self-Contained Information Retention Format 文档中提出了 SIRF 模型。SIRF 即 Susceptible Infected Recovered Model,是一个用于长期数字资源保存的逻辑模型,如图 2.3 所示。

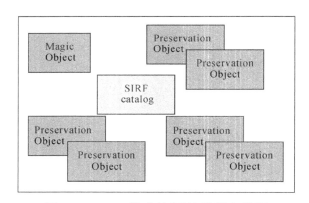

图 2.3　SIRF 数字资源长期保存模型

注:**Magic Object**,魔力对象;**Preservation Object**:存储对象;**SIRF Catalog**:SIRF 目录。

该模型有三个重要组成部分:

①Magic Object:用于标示 SIRF 容器和版本。

②Preservation Object:包含不同版本的、多副本的数字对象。

③SIRF Catalog：一个可更新、存储元数据内容并且在未来不再依赖外部的文件系统目录，即可便捷地获取到数字对象。

SIRF 采用了两层分级定义的方法。级别一：SIRF Catalog 存储了唯一的元数据而不包含数字对象，但是可使未来这些数字对象方便获取。例如：具有保留、引用计数、保护对象的固定性算法、固定性值和固定日期等。级别二：目录信息不但包含元数据信息而且包含数字对象，数字对象可快速获取。例如：元数据链接到数字对象，元数据包含数字对象之间关系及封装格式，确保数字对象关系的完整性。

SIRF 的数字资源长期保存模型架构为数字资源长期保存提供了一个前瞻性的方向。

2.2　数字资源组织框架

资源组织方式必须满足以下几个特性：
- 易操作性；
- 易访问性；
- 易维护性；
- 易扩展性。

根据以上几个特性，给出了如图 2.4 所示的资源组织的框架。

其中，元数据区存放的数字资源对象所对应的元数据集合，通过各元数据的引用属性可以找到对应的数字对象。因此，只要通过访问元数据，即可访问相应的数字对象。由于 XML 提供了统一的方法来描述和交换独立于应用程序或应用平台的结构化数据，所以本标准的元数据格式采用国际通用可扩展标记语言 XML 进行编码。

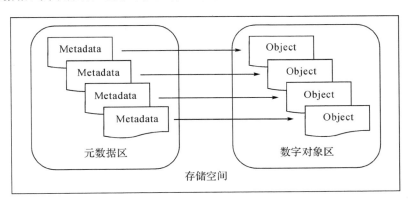

图 2.4　资源组织框架

2.3　数字资源存储框架

大学数字图书馆国际合作计划（China Academic Digital Associative Library，CADAL）所需存储的资源大部分是海量的几百千字节的小文件，资源的存储方式必须满足这些小文件的快速访问需求，保障系统的响应能力。从 CADAL 发展趋势看，其应用有如下特点：

第一，数据规模大，且呈现出持续的海量式的增长，这些数据都需要长期保存，并提供在线访问。

第二,对数据的有效管理提出了更高的要求,对查询操作的事务处理能力要求高,响应时间要求苛刻。

CADAL的存储标准必须符合数字资源管理中所涉及的三方面内容,即存储、备份和灾难恢复,必须从以下几个方面加以考虑:

- 高可用性:建立一套高效的存储机制,使得系统能够长时间安全可靠地运行。
- 易管理性:系统应该具有数据自动化备份与恢复机制,降低人员维护成本,避免人为因素造成的损失,增加备份可靠性。
- 可扩展性:存储系统应易扩充,并能保证应用的连续性。
- 高性能:可适用于海量小文件的管理需求,防止读取的延时。

2.4　数字资源长期保存策略

2.4.1　首选介质——磁带存储

当前,磁盘存储系统用于数据的短期备份,将磁带存储系统用于数据的长期保留仍是数据保存的经典策略。常见的做法是将最近生成的数据在磁盘系统中备份,当文件被删除或损坏时便可以迅速找回。在长期数据保存方面,磁带才是关键的要素。档案数据的存储技术主要有三种,即磁带存储、磁盘存储和光碟存储,这三种存储技术各有其优缺点和适用范围。我国国家标准《电子文件归档与电子档案管理规范》中规定,资源存储载体按优先顺序依次为只读碟、一次写碟、磁带、可重写光碟、硬磁盘等。数字资源长期保存采用磁带存储的优势在于:

1.成本低廉

一般而言,数据的访问速度与存储介质的成本成反比关系,存储介质的容量与成本亦成反比关系。在选择数据存储系统时,容量、速度和成本三个目标不可能同时达到最优化,只能找到一个最合适的平衡点。对数字资源的存储备份来说,容量大、成本低显而易见是人们期望的理想状态,而这两点正是磁带存储的优势。

2.技术优势

选择备份存储长久保管档案的数据介质必须满足以下要求:

第一,存储数据不可更改性。为防止非法变更数据,档案数据应采用一次写入、不可追加数据的存储介质。在磁带产品中,WORM磁带(一次写入,多次读取)的不可更改、不可追加数据的特点,使得它被公认为数字资源存储的首选介质。

第二,存储介质的物理稳定性。由于档案的特殊性及重要性,所以对外界环境敏感,易因存储环境、外力等因素影响而丢失数据的存储介质是不可用的。而磁带存储数据是顺序存储,可以抗病毒,还能在磁带机断掉后重新接起,不影响存储效果。

第三,存储介质的技术寿命。在备份存储中,如使用技术寿命短暂的介质,数据迁移频率越高,因跨平台迁移数据而丢失数据的风险也越大。对数字资源存储来说,应将这种风险降到最低。而磁带机属于比较成熟的产品,它可以帮助管理人员对备份的资料、数据以及系统进行专门管理。自动加载磁带机还可实现自动加载、自动备份和自动故障报警。

由于磁带具有高容量、可靠性强及与系统无关等特点,所以它是档案数据备份存储的首选介质。磁带技术的稳定性,降低了数据长期保存期间紧随技术更新而进行数据迁移的频率,降低了数据丢失的风险与管理费用。

2.4.2 磁带存储系统的特点

磁带存储是数据的载体与磁带机、磁带库等硬件设备、管理软件共同构成了完整的信息存储系统。广义的磁带存储系统包括自动加载磁带机和磁带库。自动加载磁带机实际上是由磁带和磁带机有机结合组成的,是一个位于单机中的磁带驱动器和自动磁带更换装置,可以从装有多盘磁带的磁带匣中拾取磁带并放入驱动器中,或执行相反的过程。磁带库是像自动加载磁带机一样的基于磁带的备份系统,由多个驱动器组成,能够提供基本自动备份和数据恢复功能。磁带存储系统具有如下特点:

1.存储容量巨大

磁带技术与磁盘相比,不仅在存储容量上将继续保持大幅领先的优势,存储速度也将超过现在主流的 A-TA/133 磁盘近一倍,最新的磁带已达到单盒 4TB 的容量。

2.体积越来越小,便于离线存储

磁带的宽度从 3.81 cm 缩小到现在的 4 mm。这样就可以更加方便异地离线保存和运输,也可以根据用户需求在不同存放地点之间搬运,这对数据的安全极为有利。

3.磁带介质稳定,可靠性较高

磁带存储的数据不容易被改写,而且磁带可以防护来自人为错误、设备损坏、病毒、自然灾害(火灾、水灾、地震)等因素造成的数据丢失,使数据更加安全。实践证明,磁带备份存储的数据可以保存大约 30～50 年。

4.单位容量成本较低

每吉字节容量的磁带成本通常仅需 10 多元,有的仅需几元,况且磁带耗电少,并且不需要冷却系统。这些都符合目前能源紧张以及整体拥有成本的需求。

虽然磁带存储系统的数据读写速度比硬盘和光碟慢,对保存环境也有一定的要求,但相对来看,其性价比还是很高的。尤其是近年来磁带技术中采用了具有高纠错能力的编码技术和即写即读的通道技术,大大提高了磁带存储的可靠性和读写速度。所以,它一直是人们海量数据存储或备份的首选。据不完全统计,目前全球的 90% 的数字信息都主要存储在磁带设备上,磁盘存储的信息量只有 10% 左右。

2.4.3 磁带存储系统的类型

自 IBM 1952 年发明磁带存储器概念以来,磁带存储已发展出了多个技术体系,目前在磁带存储技术上主要应用的技术有三种:

- 开放线性磁带(linear-tape-open,LTO);

- 数码线性磁带(digital-linear-tape,DLT);
- 先进智能磁带(advanced-intelligent-tape,AIT)。

这三种技术共存于市场,推崇它们的厂商也都有自己完善的解决方案。这三种技术都有各自的优、缺点。

1. LTO

LTO由IBM、惠普和希捷公司联合建立。LTO有两种格式——Ultrium和Accelis。前者的特点是高容量,后者的特点是存取速度快。现各厂商主要研制Ultrium格式的产品,并相信它是未来产品的发展方向。Ultrium采用单轴1/2英寸磁带,非压缩存储容量200 GB,传输速率最大30 MB/s,压缩后容量可达400 GB,而且具有增长的空间。Ultrium结合了线性多通道双向磁带格式的优点,基于服务系统、硬件数据压缩、优化的磁带面和高效率纠错技术,以提高磁带的能力和性能,广泛应用于高端服务器、大型数据库等领域。

LTO是开放线性磁带系统。标准化介质的生成,使得该介质能够由一个供应商的系统写入,由另一供应商的驱动器续写,并且可由其他制造商的第三方系统成功读出。

LTO技术属于线性螺旋技术,它在各个方面均证明自己是当前该种类技术最好的一种应用方式。首先,它能够保证更多数量的并行信道。第一代的开放线性磁带技术可同时支持8条信道,而二代产品可提供16条信道。与此相比较,多数的线性螺旋应用技术最多只能提供4条信道。

IBM LTO技术的开发还利用了当今最为先进的伺服以及磁头技术,这些技术保证了高密磁轨的精确度。另外,LTO技术还可提供超过当前任何线性磁带技术性能的实密度(100 MB/平方英寸)高能录制。这一高线性密度通过增强的逻辑格式予以支持,它包括对用户数据的多条数据轨道进行紧密跟踪录制,而这些用户数据又通过多轨道运行的纠错编码来加以保护,这一保护措施还可应付偶发性错误率突然上升的情况。

由于重量级厂商的参与,LTO格式已经成为磁带存储领域的一支主力军,其市场份额不断增长。因此,LTO将是客户看重的技术。

2. DLT

DLT采用线性记录技术,其特点是大容量、高速度。DLT的发展是要解决较早的QIC(1/4英寸盒带)的问题。DLT利用直线盘形的记录原理,比较不容易出现磁头故障和磁带路径的调整偏差。

DLT技术采用单轴1/2英寸磁带仓,以纵向曲线型记录法为基础。DLT产品主要应用于中、高端服务器市场与磁带库应用系统。目前DLT磁带机的容量从10 GB到80 GB不等,非压缩存储数据传送速度为1.25 MB/s至10 MB/s(压缩后可使容量和存储速度提升约一倍)。未来DLT存储容量会达到160 GB/320 GB,在高速存储速率和容量方面,DLT占有优势。

SuperDLT(SDLT)技术是昆腾公司在2001年推出的格式,它在DLT技术基础上结合新型磁带记录技术,使用激光导引磁记录(LGMR)技术,通过增加磁带表面的记录磁道数使记录容量增加。SDLT的容量为160 GB,近3倍于DLT磁带系列产品,传输速率为11 MB/s,是DLT的2倍。

3. AIT

AIT所使用的AME磁带不含有非磁性黏着物质,用螺旋扫描、金属蒸发带等技术,可避免磁头阻塞或造成机器的污染;能提供较长的档案保存期限及读写头的使用周期。

AIT 的特点之一是 MIC(Merry-In-Cassette)卡匣设计及磁带记录方式。MIC 是将 64 KB的快闪记忆芯片设计在磁带匣上,其可储存磁带日志(tape log)、搜索图(search map)及用户自订的数据,所以不需读完全部的磁带即可找到档案。同时,AIT 记录数据的方式是使用螺旋式的扫描方法,数据磁道是以一个角度写在 8 mm 宽的磁带边缘。

开发 AIT 技术的索尼公司和专注在 AIT 技术上开发产品的 Spectra Logic 公司都大力地推广采用 AIT 的产品。

2.4.4　磁带存储系统的选择

1.选择合适的容量

购买磁带库时一味追求时下的最大容量并不实际。第一,因为容量的增长是无限的;第二,应该考虑成本的最优化。目前最好的办法就是磁带库扩容,扩容时要全面考虑自身的备份环境和磁带库产品的特性,尽可能在不影响业务的情况下,实现高效、低成本的容量扩充。

首先,要考虑长期的投资保护。这包括磁带库产品的兼容性,例如,原来是采用 DLT 磁带备份数据,如果扩充到新的磁带库中,是否可兼容原来的备份介质;技术的坚定性,扩容后的磁带库技术是否能同时保证产品发展的坚定性和长远性,扩充后的系统是否仍然具有灵活性和可靠性。

其次,要考虑容量扩充的可计划性和在线性。用户要考虑容量扩展是否可以在不死机的情况下实现,这样才能保证数据的可用性;在扩充容量的过程中,应对可能出现的问题和解决方案具有很好的可预见性,这能为用户尽可能地减少扩容所承担的风险。

目前,比较好的磁带库扩容方式就是磁带库的"按需扩容"。它是指在能保证在线操作的情况下,用户立即拿到需扩充的容量。也就是为用户预留存储空间,在需要时快速激活相应存储空间或增加磁带机数量供用户使用。这种扩容的成本、性能、可靠性和速度都要比购买一台新的磁带库好。

2.选择开放的技术

档案用户在选购时应特别注意选择有发展前途的产品,即容量能增大,速度更快,最重要的是要与过去和未来的产品兼容。兼容性的好坏是判断技术是否开放的重要指标。就软件的兼容方面来看,一般来说,通常使用的操作系统均支持流行的磁带机,例如 NT,SCO UNIX 等操作系统内均内置了流行磁带机的驱动程序,但通常单用户的操作系统(例如 DOS,Windows 或 Macintosh 等)就需另外购买第三方的备份软件才可使用。一些新操作系统或升级版本出现后,用户可直接从网上下载其新的驱动程序或与代理商联络。

毫无疑问,越是开放的技术越具有生命力。就磁带格式技术来说,LTO 技术是一种"开放格式"的技术。IBM,HP,Seagate 三家厂商将生产许可开放给存储介质、磁带机的生产商,使不同厂商的产品能更好地进行兼容。同时,LTO 还特别规定,由第三方进行每年一次的兼容测试,以确保产品的延续性更好。目前,LTO 具有两种存储格式:高速开放磁带格式(ultrium)和快速访问开放磁带格式(accelis)。因此,数字资源归档可以选择 LTO 技术为背景的磁带存储系统。

LTO 项目组第五代规格,即 LTO-5 规范提供了更高的容量和性能。单盘 LTO-5 磁带提供 3TB 的数据存储容量,提供了 280 MB/s 的吞吐量,同时 LTO-5 提供的接口支持 8 GB 光纤通道连接,可以方便地将存储磁盘系统中的数据传输到磁带进行备份。LTO-5 引入了分区的概念,在一盘磁带内的介质可以分成一个索引分区(index partition)和一个数据分区(data partition),从而实现线性磁带文件系统(linear tape file system,LTFS),提供从磁带直接管理文件的功能。两个分区能够独立访问,索引分区的容量很小,用来保存文件的索引和目录结构,文件本身保存在数据分区上。配备 LTO-5 磁带机的计算机系统,可以直接看到采用 LTFS 的 LTO-5 磁带上的文件和目录。

2.5 面向对象的并行文件系统与 SIRF

面向对象的并行文件系统从其架构模式上最接近存储行业协会(SNIA)提出的 SIRF 数字资源长期保存模型。在面向对象的并行文件系统中文件被分散成多个对象存储于对象存储节点,这个同 SIRF 中的 Preservation Object 一致。在面向对象的并行文件系统中的元数据服务器用于保存每个文件的元数据(如文件大小、属性和存储位置),同时包括所有有关的非正规文件(如目录、设备信息),这个同 SIRF 中的 SIRF Catalog 的基本用意一致。因此,采用面向对象的并行文件系统构建数字资源存储系统,较符合 SIRF 模型规范。

2.6 推荐的存储架构模型

如图 2.5 所示的存储架构模型中采用 IP SAN 和 FC SAN 构建存储资源池,采用至少三台服务器组成的 MooseFS 分布式文件系统来加载存储资源池的存储资源,由这些服务器群组组成的 MooseFS 分布式文件系统为客户机提供冗余、高效率的存储服务,采用 LTO-5 磁带库可以直接备份存储资源池的数字资源。

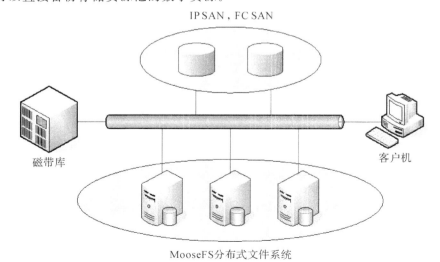

图 2.5 推荐的存储架构模型

2.7　文件及目录策略

文件系统的性能决定了文件存取的性能和对文件目录的管理效率。常见文件系统性能见表 2.1。

表 2.1　常见文件系统性能

文件系统类型	最大文件数	最大文件大小	单目录最大文件数
FAT32	268435437	4 GB	65535
NTFS	4294967295	16 TB	—
Ext2	10^{18}	2 TB	1.3×10^{20}
Ext3	2^{13}	2 TB	—

从表 2.1 可以看出，Ext3 文件系统具有相对优秀的性能，从方便管理的角度考虑，建议在每个物理卷下创建一个 XML 文件用于索引本卷下的所有文件夹。一个资源集建立一个文件夹，该文件夹包含了本资源集的所有数字对象以及一个描述该资源集中数字对象的 XML 文件。

第3章　数字对象存储标准

3.1　通用数字资源存储规范

数字资源库的常规维护中必定要求维护数字对象的元数据。与用来管理印刷品(或其他实物资料)的元数据不同,数字对象的元数据是有效管理和使用数字对象所必需的。虽然图书馆可能(只)记录了其馆藏某种书的描述型元数据,但这本书并不会因为没有记录关于它是如何组织结构型元数据而分拆成散页,也不会因为图书馆没有注明该书是使用胶印机生产的而导致研究人员无法判断该书的价值。但是这种说法对此书的电子版本却不成立:因为组成电子文献的图像页和文本文件若离开了结构型元数据,就没有多大用处;研究人员若离开了描述数字化过程的技术元数据,也将无法确定数字化版本对原件的真实反映程度。因此,出于内部管理的需要,数字资源库中存储的数字资源,不仅需要存取适当的描述型元数据,而且对于技术元数据、文件结构元数据等其他元数据都要有一个存储规范,以便定期更新或迁移数据,从而确保珍贵资源的长期有效。

MOA2 项目(The Making of America Ⅱ Project)提出了一种针对文本和图像为主的描述型元数据、管理型元数据和结构型元数据的编码格式,以此逐步展开上述问题的研究。而由美国数字图书馆联盟(Digital Library Consortia)倡导的 METS,则致力于在 MOA2 基础上提供一种元数据编码的 XML 文档格式,不但适于存储内部数字对象的管理,而且适于这些对象在存储之间(或存储与用户之间)的交换。从 METS 文档的用途可见,它可以担当开放档案信息系统(open archival information system,OAIS)参考模型中提交信息包(submission information package,SIP)、存档信息包(archival information package,AIP)或分发信息包(dissemination information package,DIP)的角色。

CADAL 项目通用数字资源存储规范借鉴了国家数字图书馆工程、存储网络行业协会(Storage Networking Industry Association,SNIA)及美国数字图书馆联盟等国内外同类型项目和机构公开的相关文档。本章将介绍 CADAL 通用数字资源存储规范文档的有关内容。

3.1.1　数字资源存储文档

借鉴 METS 文档,CADAL 制定了基于 XML 格式的数字资源存储文档(DRSS),本节主要介绍 DRSS 文档的总体结构,后续小节将针对 DRSS 文档的各个部分展开说明。在 XML 文档中常以节点(元素)、子节点(子元素)、属性等专用名词解释文档中的各个内容模块,由于 DRSS 文档是 XML 文档的一种特殊格式,因此我们也采用节点(元素)、子节点(子元素)、属性等名词解释数字资源存储文档。

如图 3.1 所示,一个 DRSS 文档包含唯一根节点,称为 drss 节点,其类型 drssType 是一个 DRSS 文档复杂类型。所谓 DRSS 文档复杂类型,是指 XML 文档的一种自定义类型,可以由 DRSS 简单类型或者通用类型共同构成。所谓 DRSS 文档简单类型,是指 XML 文档的另一种自定义类型,它仅由通用类型构成,不包含任何其他自定义类型。图 3.2 描述了 DRSS 文档复杂类型、DRSS 文档简单类型及通用类型之间的关系。

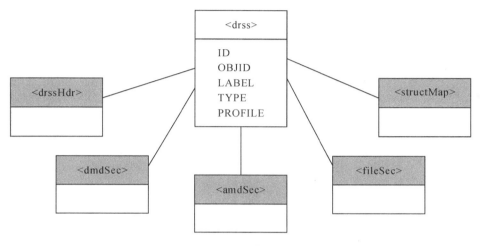

图 3.1　DRSS 文档的总体结构

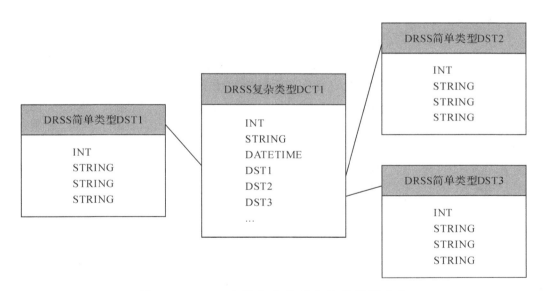

图 3.2　DRSS 文档复杂类型和简单类型示意

如图 3.2 所示,DRSS 简单类型仅包含 INT,STRING 等通用类型;DRSS 复杂类型 DCT1 不仅包含 INT,STRING,DATETIME 等通用类型,还包含 DRSS 简单类型 DST1、DST2 和 DST3。当然,DRSS 复杂类型还可以包含其他复杂类型,如定义 DCT2 可以包含 DCT1。如图 3.1 所示,drss 节点包含 5 个属性和 5 个子节点。

在 DRSS 文档中,一个节点通常含有多个属性,而另一个节点也可能含有同样的多个属性。为了便于描述,我们经常将这些同样的多个属性归为一组,称为属性组。例如 XML 里 xlink 的属性组 simpleLink 包含有 href,role,arcrole,title,show,actuate 等属性。

下文将简要介绍 DRSS 文档根节点 drss 的各个属性及 DRSS 文档的子节点。

1. drss 节点的属性

drss 节点包含 ID,OBJID,LABEL,TYPE,PROFILE 等 5 个属性。

- 属性 ID 是 DRSS 文档根节点的唯一标识,可以被其他元素或者文档通过 IDREF 或者 XPTR 进行引用,是一个可选属性。
- 属性 OBJID 是一个字符串类型数据,它记录 DRSS 文档的主标识符,虽然该属性是一个可选属性,但是我们强烈推荐使用该属性。
- 属性 LABEL 为用户提供文档的标题(或标识文本),是一个可选的字符串属性。
- 属性 TYPE 描述资源的类型,如图书、视频、音频等,它也是一个可选的字符串属性。
- 属性 PROFILE 提供 DRSS 文档遵循的 profile 文件的 URI 或其他标识符,也是字符串类型的可选属性。

2. DRSS 文档的子节点

DRSS 文档主要包含 5 个节点,这些节点将在后续小节中予以详述,在此先简要介绍各个节点的主要作用。

- DRSS 文档头节点 drssHdr。drssHdr 是一个 DRSS 文档复杂类型,为可选元素。它包含描述 DRSS 文档本身的元数据,包括创建者、编辑者等信息。
- 描述型元数据节点 dmdSec。dmdSec 是一个可称作 mdSecType 的 DRSS 文档通用复杂类型,为可选元素,但不限制其在 drss 节点中出现的次数。例如,一个 DRSS 文档中可以引入一个 OPAC 的 MARC 记录描述元数据,也可以引入一个 WEB 服务器上的日志描述元数据,或者引入多个这样的描述性元数据信息。
- 管理型元数据节点 amdSec。amdSec 是一个可称作 amdSecType 的 DRSS 文档通用复杂类型,为可选元素,但不限制其在 drss 节点中出现的次数。它记录了大量管理相关的信息,包括有关文件如何被创建和存储、知识产权、信息出处的文件等。
- 文件节点 fileSec。fileSec 为可选节点,其包含多个类型为 fileGroupType 的文件组(file group)元素,用于记录数字对象的所有数字文件信息。文件组元素通常根据文件对象的类型、大小等属性进行分组,文件节点包含的这些文件构成了数字对象。
- 结构图节点 structMap。structMap 是一个可称作 structMapType 的 DRSS 文档通用复杂类型,其定义了被数字化的源文档的层次结构,不限制在 drss 节点中出现的次数,是 DRSS 文档的核心。

3. drss 节点示例

下面这个例子中我们采用 1.0 版的 XML 文档构造 DRSS,其编码格式为 UTF-8。我们通过 URL 地址枚举了文档所采用的标准,设置了 OBJID,并标明 LABEL 属性,便于其他人理解文档的内容。

```
<? xml version="1.0" encoding="UTF-8"? >
<drss:drss xmlns:drss="http://www.cadal.cn/DRSS/"
```

mlns：xlink＝"http：//www.w3.org/1999/xlink"

xmlns：xsi＝"http：//www.w3.org/2001/XMLSchema-instance" xsi：schemaLocation

＝"http：//www.cadal.cn/DRSS/"

OBJID＝"zstu：/130430/hzwerla1234023" LABEL＝"Silk History"＞＜/drss：drss＞

3.1.2　DRSS 文档头节点 drssHdr

DRSS 文档头节点 drssHdr 记录的是关于 DRSS 文档本身的元数据,而不是 DRSS 文档所存储的数字对象。它是一个 DRSS 文档复杂类型,包含 5 个属性和 3 个子节点。图 3.3所示是 drssHdr 节点的层次结构。

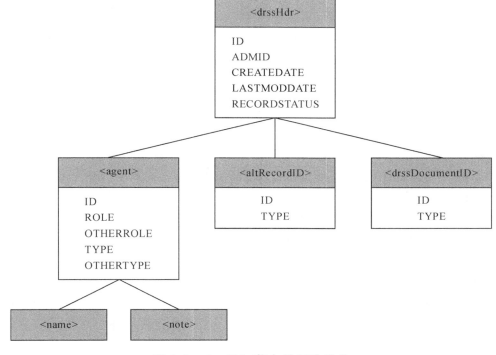

图 3.3　drssHdr 节点的层次结构

1.drssHdr 节点的属性

drssHdr 节点包含 ID,ADMID,CREATEDATE ,LASTMODDATE,RECORDSTATUS 等 5 个属性。

- 属性 ID 是 DRSS 文档中的唯一标识,可选属性,可以被其他元素或者文档通过 IDREF 或者 XPTR 进行引用。
- 属性 ADMID 提供本 DRSS 文档管理型元数据节点的 XML ID 值列表(该管理型元数据节点位于本 DRSS 文档内),也是可选属性。
- 属性 CRATEDATE 记录本 DRSS 文档的创建时间,是一可选的时间类型属性。
- 属性 LASTMODDATE 记录本 DRSS 文档上次修改时间,是一可选的时间类型属性。

- 属性 RECORDSTATUS 表明本 DRSS 文档的内部处理状态,是一可选的字符串类型属性。

2. drssHdr 节点的子节点

drssHdr 节点包含 agent,altRecordID 和 drssDocumentID 这 3 个子节点。

- 代理节点 agent 是一个 DRSS 文档复杂类型的可选节点,在 drssHdr 节点中不限制其最多出现的次数。agent 是 DRSS 文档代理,记录关于 DRSS 文档有关的各种团体及其承担的角色。
- 其他记录 ID 节点 altRecordID 是 DRSS 文档简单类型的可选节点,在 drssHdr 节点中不限制其最多出现的次数。除了 DRSS 根节点的 OBJID 属性中存储的主 ID 之外,该节点提供本 DRSS 文档的其他 ID。
- DRSS 文档 ID 节点 drssDocumentID 是 DRSS 文档简单类型的可选节点。与 OBJID 不同,该节点记录文档本身的 ID。

(1)agent 元素

agent 是 DRSS 文档代理,记录关于 DRSS 文档有关的各种团体及其承担的角色。

1)agent 元素的属性

agent 元素含有 ID,ROLE,OTHERROLE,TYPE,OTHERTYPE 等 5 个属性。

①属性 ID 是 DRSS 文档中的唯一标识,可选属性,可以被其他元素或者文档通过 IDREF 或者 XPTR 进行引用。

②属性 ROLE 指明了与本 DRSS 对象有关的团体所担当的角色,它是字符串类型的必选属性。ROLE 必须是下面 8 个值之一:

- CREATOR:创建者,负责创建本 DRSS 文档的 agent。
- EDITOR:编辑者,负责编辑本 DRSS 文档的 agent。
- ARCHIVIST:负责存档保管本 DRSS 文档的 agent 和(或)负责存档保管用来创建本 DRSS 对象的原始资源的 agent。
- PRESERVATION:负责保存本 DRSS 对象的 agent 和(或)负责保存用来创建本 DRSS 对象的原始资源的 agent。
- DISSEMINATOR:负责分发或出版本 DRSS 对象的 agent。
- CUSTODIAN:负责监管本 DRSS 对象的 agent。
- IPOWNER:拥有本 DRSS 对象或其中一部分的知识产权的 agent。
- OTHER:对本 DRSS 对象拥有不属于上述任何一种的其他权利(或负有其他责任)的 agent。

③属性 OTHERROLE 记录 agent 与本 DRSS 对象(或其来源)有关的特殊角色,当 ROLE 属性值为 OTHER 时使用。它是字符串类型的可选属性。

④属性 TYPE 为字符串类型的可选属性,记录了 agent 类型,可取以下 3 个值之一:

- INDIVIDUAL:独立自然人代理。
- ORGANIZATION:集体代理。
- OTHER:其他形式代理(如:软件代理)。

⑤属性 OTHERTYPE 为字符串类型的可选属性,当 TYPE 属性值为 OTHER 时使

用，记录了 agent 的特定类型。

2）agent 元素的子节点

agent 元素包含 2 个子节点，分别为 name 和 note。

①字符串类型子节点 name 用来记录 agent 的全称。

②可选的字符串类型子节点 note 用来记录与本 DRSS 文档有关的 agent 的活动的补充说明。不限制该节点最多出现次数。

3）agent 元素示例

下面的例子表明了 DRSS 文档是作者李明于 2013 年 4 月 30 日 20 点 20 分创建的。

```
<drssHdr CREATEDATE="2013-04-30T20:20:00">
    <drss:agent ROLE="CREATOR">
        <drss:name>李明</drss:name>
    </drss:agent>
</drssHdr>
```

（2）altRecordID 元素

DRSS 根元素的 OBJID 属性中存储了主 ID，而 altRecordID 元素的作用则是为除主 ID 之外的 ID 提供该 DRSS 文档的其他 ID。

1）altRecordID 的属性

altRecordID 包含 ID 和 TYPE 这 2 个属性：

①属性 ID 是 DRSS 文档中的唯一标识，可选属性，可以被其他元素或者文档通过 IDREF 或者 XPTR 进行引用。

②可选属性 TYPE，字符串类型，对属性 ID 进行描述。

2）altRecordID 示例

第一个示例我们演示的是扩展“国家数字图书馆工程”第 201205081120 号存储文档的内容。

```
<drssHdr CREATEDATE="2013-04-30T20:20:00">
    <drss:agent ROLE="CREATOR">
        <drss:name>李明</drss:name>
    </drss:agent>
    <drss:altRecordID TYPE="NLC">201205081120</drss:altRecordID>
</drssHdr>
```

在第二个示例中我们演示的是一个引用 CADAL 文档标识的例子，同时这个例子中我们还采用了大量的代理节点来表明不同的身份信息。

```
<drssHdr CREATEDATE="2013-04-30T20:20:00">
    <drss:agent ROLE="CREATOR" TYPE="ORGANIZATION">
        <drss:name>浙江大学</drss:name>
    </drss:agent>
    <drss:agent ROLE="PRESERVATION" TYPE="ORGANIZATION">
        <drss:name>CADAL 项目管理中心</drss:name>
    </drss:agent>
```

```
<drss:agent ROLE="EDITOR" TYPE="ORGANIZATION">
    <drss:name>浙江大学</drss:name>
</drss:agent>
<drss:agent ROLE="DISSEMINATOR" TYPE="ORGANIZATION">
    <drss:name>CADAL 项目管理中心</drss:name>
</drss:agent>
<drss:altRecordID TYPE="CADAL">2013ss46f577</drss:altRecordID>
</drssHdr>
```

（3）drssDocumentID 元素

drssDocumentID 记录文档本身的标识，而不是如根节点的 OBJID 属性那样标识的是数字对象。其属性如下：

①属性 ID 是 DRSS 文档中的唯一标识，可选属性，可以被其他元素或者文档通过 IDREF 或者 XPTR 进行引用。

②可选属性 TYPE，字符串类型，对属性 ID 进行描述。

3. drssHdr 示例

下面的例子给出了一个 drss 头节点的内容：drss 文档创建于 2012 年 5 月 9 日下午 3 点，最后修改时间为 2012 年 6 月 9 日晚上 9 点；其作者为名为"钱德勒"的个人；该文档相关的 CADAL 文档编号为 20122838。

```
<drssHdr    CREATEDATE="2012-05-09T15:00:00" LASTMODDATE="2012-06-09T21:00:00">
    <drss:agent ROLE="CREATOR" TYPE="INDIVIDUAL">
        <drss:name>钱德勒</drss:name>
    </drss:agent>
    <drss:altRecordID TYPE="CADAL">20122838</drss:altRecordID>
</drssHdr>
```

3.1.3 DRSS 文档描述型元数据节点 dmdSec

描述型元素节点 dmdSec 记录 DRSS 对象内容全部项目的所有描述型元素，包括结构图部分的描述型元数据及数据文件的描述型元数据。元数据既可被包含在 DRSS 文档中（即 mdWrap 方式），也可以通过其标识符或指引器进行引用（即 mdRef 方式）。为了记录 DRSS 对象的每个独立项目的描述型元数据，允许 dmdSec 元素多次出现在 DRSS 文档中，如图 3.4 所示。

dmdSec 节点的类型为 mdSecType，它与 DRSS 文档中的 techMD，rightsMD，sourceMD 和 digiprovMD 节点为同一类型，拥有同样的属性和子元素。mdSecType 是 DRSS 文档复杂类型，是指向或者包含元数据的通用类型。

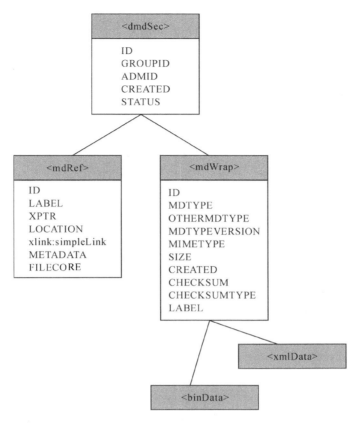

图 3.4　描述性元数据节点 dmdSec 的层次结构

1. mdSec 的属性

- 属性 ID 是 DRSS 文档中的唯一标识,可选属性,可以被其他元素或者文档通过 IDREF 或者 XPTR 进行引用。
- 属性 GROUPID,字符串类型,可选属性。组标识符用于表示不同的元数据节点是否同属一个组。两个 GROUPID 值相同的元数据节点是否同属一组。比如,把同一个元数据的不同版本划为一组,即可将元数据的早期版本记录在文件中,从而跟踪其变化情况。
- 属性 ADMID,可选属性。提供本 DRSS 文档管理型元数据节点的 XML ID 值列表(该管理型元数据节点位于本 DRSS 文档内)。
- 属性 CREATED,指明创建该元数据的日期和时间,是一可选的时间类型属性。
- 属性 STATUS,指明该元数据的状态(如过期、正在使用等),是一可选的字符串类型属性。

2. mdSec 的子节点

mdSec 包含 2 个 DRSS 复杂类型的子节点:一个是元数据引用(metadata reference, mdRef),另一个是元数据包装器(metadata wrapper,mdWrap)。

(1)mdRef 元素

元数据引用 mdRef 是用来提供指向 DRSS 文档之外的某元数据的指针。需要注意的是,mdRef 是空元素,元数据的位置必须记录在 xlink:href 属性中,如需要则辅以 XPTR 属性。其所有属性如下所示:

- 属性 ID 是 DRSS 文档中的唯一标识,可选属性,可以被其他元素或者文档通过 IDREF 或者 XPTR 进行引用。
- 属性 LABEL,字符串类型,可选属性,为 DRSS 文档浏览者提供此元数据的标签。
- 属性 XPTR,字符串类型,可选属性,提供 mdRef 元素所指向文件的某内部位置的 xptr 指针,在必要时使用。
- 属性组 LOCATION。
- 属性组 xlink:simpleLink。
- 属性组 METADATA。
- 属性组 FILECORE。

下面是一个 mdRef 元素如何使用的例子:

```
<dmdSec ID="DMD1">
    <mdRef MIMETYPE="text/xml" LABEL="C♯从入门到精通随书光盘" LOCTYPE"URL"    MDTYPE="MARC" xlink:href="http://url/opac/show_format_marc.php? marc_no=0f6e0332076606315435556857325a3b063f513c"/>
</dmdSec>
```

(2)mdWrap 元素

元数据包装器 mdWrap 元素是贯穿 DRSS 文档的通用元素。通过 mdWrap 元素,DRSS 文档允许编码器内置任何符合其他标准或 schema 的元数据。内置的元数据既可以用 XML 编码直接放在 mdWrap 元素内,也可以用 Base64 编码后放在子元素 binData 内。其所有属性如下所示:

- 属性 ID 是 DRSS 文档中的唯一标识,可选属性,可以被其他元素或者文档通过 IDREF 或者 XPTR 进行引用。
- 属性 LABEL,字符串类型,可选属性,为 DRSS 文档浏览者提供此元数据的标签。

下面通过两个例子向大家展示如何使用 mdWrap 元素。第一个例子通过引入其他 xmlData 的内容进行描述:

```
<drss:dmdSec ID="DMD1">
    <drss:mdWrap MDTYPE="MARC">
        <drss:xmlData>
            <zadl:marc>
                <000>00974nam0 2200253 450</000>
                <001>0000414659</001>
                <005>20101206134800.0</005>
                <010>_|a 978-7-121-11798-5 |d CNY39.00</010>
                <100>_|a 20101023d2010 em y0chiy50 ea</100>
                <101>0_ |a chi</101>
```

```
            <102>_|a CN |b 110000</102>
            <105>_|a ak z 000yy</105>
            <106>_|a r</106>
            <200>1_ |a 智能信息处理与应用 |A zhi neng xin xi chu li yu
ying yong |f 李明,王燕,年福忠编著</200>
            <210>_|a 北京 |c 电子工业出版社 |d 2010</210>
            <215>_|a 277 页 |c 图 |d 24cm</215>
            <330>_|a 本书从理论方法和实践技术角度,论述了智能信息处理
技术的主要概念、基本原理、典型方法及新的发展。本书共 11 章,包括不
确定信息处理、模糊集与粗糙集理论、人工神经网络、支持向量机、遗传算
法、群体智能、人工免疫、量子算法、信息融合技术,以及智能信息技术在
人脸识别和说话人识别中的应用。</330>
            <606>0_ |a 人工智能 |x 信息处理</606>
            <690>_|a TP18 |v 4</690>
            <701>_0|a 李明 |A li ming |4 编著</701>
            <701>_0|a 王燕 |A wang yan |4 编著</701>
            <701> _0|a 年福忠 |A nian fu zhong |4 编著</701>
            <801>_0|a CN |b CEPC |c 20101025</801>
            <905>_|a ZSTU |d TP18/116</905>
        </zadl:marc>
      </drss:xmlData>
    </drss:mdWrap>
  </drss:dmdSec>
第二个例子则用 64 位编码的 binData 描述:
<dmdSec ID="dmd003">
    <mdWrap MIMETYPE="application/marc" MDTYPE="MARC" LABEL="
汇文 OPAC 中 MARC 记录数据">
        <binData>234D0ASDF332am0gIDIasdf0NU0wM23GDFRJ567...
        [这里记录 64 位编码的数据]
        </binData>
    </mdWrap>
</dmdSec>
```

3.1.4　DRSS 文档管理型元数据节点 amdSec

管理型元数据节点记录 DRSS 对象所有条目的全部管理型元数据(包括结构图、数据文件、描述型元数据节以及管理型元数据节本身)。它包含四个子节点(见图 3.5):技术元数据(techMD)知识产权元数据(rightsMD)、来源元数据(sourceMD)和数字起源元数据(digiprovMD)。每个子节点均为 mdSecType 类型,以 mdWrap 方式包含在 DRSS 文档中,

或以 mdRef 指示其标识符。techMD,rightsMD,sourceMD 和 digiprovMD 可以重复,以便记录 DRSS 对象的每一个条目的管理型元数据。

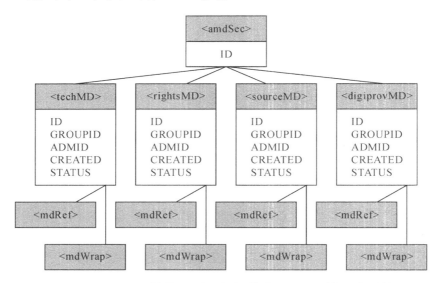

图 3.5　DRSS 文档管理型元数据节点 amdSec 的层次结构

1. 技术元数据 techMD

技术元数据元素记录了 DRSS 对象的技术元数据内容。与 dmdSec,rightsMD,sourceMD 和 digiprovMD 元素一样,techMD 是 mdSec 类型,有同样的属性和子元素。技术元数据既可以通过 mdWrap 元素包含元数据,也可以通过 mdRef 元素引用外部元数据,或者两种方式都用。DRSS 文档允许多次使用技术元数据元素,同时技术元数据可以被任何包含 ADMID 的 DRSS 元素所引用。下面我们将给出一个 TIFF 图像的技术元数据示例:

```
<drss:techMD ID="amd001">
    <drss:mdWrap MIMETYPE="text/xml" MDTYPE="CADALIMG" LABEL="CADAL IMG DATA">
        <drss:xmlData>
            <CADAL:MIMEtype>image/tiff</CADAL:MIMEtype>
            <CADAL:Compression>LZW</CADAL:Compression>
<CADAL:PhotometricInterpretation>8</CADAL:PhotometricInterpretation>
            <CADAL:Orientation>1</CADAL:Orientation>
            <CADAL:ScanningAgency>ZJU</CADAL:ScaningAgency>
        </drss:xmlData>
    </drss:mdWrap>
</drss:techMD>
```

在文件节点中,文件组<fileGroup>的文件<file>元素可以通过 AMDID 属性与该技术元数据相关联(有关文件组和文件节点的内容将在下文说明)。

```
<drss:file ID="FILE001" ADMID="AMD001">
    <drss:FLocat          LOCTYPE="URL"
```

```
      xlink:href="http://www.cadal.cn/press/testing.tif"/>
    </drss:file>
```

2. 知识产权元数据 rightsMD

知识产权元数据记录了 DRSS 文档的版权。与 dmdSec,techMD,sourceMD 和 digiprovMD 元素一样,rightsMD 是 mdSec 类型,有同样的属性和子元素。知识产权元数据既可以通过 mdWrap 元素包含元数据,也可以通过 mdRef 元素引用外部元数据,或者两种方式都用。DRSS 文档允许多次使用知识产权元数据元素,同时知识产权元数据可以被任何包含 ADMID 的 DRSS 元素引用。下面给出一个知识产权元数据示例:

```
    <drss:rightsMD ID="ADMRTS1">
      <drss:mdWrap MDTYPE="OTHER" OTHERMDTYPE="CADALRights">
        <drss:xmlData>
          <rts:RightsDeclarationMD RIGHTSCATEGORY="PUBLIC DOMAIN">
            <rts:Context CONTEXTCLASS="GENERAL PUBLIC">
              <rts:Constraints CONSTRAINTTYPE="RE-USE">
                <rts:ConstraintDescription>
                这里是知识产权的声明
                </rts:ConstraintDescription>
              </rts:Constraints>
            </rts:Context>
          </rts:RightsDeclarationMD>
        </drss:xmlData>
      </drss:mdWrap>
    </drss:rightsMD>
```

3. 来源元数据 sourceMD

来源元数据记录了 DRSS 对象的来源格式或者播放组件。它经常用于发掘、数据管理或者数字资源保护。与 dmdSec,techMD,rightsMD 和 digiprovMD 元素一样,sourceMD 是 mdSec 类型,有同样的属性和子元素。来源元数据既可以通过 mdWrap 元素包含元数据,也可以通过 mdRef 元素引用外部元数据,或者两种方式都用。DRSS 文档允许多次使用来源元数据元素,同时来源元数据可以被任何包含 ADMID 的 DRSS 元素引用。下面给出一个数字音频来源元数据的例子,通过这个例子,我们利用来源元数据的<mdWrap>元素记录重要的技术元数据:

```
    <sourceMD ID="CADAL_SOURCE_TAP_001" STATUS="Draft,unformatted"
    CREATED="2012-09-16T14:22:30">
      <mdWrap MDTYPE="OTHER" OTHERMDTYPE="Draft AES-32-63-48,
      version 2012-08-16" MIMETYPE="audio/x-wave">
        <xmlData>
          <dataroot xmlns:od="urn:schemas-microsoft-com:officedata" generated
          ="2012-09-16T14:22:30">
```

```
<! -All values for source elements come from the source_metadata
table.->
    <source>
        <ID>1</ID>
        <source_metadata_id>SRC000000001</source_metadata_id>
        <item_face_id_fk>IF000000001</item_face_id_fk>
        <identifier>0001</identifier>
        <identifier_type>MJF tape number</identifier_type>
        <direction>A_PASS</direction>
        <source_format_type>open reel tape</source_format_type>
        <analog_digital_flag>analog</analog_digital_flag>
        <speed>7.5</speed>
        <speed_unit>Inches per second</speed_unit>
        <track_format>half track</track_format>
        <sound_field>stereo</sound_field>
        <noise_reduction>none</noise_reduction>
        <equalization>none</equalization>
        <gauge>0.25</gauge>
        <gauge_unit>Inches</gauge_unit>
        <reel_diameter>7</reel_diameter>
        <reel_diameter_unit>Inches</reel_diameter_unit>
        <bit_depth/>
        <sample_rate/>
    </source>
    </dataroot>
    </xmlData>
    </mdWrap>
</sourceMD>
```

4. 数字起源元数据 digiprovMD

数字起源元数据包含了一个数字对象的最初起源信息及其当前元素的衍生信息。它包含很多情形,也许表示同一对象的不同文件之间存在着主从关系或衍生关系,也许表示经过数字化后的数字对象的组成文件又经过了转换或迁移,也许表示原生数字资源文件的创建。简言之,digiprovMD 的目的是使所记录的信息反映出数字对象生命周期中都经历过哪些变化,以便档案管理人员、图书馆工作人员和学者们能够判断出这种变化过程对原始作品反映的真实程度可能带来的影响或损失。下面给出一个数字起源元数据的示例:

```
<digiprovMD ID="DIGIPROV01">
    <xmlData>
        <mdWrap MDTYPE="OTHER" OTHERMDTYPE="CADALPROV">
```

```
            <cadalprov:root>
                  <cadalprov:digiprovMD>
<cadalprov:fixityAlgorithm>Adler-32</cadalprov:fixityAlgorith>
                  <cadalprov:fixityCheckResults>20346557
                  </cadalprov:fixityCheckResults>
                        <cadalprov:fixityCheckStatus>成功</cadalprov:fixityCheckStatus>
                        <cadalprov:fixityCheckDate>2012-05-27T09:17:49
                  </cadalprov:fixityCheckDate>
                        <cadalprov:virusSoftware>360 杀毒 尝鲜版 3.2.1.3052
                  </cadalprov:virusSoftware>
                        <cadalprov:virusCheckStatus>成功</cadalprov:virusCheckStatus>
                        <cadalprov:virusCheckDate>2012-05-27T09:17:49
                  </cadalprov:virusCheckDate>
<cadalprov:mimeType>application/pdf</cadalprov:mimeType>
                  </cadalprov:digiprovMD>
            </cadalprov:root>
         </mdWrap>
      </xmlData>
   </digiprovMD>
```

3.1.5　DRSS 文档文件节点 fileSec

fileSec 节点记录组成此数字对象的所有数据文件的信息,它本身只有一个 ID 属性,是其在 DRSS 文档中的唯一标识。fileSec 节点可以包含一个或多个类型为 fileGrpType 的文件组(file group)元素 fileGrp。fileGrp 把构成一个数字对象的所有文件按层次关系聚合在一起(通过递归定义构建层次关系,如某作品的所有图像、某页面的所有图像等),fileGrp 可以包含零个或多个文件元素。文件元素则依次包含一个或多个 FLocat 元素(指向该对象内容的文件指针)和(或)FContent 元素(以 XML 或 Base64 编码的文件内容)。下面我们将介绍 fileGrp 元素及其包含的子元素,如图 3.6 所示。

1. 文件组 fileGrp 的属性

文件组 fileGrp 元素包含 4 个属性,分别为 ID,VERSDATE,ADMID 和 USE。
- 属性 ID 是一可选属性,可以被其他元素或者文档通过 IDREF 或者 XPTR 引用,是其在 DRSS 文档中的唯一标识。
- 属性 VERSDATE 指明数字对象的此版本或者文件组的创建时间,是一个可选的时间类型属性。
- 属性 ADMID 指明该 DRSS 文档中此文件组内所有文件对应的管理型元数据节的 XML 的 ID 值列表,是一个可选的引用属性。
- 属性 USE 指明本文件组内所有文件的用途(如图像的主文件、参考文件或缩略图等),是一可选的字符串的类型属性。

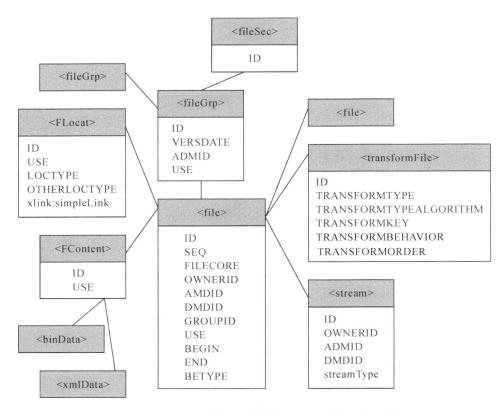

图 3.6　DRSS 文档文件节点 fileSec 的层次结构

2.文件组 fileGrp 的子节点

　　文件组 fileGrp 元素可以包含 2 个类型的子元素，分别为 fileGrp 和 file。fileGrp 可以嵌套包含零至多个类型为 fileGrpType 的 fileGrp 元素，也可以包含零到多个 fileType 类型的子元素 file。我们可以通过下面的例子来说明文件组的使用方式。

```
<drss:fileSec ID="CADAL_FILE_130202">
    <drss:fileGrp ID="FILEGRP_IMG_0023" USE="MASTER IMAGE">
        <drss:fileGrp ID="FILEGRP_IMG_0023_TIFF"
ADMID="CADAL_TECHMD_0023_01" VERSDATE="2012-06-09T23:05:02">
            ...
        </drss:fileGrp>
        <drss:fileGrp ID="FILEGRP_IMG_0023_JPG"
ADMID="CADAL_TECHMD_0023_02" VERSDATE="2012-06-12T09:18:32">
            ...
        </drss:fileGrp>
        ...
    </drss:fileGrp>
</drss:fileSec>
```

下面将详细讨论 fileGrp 的子元素 file 所包含的子节点内容。

3. file 元素

文件元素 file 为 DRSS 对象存取内容文件。一个文件元素可能包含一个或多个 FLocat 元素(内容文件指针)和(或)一个 FContent 元素(该文件的编码版本)。

(1)file 元素的属性

file 元素包含 ID,SEQ,OWNERID,ADMID 等一系列属性和 FILECORE 属性组:

- 属性 ID,ID 类型,必选属性,DRSS 文档中的唯一标识,可以被其他元素或者文档通过 IDREF 或者 XPTR 进行引用。
- 属性 SEQ,整数类型,可选属性,指明本文件在其文件组中的序号。
- 属性组 FILECORE。
- 属性 OWNERID,字符串类型,可选属性,为文件提供唯一标识符(包括 URI),可以用于检索该文件不相同的 URI。
- 属性 ADMID,ID 类型集合,可选属性,是本 DRSS 文档中与该文件相关的管理型元数据的 XML ID 值的列表。
- 属性 DMDID,ID 类型集合,可选属性,是本 DRSS 文档中与该文件相关的描述型元数据的 XML ID 值的列表。
- 属性 GROUPID,字符串类型,可选属性,用于在本文件与其他文件组中的文件建立联系。比如,某文件组的主图像文件和第二个文件组中的引用副本文件,并和第三个文件组中的缩略图文件共享同一个 GROUPID。
- 属性 USE,字符串类型,可选属性,指明该文件的用途,如图像文件的"主文件""引用""缩略图"等。
- 属性 BEGIN,字符串类型,可选属性,指明当前文件在上级文件中所处的位置。
- 属性 END,字符串类型,可选属性,指明当前文件在上级文件中的结束位置,仅当存在 BEGIN 时,该属性有效。
- 属性 BETYPE,字符串类型,可选属性,BEGIN 和(或)END 属性的特殊类型。

下面的例子将简要说明 file 属性的使用方式。

```
<drss:fileSec>
    <drss:fileGrp ID="FILEGRP_IMG_0023" USE="MASTER IMAGE">
        <drss:file ID="234ad" SIZE="45235" CREATED="2012-06-11T09:25:
42" MIMETYPE="image/tiff" ADMID="CADAL_TECHMD_0023_01_
234ad">
            ...
        </drss:file>
    </drss:fileGrp>
</drss:fileSec>
```

(2)file 元素包含的子节点

file 元素可以包含 FLocat,FContent,stream,transformFile 等元素,还可以嵌套包含 file 元素。

- FLocat 元素是 DRSS 复杂类型,数量不定。FLocat 元素提供指向内容文件某位置的指针。它使用 xlink 语法,提供指向内容文件实际位置的链接信息,同时还有一些附加属性,附加说明链接信息。需要指出的是:FLocat 是空元素,资源指向的位置必须存放在 xlink:href 元素中。下面这个例子演示的就是在 file 节点中使用 FLocat 元素。

```
<drss:fileSec>
    <drss:fileGrp ID="FILEGRP_IMG_0023" USE="MASTER IMAGE">
        <drss:file ID="234ad" SIZE="45235" CREATED="2012-06-11T09:25:
42" MIMETYPE="image/tiff" ADMID="CADAL_TECHMD_0023_01_
234ad">
        <drss:FLocat
xlink:href=http://www.cadal.cn/ebook/drss/img/tiff/234ad.tiff LOCTYPE="
URL"/>
        </drss:file>
    </drss:fileGrp>
</drss:fileSec>
```

- FContent 元素是一个 DRSS 复杂类型的可选元素。FContent 元素能把内容文件放在 DRSS 文件内部。内容文件必须是 BASE64 编码(用 binData 包装器子元素)或者 XML 形式的(用 xmlData 包装器子元素)。FContent 可以包含属性 ID 及 USE,属性组 LOCATION 和 xlink:simpleLink,其 USE 属性指明内嵌文件的用途,比如图像文件的用途可能是"主文件""参考文件"或"缩略图"。下面这个例子演示的就是在 file 节点中使用 FContent 元素。

```
<drss:fileSec>
    <drss:fileGrp ID="FILEGRP_IMG_0023" USE="MASTER IMAGE">
        <drss:file ID="234ad" SIZE="45235" CREATED="2012-06-11T09:25:
42" MIMETYPE="image/tiff" ADMID="CADAL_TECHMD_0023_01_
234ad">
            <drss:FContent ID="234ad.tiff" USE="Preservation Master">
                <drss:binData>这里显示 64 位编码的内容</binData>
            </drss:FContent>
        </drss:file>
    </drss:fileGrp>
</drss:fileSec>
```

- stream 元素是一个 DRSS 复杂类型的可选元素。一个文件可以由一个或多个子字节流组成。比如,一个 MPEG4 文件可能包含独立的音频字节流和视频字节流,而每一个字节流都有与其关联的技术元数据。
- transformFile 元素也是 DRSS 复杂类型的可选元素。转换文件元素提供了一种通过解压或者转换的途径,可以获取文件元素下的任意附属文件元素。该元素是可以重复的。为了实现效果,可能会提供一个链接,链接到行为节点中的行为。

file 元素还可以嵌套使用 file 元素。

4. stream 元素

stream 元素的类型为 DRSS 复杂类型,其属性包含:

- 属性 ID,ID 类型,可选属性,DRSS 文档中的唯一标识,可以被其他元素或者文档通过 IDREF 或者 XPTR 进行引用。
- 属性 streamType,字符串类型,可选属性,记录文件流的类型。
- 属性 OWNERID,字符串类型,可选属性,提供文件的唯一标识符(包括 URI 在内),但可以与检索用的 URI 相异。
- 属性 ADMID,ID 类型引用集合,可选属性,为 XML ID 属性值列表,对应于该文件在 DRSS 文档中的管理型元数据。
- 属性 DMDID,ID 类型引用集合,可选属性,为 XML ID 属性值列表,对应于该文件在 DRSS 文档中的描述型元数据。

下面的例子中使用 stream 元素表明了视频的相关内容:

```
<drss:fileSec>
    <drss:fileGrp ID="FILEGRP_VIDEO_245" USE="MASTER VIDEO">
        <drss:file ID="2a3d" SIZE="35235000" CREATED="2012-06-29T19:
35:22" MIMETYPE="image/MP2" ADMID="CADAL_TECHMD_245_01_
2a3d">
            <drss:FLocat xlink:href="http://www.cadal.cn/ebook/drss/video/
mp2/2a3d.mp2" LOCTYPE="URL"/>
            <drss:stream ID="234AA_SDFP_02" streamType="VIDEO/0X02"
OWNERID="HIST_DEPT05_234AA_SDFP_02" DMDID="CADAL_
234AA_SDFP_02"
        </drss:file>
    </drss:fileGrp>
</drss:fileSec>
```

5. transformFile 元素

transformFile 元素为 DRSS 复杂类型,主要包含以下属性:

- 属性 ID,ID 类型,可选属性,DRSS 文档中的唯一标识,可以被其他元素或者文档通过 IDREF 或者 XPTR 进行引用。
- 属性 TRANSFORMTYPE,字符串类型,必选属性,记录文件转换的类型(该文件转换使文件易用,包括解压文件为多个文件/字节流),值为 decompression 或 decryption。
- 属性 TRANSFORMALGORITHM,字符串类型,必选属性,描述对该文件解压或解密的过程。
- 属性 TRANSFORMKEY,ID 属性引用集合,可选属性,对文件内容进行转换的算法中使用的键。
- 属性 TRANSFORMBEHAVIOR,ID 属性引用集合,可选属性,指向该转换的 behavior 元素的 IDREF。
- 属性 TRANSFORMORDER,正整数类型,必选属性,解压或者转换文件包的指令。

下面的例子中使用 transformFile 元素表明文档压缩的过程。

```
<drss:fileSec ID="TransformEX_01">
    <drss:fileGrp ID="TAR_GZ_container_01" USE="Container">
        <drss:file MIMETYPE="application/tar.gz" USE="Container">
            <drss:FLocat xlink:href="file:sample01.tar.gz" ID="sampleTar01.
            gz" LOCTYPE="URL" />
            <drss:transformFile TRANSFORMORDER="1"
TRANSFORMTYPE="decompression"
TRANSFORMALGORITHM="gunzip"></drss:transformFile>
            <drss:transformFile TRANSFORMORDER="2"
TRANSFORMTYPE="decompression"
TRANSFORMALGORITHM="tar"></drss:transformFile>
            <drss:file SEQ="1" MIMETYPE="image/tiff"
CHECKSUM="c1b82611e48066016ceb8daa93d46de7" CHECKSUMTYPE="MD5">
                <drss:FLocat xlink:href="file:sample01_image01.tiff"
LOCTYPE="URL" USE="Archival Master"/>
            </drss:file>
            <drss:file SEQ="2" MIMETYPE="image/jpeg"
CHECKSUM="c3cb82611e48066016ceb8daa93d46df5" CHECKSUMTYPE="MD5">
                <drss:FLocat xlink:href="file:sample01_image01jpeg"
LOCTYPE="URL"USE="Display Derivative"/>
            </drss:file>
        </drss:fileGrp>
    </drss:fileSec>
```

3.1.6   DRSS 文档结构图节点 structMap

结构图是 DRSS 文档的核心,它的类型是 DRSS 复杂类型 StructMapType。结构图定义了被数字化的源文档的层次结构,这些层次利用 div 元素最终形成树结构。任一给定的 div,可以通过 dptr 元素,指向另一个 DRSS 文档;也可以通过 fptr 和子元素,指向一个或一组文件、若干文件片断或文件组。结构图节点的层次结构如图 3.7 所示。

1. structMap 节点的属性和子节点

结构图使用一系列嵌套的元素,勾画出被编码原始对象的层次结构,这些元素即 div 元素,其类型为 DivType 复杂类型,如图 3.7 所示。结构图包含如下属性:

- 属性 ID,ID 类型,可选属性,DRSS 文档中的唯一标识,可以被其他元素或者文档通过 IDREF 或者 XPTR 进行引用。
- 属性 TYPE,字符串类型,可选属性,指明结构图的类型。典型值是"PHYSICAL"和"LOGICAL"。PHYSICAL 描述了原始作品的物理组成,如一篇论文的连续页;而 LOGICAL 则描述了作品的知识结构,如一篇论文有目录、前言、章节、索引等。

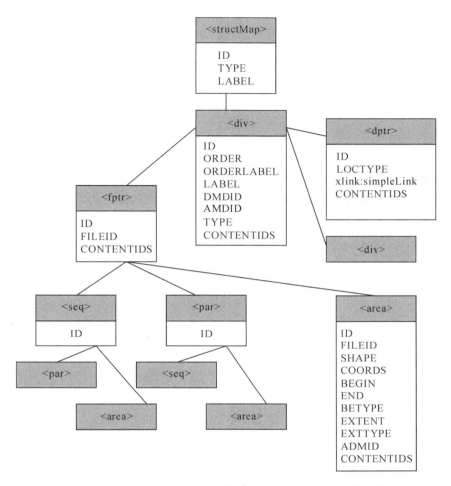

图 3.7　DRSS 文档结构图节点 structMap 的层次结构

- 属性 LABEL,字符串类型,可选属性,用于为用户描述结构图。

2.div 元素

DRSS 标准用一串嵌套的 div 元素使文档结构化,形成层次。例如,书由章节组成,章节由子章节组成,子章节由文本组成。结构图层次结构中的每一个 div 节点,都可以通过子元素 dptr 或子元素 fptr 关联其对应的内容文件。

(1)div 元素的属性

- 属性 ID,ID 类型,可选属性,DRSS 文档中的唯一标识,可以被其他元素或者文档通过 IDREF 或者 XPTR 进行引用。
- 属性 ORDER,整型类型,可选属性,表示 div 在其兄弟节点中的序号(比如序列号)。
- 属性 ORDERLABEL,字符串类型,可选属性,表示 div 在其兄弟节点中的次序(如 "xii")。
- 属性 LABEL,字符串类型,可选属性,为浏览该文档的最终用户描述该 div,作为目录。
- 属性 DMDID,ID 类型引用集合,可选属性,指向此 div 在 DRSS 文档内的描述型元数据。
- 属性 AMDID,ID 类型引用集合,可选属性,指向此 div 在 DRSS 文档内的管理型元数据。
- 属性 TYPE,字符串类型,可选属性,指明 div 的类型(如章节、文章、页等)。
- 属性 CONTENTIDS,URI 类型集合,可选属性,指出此 div 内容的 Content ID 列表。

(2)div 元素的子节点
- 子节点 dptr,DRSS 复杂类型,不限制在 div 中出现的次数。DRSS 指针(DRSS Pointer)dptr 元素允许 div 关联另一个 DRSS 文档中,与该 div 相应的内容则存在在那个 DRSS 文档中,而不是让 dptr 元素指向内部文件或文件组。一种典型的情形如连续出版的期刊的 DRSS 文档,每一个 div 元素表示一个卷期,div 元素则分别指向独立的卷期 DRSS 文档,而不是把每卷的文件和文件组都编码在一个大文档中。dptr 是空元素,能指向的资源位置必须存放在 xlink:href 属性中。
- 子节点 fptr,DRSS 复杂类型,不限制在 div 中的出现次数。文件指针(file pointer)fptr 元素连接 div 元素及其对应的内容文件。它既可以通过 FILEID 属性直接指向文件本身,也可以通过子元素 area,par 和 seq 进行更复杂的链接。
- 子节点 div,嵌套包含。

(3)div 元素使用示例
下面是一个 div 结构应用的例子,使用了 div 的 TYPE,LABEL 和 DMDID 等属性。

```
<drss:drss>
    <drss:dmdSec ID="DMD1">
        <drss:mdWrap MDTYPE="MODS">
            <drss:xmlData>
                <mods:mods>
                    <mods:titleInfo>
                        <mods:title>Google Android 开发入门指南(第 2 版)</mods:title>
                    </mods:titleInfo>
                </mods:mods>
            </drss:xmlData>
        </drss:mdWrap>
    </drss:dmdSec>
    ...
    <drss:structMap TYPE="physical">
        <drss:div TYPE="book" LABEL=" Google Android 开发入门指南(第 2 版)" DMDID="DMD1">
            <drss:div TYPE="page" LABEL="目录"/>
            <drss:div TYPE="page" LABEL="第 1 篇 入门篇"/>
            <drss:div TYPE="page" LABEL="第 2 篇 基础篇"/>
            <drss:div TYPE="page" LABEL="第 3 篇 提高篇"/>
```

```
        <drss:div TYPE="page" LABEL="第 4 篇 融会贯通篇"/>
        <drss:div TYPE="page" LABEL="第 5 篇 数据库应用"/>
        <drss:div TYPE="page" LABEL="第 6 篇 地图与定位应用"/>
        <drss:div TYPE="page" LABEL="后记"/>
      <drss:div TYPE="page" LABEL="附录 A 如何取得范例源代码"/>
    </drss:div>
  </drss:structMap>
</drss:drss>
```

3．dptr 元素

dptr 元素是 DRSS 文档指针之意，包含在 div 中，是 DRSS 复杂类型。其包含以下属性：

- 属性 ID，ID 类型，可选属性，DRSS 文档中的唯一标识，可以被其他元素或者文档通过 IDREF 或者 XPTR 进行引用。
- 属性组 LOCATION。
- 属性组 xlink:simpleLink。
- 属性 CONTENTIDS，URI 类型集合，可选属性，指出此 dptr 内容的 Content ID 列表。

下面是一个 DRSS 文档中使用 dptr 的例子：

```
<drss:dmdSec ID="DMD1">
  <drss:mdWrap MDTYPE="MODS">
    <drss:xmlData>
      <mods:mods>
        <mods:titleInfo>
          <mods:title>射雕英雄传</mods:title>
        </mods:titleInfo>
        <mods:physicalDescription>
          <mods:extent>精装 24 开</mods:extent>
        </mods:physicalDescription>
      </mods:mods>
    </drss:xmlData>
  </drss:mdWrap>
</drss:dmdSec>
<drss:structMap TYPE="physical">
  <drss:div TYPE="multivolume book" LABEL="射雕英雄传（上中下）" DMDID="DMD1">
    <drss:div TYPE="volume" LABEL="上册">
      <drss:mptr LOCTYPE="URL"
xlink:href="http://www.cadal.cn/drss/documentation/sdyxz1.xml"/>
    </drss:div>
```

```
        <drss:div TYPE="volume" LABEL="中册">
            <drss:mptr LOCTYPE="URL"
xlink:href="http://www.cadal.cn/drss/documentation/sdyxz2.xml"/>
        </drss:div>
        <drss:div TYPE="volume" LABEL="下册">
            <drss:mptr LOCTYPE="URL"
xlink:href="http://www.cadal.cn/drss/documentation/sdyxz3.xml"/>
        </drss:div>
    </drss:div>
</drss:structMap>
```

4. fptr 元素

（1）fptr 元素的属性

- 属性 ID，ID 类型，可选属性，DRSS 文档中的唯一标识，可以被其他元素或者文档通过 IDREF 或者 XPTR 进行引用。
- 属性 FILEID，ID 类型引用，可选属性，指向包含此 fptr 的 div 对应的文件元素。
- 属性 CONTENTIDS，URI 类型集合，可选属性，指出此 fptr 内容的 Content ID 列表。

（2）fptr 元素的子节点

- 子节点 par，DRSS 复杂类型 parType，不限制在 fptr 中出现的次数。并行文件（parallel files），包含属性 ID 及可选子元素 seq 或者 area。
- 子节点 seq，DRSS 复杂类型 seqType，不限制在 fptr 中出现的次数。seq 元素用于把一个 div 与一组内容文件联系起来，而且这些文件应该按顺序传送给用户。
- 子节点 area，DRSS 复杂类型 areaType，不限制在 fptr 中出现的次数。area 元素可为 div 元素及其对应的内容文件（文本、图像、音频、视频文件）之间建立比较复杂的链接。

（3）fptr 元素使用示例

下面是一个 fptr 元素应用的例子，该例子中我们通过 fptr 元素将文件组合结构图做了链接。

```
<drss:fileSec>
    <drss:fileGrp USE="THUMBNAIL IMAGE">
        <drss:file ID="epi01t" MIMETYPE="image/gif">
            <drss:FLocat
xlink:href="http://www.cadal.cn/drss/docgroup/gif/01.gif" LOCTYPE="URL"/>
        </drss:file>
        <drss:file ID="epi02t" MIMETYPE="image/gif">
            <drss:FLocat
xlink:href="http://www.cadal.cn/drss/docgroup/gif/02.gif" LOCTYPE="URL"/>
        </drss:file>
        <drss:file ID="epi03t" MIMETYPE="image/gif">
```

```
        <drss:FLocat
xlink:href="http://www.cadal.cn/drss/docgroup/gif/03.gif" LOCTYPE="URL"/>
        </drss:file>
        <drss:file ID="epi04t" MIMETYPE="image/gif">
            <drss:FLocat
xlink:href="http://www.cadal.cn/drss/docgroup/gif/04.gif" LOCTYPE="URL"/>
        </drss:file>
        ...
    </drss:fileGrp>
</drss:fileSec>
<drss:structMap TYPE="physical">
    <drss:div TYPE="book" LABEL=" Google Android 开发入门指南(第 2 版)"
DMDID="DMD1">
        <drss:div TYPE="page" LABEL="Page182">
            <drss:fptr FILEID="epi04m"/>
            <drss:fptr FILEID="epi04r"/>
            <drss:fptr FILEID="epi04t"/>
        </drss:div>
        ...
    </drss:div>
</drss:structMap>
```

5. 文件顺序类型 SeqType 和文件区域类型 AreaType

文件顺序元素 seq 用于把一个 div 与一组内容文件联系起来,而且这些文件应该按顺序传送给用户。seq 包含可选的 ID 属性及若干类型为 areaType 的 area 子元素。

area 元素可为 div 元素及其对应的内容文件(文本、图像、音频、视频文件)之间建立比较复杂的链接。area 元素可以把 div 链接到文件的某一个点,既可以是文件的一维片段(如文本屏、直线图像、音/视频剪辑),也可以是文件的二维片段(如图像子区域、视频文件的一部分)。area 元素没有内容,所有信息均记录在各种属性中。其属性如下:

- 属性 ID,ID 类型,可选属性,DRSS 文档中的唯一标识,可以被其他元素或者文档通过 IDREF 或者 XPTR 进行引用。
- 属性 FILEID,ID 类型引用,必选属性,指向包含此 area 的 div 对应的文件元素。
- 属性 SHAPE,字符串类型,可选属性,定义了一个二维区域的形状,此区域在一个被链接的内容文件中被引用。它必须是下列值之一:长方形区域(RECT)、圆形区域(CIRCLE)、不规则多边形(POLY)。
- 属性 COORDS,字符串类型,可选属性,列出图像(静态图像或视频帧)的一组可视坐标。
- 属性 BEGIN,字符串类型,可选属性,表示被引用文件中某部分的起始位置,与 END 属性配对使用。
- 属性 END,字符串类型,可选属性,表示被引用文件中某部分的结束位置,与 BEGIN

属性配对使用。

- 属性 BETYPE,字符串类型,可选属性,指明 BEGIN 和 END 属性值的语法,其可能值如下:

①BYTE:字节偏移量。

②IDREF:内容文件中某元素的 XML ID 值。

③SMIL:SMIL 格式的时间值。

④MIDI:MIDI 格式的时间值。

⑤SMPTE-25:每秒 25 帧素材的 SMPTE 时间码。

⑥SMPTE-24:每秒 24 帧素材的 SMPTE 时间码。

⑦SMPTE-DF30:每秒 30 帧丢帧素材的 SMPTE 时间码。

⑧SMPTE-NDF30:每秒 30 帧非丢帧素材的 SMPTE 时间码。

⑨SMPTE-DF29.97:每秒 29.97 帧丢帧素材的 SMPTE 时间码。

⑩SMPTE-NDF29.97:每秒 29.97 帧非丢帧素材的 SMPTE 时间码。

⑪TIME:简单时间代码,形如 HH:MM:SS。

⑫TCF:时间码字符格式值。

- 属性 EXTENT,字符串类型,可选属性,标明 area 元素所指向片断的时长。
- 属性 EXTTYPE,字符串类型,可选属性,指明 EXTENT 属性值的语法,见 BETYPE 的取值描述部分。
- 属性 ADMID,ID 类型引用集合,可选属性。为 XML ID 值的列表,指向本 DRSS 此 area 相关的所有管理型元数据节。
- 属性 CONTENTIDS,URI 类型集合,可选属性,指出此 area 内容的 Content ID 列表。

下面我们给出一个使用 fptr,par,seq,area 的综合小例子,以便说明这些元素的使用方式。

```
<drss:fileSec>
  <drss:fileGrp USE="REFERENCE IMAGE">
    <drss:file ID="epi09r" MIMETYPE="image/jpeg">
      <drss:FLocat
xlink:href="http://www.loc.gov/standards/drss/docgroup/jpg/09.jpg" LOCTYPE="URL"/>
    </drss:file>
    <drss:file ID="epi10r" MIMETYPE="image/jpeg">
      <drss:FLocat
xlink:href="http://www.loc.gov/standards/drss/docgroup/jpg/10.jpg" LOCTYPE="URL"/>
    </drss:file>
    <drss:file ID="epi11r" MIMETYPE="image/jpeg">
      <drss:FLocat
xlink:href="http://www.loc.gov/standards/drss/docgroup/jpg/11.jpg " LOCTYPE="
```

```
URL"/>
        </drss:file>
        <drss:file ID="epi12r" MIMETYPE="image/jpeg">
          <drss:FLocat
xlink:href="http://www.loc.gov/standards/drss/docgroup/jpg/12.jpg" LOCTYPE="
URL"/>
        </drss:file>
      </drss:fileGrp>
    </drss:fileSec>
      <drss:structMap TYPE="logical">
        <drss:div TYPE="volume" LABEL="Martial Epigrams II">
          <drss:div TYPE="section" LABEL="Book VIII">
            <drss:div TYPE="epigram" LABEL="Introduction:Latin & English">
              <drss:fptr>
                <drss:par>
                  <drss:seq>
                    <drss:area FILEID="epi09r" SHAPE="RECT" COORDS="
0,1150,2500,3150"/>
                    <drss:area FILEID="epi11r" SHAPE="RECT" COORDS="
0,600,2500,900"/>
                  </drss:seq>
                  <drss:seq>
                    <drss:area FILEID="epi10r" SHAPE="RECT" COORDS="
0,1100,2500,3300"/>
                    <drss:area FILEID="epi12r" SHAPE="RECT" COORDS="
0,650,2500,950"/>
                  </drss:seq>
                </drss:par>
              </drss:fptr>
            </drss:div>
          </drss:div>
        </drss:div>
      </drss:structMap>
```

3.1.7　DRSS 文档属性组

　　DRSS 文档中的许多元素使用相同的几个属性,为了方便指明这些经常同时出现的属性,我们将它们归为一个属性组。下面我们介绍上文经常提到的几个属性组,它们分别是:METADATA,LOCATION 和 FILECORE。

1. 属性组 METADATA

属性组 METADATA 包含 2 个属性：MDTYPE 和 OTHERMDTYPE。

1）属性 MDTYPE 为必选属性,指明所指的元数据类型(如 MARC,EAD 等)。它必须是下列值之一：

①MARC,任何形式的 MARC 记录。

②MODS,美国国会图书馆的 MODS 元数据格式。

③EAD,Encoded Archival Description,即编码档案描述。

④finding aid DC,都柏林核(Dublin core)。

⑤NISOIMG,NISO 数字静止图像的技术元数据(NISO technical metadata for digital still images)。

⑥LC-AV,美国国会图书馆"A/V 原形系统"中定义的技术元数据。

⑦VRA,可视资源协会核(Visual Resources Association core)。

⑧TEIHDR,TEI 头(Text Encoding Initiative header)。

⑨DDI,Data Documentation Initiative。

⑩FGDC,联邦地理数据委员会元数据(Federal Geographic Data Committee metadata)。

⑪OTHER,以上未涉及的元数据。

2）当 MDTYPE 的值为 OTHER 时,启用属性 OTHERTYPE,用来记录其他元数据类型。

2. 属性组 LOCATION

属性组 LOCATION 包含 2 个属性：LOCTYPE 和 OTHERLOCTYPE。

1）属性 LOCTYPE 为必选属性,指向某文件。它必须是下列值之一：

①ARK。

②URN,统一资源名称(uniform resource name)。

③URL,统一资源定位器(uniform resource locator)。

④PURL,永久 URL(persistent URL)。

⑤HANDLE,CNRI 句柄(CNRI handle)。

⑥DOI,数字对象标识符(digital object identifier,DOI)。

⑦OTHER,上述不包括的其他类型指示器。

2）当 LOCTYPE 的值为 OTHER 时,启用属性 OTHERLOCTYPE,用来记录其他类型。

3. 属性组 FILECORE

属性组 FILECORE 包含 5 个属性：

1）属性 MIMETYPE,字符串类型,可选属性,显示元数据的 MIME 类型。

2）属性 SIZE,长整型,可选属性,显示关联或包含的文件的大小。

3）属性 CREATED,时间类型,可选属性,显示关联或包含的文件的创建时间。

4）属性 CHECKSUM,字符串类型,可选属性,显示关联或包含的文件的校验。

5）属性 CHECKSUMTYPE,字符串类型,可选属性,显示关联或包含的文件的校验算法。其可选值包括：Adler-32,CRC32,HAVAL,MD5,MNP,SHA-1,SHA-256,SHA-384,SHA-512,TIGER,WHIRLPOOL。

3.2　数字对象文本类型存储标准

3.2.1　文本文件

文本文件是一种典型的顺序文件,其文件的逻辑结构又属于流式文件。

特别的是,文本文件是指以 ASCII 码方式(也称文本方式)存储的文件,更确切地说,英文、数字等字符存储的是 ASCII 码,而汉字存储的是机内码。文本文件中除了存储文件有效字符信息(包括能用 ASCII 码字符表示的回车、换行等信息)外,不能存储其他任何信息,因此文本文件不能存储声音、动画、图像、视频等信息。

文本文件是一种由若干行字符构成的计算机文件。文本文件存在于计算机文件系统中。通常,通过在文本文件最后一行后放置文件结束标志来指明文件的结束。

文本文件是指一种容器,而纯文本是指一种内容。文本文件可以包含纯文本。

一般来说,计算机文件可以分为两类:文本文件和二进制文件。

3.2.2　编码

由于结构简单,文本文件被广泛用于记录信息,它能够避免其他文件格式遇到的一些问题。此外,当文本文件中的部分信息出现错误时,往往能够较容易地从错误中恢复出来,并继续处理其余的内容。文本文件的一个缺点是,它的熵往往较低,也就是说,可以用较小的存储空间记录这些信息。

用预先规定的方法将文字、数字或其他对象编成数码,或将信息、数据转换成规定的电脉冲信号。编码在电子计算机、电视、遥控和通信等方面广泛使用。编码是信息从一种形式或格式转换为另一种形式的过程。

1.定义

通过压缩文件将其转换成另一格式文件,或将语音或视频模拟信号改编成数字信号的过程。

编码是根据一定的协议或格式把模拟信息转换成比特流的过程。

在计算机硬件中,编码(coding)是在一个主题或单元上为数据存储、管理和分析而转换信息为编码值(典型的如数字)的过程。在软件中,编码意味着逻辑地使用一个特定的语言(如 C 或 C++)来执行一个程序。在密码学中,编码是指在编码或密码中写的行为。

将数据转换为代码或编码字符,并能译为原数据形式,是计算机书写指令的过程,是程序设计中的一部分。在地图自动制图中,按一定规则用数字与字母表示地图内容的过程,通过编码,使计算机能识别地图的各地理要素。

n 位二进制数可以组合成 2 的 n 次方个不同的信息,给每个信息规定一个具体码组,这种过程也叫编码。

数字系统中常用的编码有两类,一类是二进制编码,另一类是二—十进制编码。

2.汉字的编码体系

（1）ASCII 与 Binary

我们日常接触到的文件分 ASCII 和 Binary 两种。ASCII 是"美国信息交换标准编码"的英文字头缩写，可称之为"美标"。美标规定了用从 0 到 127 的 128 个数字来代表信息的规范编码，其中包括 33 个控制码、1 个空格码和 94 个形象码。形象码中包括了英文大小写字母、阿拉伯数字、标点符号等。我们平时阅读的英文电脑文本，就是以形象码的方式传递和存储的。美标是国际上大部分电脑的通用编码。

然而电脑中的一个字符大都是用一个八位数的二进制数字表示。这样每一字符便可能有 256 个不同的数值。由于美标只规定了 128 个编码，剩下的另外 128 个数码没有规范，各家用法不一。另外，美标中的 33 个控制码，各厂家用法也不尽一致。这样我们在不同电脑间交换文件的时候，就有必要区分两类不同的文件。第一类文件中每一个字都是美标形象码或空格码。这类文件称为"美标文本文件（ASCII text files）"，或简称为"文本文件"，通常可在不同电脑系统间直接交换。第二类文件，也就是含有控制码或非美标码的文件，通常不能在不同电脑系统间直接交换。这类文件有一个通称，叫"二进制文件（binary files）"。

（2）国标、区位、"准国标"

"国标"是"中华人民共和国国家标准信息交换用汉字编码"的简称。国标表（基本表）把七千余汉字、标点符号、外文字母等，排成一个 94 行、94 列的方阵。方阵中每一横行叫一个"区"，每个区有九十四个"位"。一个汉字在方阵中的坐标，称为该字的"区位码"。例如，"中"字在方阵中处于第 54 区第 48 位，它的区位码就是 5448。

其实 94 这个数字，是美标中形象码的总数。国标表沿用这个数字，本意大概是要用两个美标形象符代表一个汉字。由于美标形象符的编码是从 33 到 126，汉字区、位码如果各加上 32，就会与美标形象码的范围重合。如上例"中"字区、位码加上 32 后，得 86、80。这两个数字的十六进制放在一起得 5650，称为该字的"国标码"，而与其相对应的两个美标符号，VP，也就是"中"字的"国标符"了。

这样就产生了一个如何区分国标符与美标符的问题。在一个中英文混用的文件里，"VP"到底代表"中"字呢，还是代表某个英文单词缩写？电子工业部第六研究所开发 CCDOS 的时候，使用了一个简便的解决方案：把国标码的两个数字各加上 128，上升到非美标码的位置。（改变后的国标码，习惯上仍叫"国标"。）

这个方案固然解决了原来的问题，可是新的问题随之产生。中文文件成了"二进制文件"，既不能可靠地在不同电脑系统间交换，也不能与市场上大部分以美标符号为设计对象的软件兼容。

为了区分以上两种"国标"，我们把原与美标形象码重合的国标码称为"纯国标"，而把 CCDOS 加上 128 的国标码称为"准国标"。

（3）GBK 码

GBK 码是 GB 码的扩展字符编码，对多达 2 万多的简繁汉字进行了编码，简体版的 Win95 和 Win98 都是使用 GBK 作系统内码。

从实际运用来看，微软自 Win95 简体中文版开始，系统就采用 GBK 代码。它包括了 TrueType 宋体、黑体两种 GBK 字库（北京中易电子公司提供），可以用于显示和打印，并提供了四种 GBK 汉字的输入法。此外，浏览器 IE 4.0 简体、繁体中文版内部提供了一个

GBK-BIG5 代码双向转换功能。此外,微软公司为 IE 提供的语言包中,简体中文支持 (Simplified Chinese Ianguage Support Kit)的两种字库宋体、黑体,也是 GBK 汉字(珠海四通电脑排版系统开发公司提供)。其他一些中文字库生产厂商,也开始提供 TrueType 或 PostScript GBK 字库。

许多外挂式的中文平台,如南极星、四通利方(Richwin)等,提供 GBK 码的支持,包括字库、输入法和 GBK 与其他中文代码的转化器。

互联网方面,许多网站网页使用 GBK 代码。但是多数搜索引擎都不能很好地支持 GBK 汉字搜索,大陆地区的搜索引擎有些能不完善地支持 GBK 汉字检索。

其实,GBK 是又一个汉字编码标准,全称《汉字内码扩展规范》(Chinese Internal Code Specification),1995 年颁布。GB 是国标,K 是汉字"扩展"的汉语拼音第一个字母。GBK 向下与 GB 2312 编码兼容,向上支持 ISO 10646.1 国际标准,是前者向后者过渡的一个承启标准。GBK 规范收录了 ISO 10646.1 中的全部 CJK 汉字和符号,并有所补充。具体包括: GB 2312 中的全部汉字、非汉字符号;GB 13000.1 中的其他 CJK 汉字。以上合计 20902 个 GB 化汉字;《简化总表中》未收入 GB 13000.1 的 52 个汉字;《康熙字典》以及《辞海》中未被收入 GB 13000.1 的 28 个部首及重要构件;13 个汉字结构符;BIG-5 中未被 GB 2312 收入, 但存在于 GB 13000.1 的 139 个图形符号;GB 12345 增补的 6 个拼音符号;GB 12345 增补的 19 个竖排图形符号(GB 12345 较 GB 2312 增补竖排标点符号 29 个,其中 10 个未被 GB 13000.1 收入,故 GBK 亦不收);从 GB 13000.1 的 CJK 兼容区挑选出的21个汉字;GB 13000.1 收入的 31 个 IBM OS/2 专用符号。GBK 亦采用双字节表示,总体编码范围为 0x8140～0xFEFE 之间,首字节在 0x81～0xFE 之间,尾字节在 0x40～0xFE 之间,剔除 0x××7F一条线,总计 23940 个码位,共收入 21886 个汉字和图形符号,其中汉字(包括部首和构件)21003 个,图形符号 883 个。

(4)BIG5 码

BIG5 码是针对繁体汉字的汉字编码,目前在中国台湾、香港等地区的电脑系统中得到普遍应用。

(5)HZ 码

HZ 码是在 Internet 上广泛使用的一种汉字编码。"HZ"方案的特点,是以"纯国标"的中文与美标码混用。那么"HZ"是怎样区分国标符和美标符的呢? 答案其实也很简单:当一串美标码中间插入一段国标码的时候,我们便在国标码的前、后都加上～。这些附加码分别叫"逃出码"和"逃入码"。由于这些附加码本身也是美标形象码,整个文件就俨然是一个美标文本文件,可以安然地在电脑网上传递,也和大部分英文文本处理软件兼容。

(6)ISO-2022 CJK 码

ISO-2022 是国际标准组织(ISO)为各种语言字符制定的编码标准。采用两个字节编码,其中汉语编码称 ISO-2022 CN,日语、韩语的编码分别称 JP,KR。一般将三者合称为 CJK 码。目前 CJK 码主要在 Internet 网络中使用。

(7)UCS 和 ISO 10646

1993 年,国际标准 ISO 10646 定义了通用字符集 (Universal Character Set,UCS)。 UCS 是所有其他字符集标准的一个超集。它保证与其他字符集是双向兼容的。就是说,如果你将任何文本字符串翻译到 UCS 格式,然后再翻译回原编码,不会丢失任何信息。

UCS 包含了用于表达所有已知语言的字符。不仅包括拉丁语、希腊语、斯拉夫语、希伯来语、阿拉伯语、亚美尼亚语和乔治亚语的描述,还包括中文、日文和韩文这样的象形文字,以及平假名、片假名、孟加拉语、旁遮普语果鲁穆奇字符(Gurmukhi)、泰米尔语、印·埃纳德语(Kannada)、Malayalam、泰国语、老挝语、汉语拼音(Bopomofo)、Hangul、Devangari、Gujarati、Oriya、Telugu 以及其他语种。对于还没有加入的语言,由于正在研究怎样在计算机中最好地编码它们,因而最终它们都将被加入。这些语言包括 Tibetian、高棉语、Runic(古代北欧文字)、埃塞俄比亚语、其他象形文字,以及各种各样的印-欧语系的语言,还包括挑选出来的艺术语言比如 Tengwar、Cirth 和克林贡语(Klingon)。UCS 还包括大量的图形的、印刷用的、数学用的和科学用的符号,包括所有由 TeX,Postscript,MS-DOS,MS-Windows,Macintosh,OCR 字体,以及许多其他字处理和出版系统提供的字符。

ISO 10646 定义了一个 31 位的字符集。然而,在这巨大的编码空间中,迄今为止只分配了前 65534 个码位(0x0000 到 0xFFFD)。这个 UCS 的 16 位子集称为基本多语言面(basic multilingual plane,BMP)。将被编码在 16 位 BMP 以外的字符都属于非常特殊的字符(比如象形文字),且只有专家在历史和科学领域里才会用到它们。按当前的计划,将来也许再也不会有字符被分配到从 0x000000 到 0x10FFFF 这个覆盖了超过 100 万个潜在的未来字符的 21 位的编码空间以外去了。ISO 10646-1 标准第一次发表于 1993 年,定义了字符集与 BMP 中内容的架构。定义 BMP 以外的字符编码的第二部分 ISO 10646-2 于 2001 年发表。但也许要过好几年才能完成。新的字符仍源源不断地加入到 BMP 中,但已经存在的字符是稳定的且不会再改变了。

UCS 不仅给每个字符分配一个代码,而且赋予了一个正式的名字。表示一个 UCS 或 Unicode 值的十六进制数,通常在前面加上"U+",就像 U+0041 代表字符"拉丁大写字母 A"。UCS 字符 U+0000 到 U+007F 与 US-ASCII(ISO 646)是一致的,U+0000 到 U+00FF 与 ISO 8859-1(Latin-1)也是一致的。从 U+E000 到 U+F8FF,以及 BMP 以外的大范围的编码是为私用保留的。

1993 年,ISO 10646 中定义的 USC-4(Universal Character Set),使用了 4 个字节的宽度以容纳足够多的相当可观的空间,但是这个过于肥胖的字符标准在当时乃至现在都有其不现实的一面,就是会过分侵占存储空间并影响信息传输的效率。与此同时,Unicode 组织于约 10 年前以 Universal,Unique 和 Uniform 为主旨也开始开发一个 16 位字符标准。为避免两种 16 位编码的竞争,1992 年两家组织开始协商,以期折中寻找共同点,这就是今天的 UCS-2(Basic Multilingual Plane,BMP,16bit)和 Unicode,但它们仍然是不同的方案。

(8)Unicode 码

关于 Unicode 我们需要追溯一下它产生的源。

当计算机普及到东亚时,遇到了使用表意字符而非字母语言的中、日、韩等国家。在这些国家使用的语言中常用字符多达几千个,而原来字符采用的是单字节编码,一张代码页中最多容纳的字符只有 $2^8=256$ 个,对于使用表意字符的语言实在无能为力。既然一个字节不够,自然人们就采用两个字节,所以出现了使用双字节编码(double-byte character specification,DBCS)的字符集。不过双字节字符集中虽然表意字符使用了两个字节编码,但其中的 ASCII 码和日文片假名等仍用单字节表示,如此一来给程序员带来了不小的麻烦,因为每当设计到 DBCS 字符串的处理时,总是要判断当中的一个字节到底表示的是一个字符还是半个字符,如果是半个字符,那是前一半还是后一半? 由此可见,DBCS 并不是一种非常好的解决方案。

人们在不断寻找着更好的字符编码方案,最后的结果就是 Unicode 诞生了。Unicode 其实就是宽字节字符集,它对每个字符都固定使用两个字节即 16 位表示,于是当处理字符时,不必担心只处理半个字符。

目前,Unicode 在网络、Windows 系统和很多大型软件中得到应用。

3. 字符集

字符集,或称字集,是指文字的集合;将固定数目的文字编序,以方便作通信、教育、资讯处理等用途。

字符(character)是各种文字和符号的总称,包括各国家文字、标点符号、图形符号、数字等。字符集(character set)是多个字符的集合,字符集种类较多,每个字符集包含的字符个数不同。常见字符集名称:ASCII 字符集、GB 2312 字符集、BIG5 字符集、GB 18030 字符集、Unicode 字符集等。计算机要准确地处理各种字符集文字,需要进行字符编码,以便计算机能够识别和存储各种文字。中文文字数目大,而且还分为简体中文和繁体中文两种不同书写规则的文字,而计算机最初是按英语单字节字符设计的,因此,对中文字符进行编码,是中文信息交流的技术基础。

(1)ASCII 字符集

①名称的由来:美国信息互换标准编码(American standard code for information interchange,ASCII)是基于罗马字母表的一套电脑编码系统。

②特点:它主要用于显示现代英语和其他西欧语言。它是现今最通用的单字节编码系统,并等同于国际标准 ISO 646。

③包含内容:控制字符包括回车键、退格、换行键等。可显示字符包括英文大小写字符、阿拉伯数字和西文符号。

④技术特征:7 位(bits)表示一个字符,共 128 字符,字符值从 0 到 127,其中 32 到 127 是可打印字符。

⑤ASCII 扩展字符集:7 位编码的字符集只能支持 128 个字符,为了表示更多的欧洲常用字符对 ASCII 进行了扩展,ASCII 扩展字符集使用 8 位(bits)表示一个字符,共 256 个字符。

ASCII 扩展字符集:它是从 ASCII 字符集扩充出来的,扩充后的符号增加了表格符号、计算符号、希腊字母和特殊的拉丁符号。

(2)GB 2312 字符集

①名称的由来:GB 2312 又称为 GB 2312-80 字符集,全称为"信息交换用汉字编码字符集·基本集",由原中国国家标准总局发布,于 1981 年 5 月 1 日实施。

②特点:GB 2312 是中国国家标准的简体中文字符集。它所收录的汉字已经覆盖99.75%的使用频率,基本满足了汉字的计算机处理需要。在中国大陆和新加坡广泛使用。

③包含内容:GB 2312 收录简化汉字及一般符号、序号、数字、拉丁字母、日文假名、希腊字母、俄文字母、汉语拼音符号、汉语注音字母,共 7445 个图形字符。其中包括 6763 个汉字,其中一级汉字 3755 个,二级汉字 3008 个;包括拉丁字母、希腊字母、日文平假名及片假名字母、俄语西里尔字母在内的 682 个全角字符。

④技术特征:

- 分区表示:GB 2312 中对所收汉字进行了"分区"处理,每区含有 94 个汉字/符号。这种表示方式也称为区位码。

各区包含的字符如下:01—09 区为特殊符号;16—55 区为一级汉字,按拼音排序;56—87 区为二级汉字,按部首/笔画排序;10—15 区及 88—94 区则未有编码。

- 双字节表示:两个字节中前面的字节为第一字节,后面的字节为第二字节。习惯上称第一字节为"高字节",而称第二字节为"低字节"。

"高位字节"使用了 0xA1—0xF7(把 01—87 区的区号加上 0xA0),"低位字节"使用了 0xA1—0xFE(把 01—94 加上 0xA0)。

⑤编码举例:以 GB 2312 字符集的第一个汉字"啊"字为例,它的区号 16,位号 01,则区位码是 1601,在大多数计算机程序中,高字节和低字节分别加 0xA0 得到程序的汉字处理编码 0xB0A1。计算公式是:0xB0=0xA0+16,0xA1=0xA0+1。

(3)BIG5 字符集

①名称的由来:BIG5 字符集又称大五码或五大码,1984 年由中国台湾财团法人信息工业策进会和五间软件公司宏碁(Acer)、神通(MiTAC)、佳佳、零壹(Zero One)、大众(FIC)创立,故称大五码。

BIG5 码的产生,是因为当时中国台湾不同厂商各自推出不同的编码,如倚天码、IBM PS55、王安码等,彼此不能兼容;另一方面,中国台湾当时尚未推出官方的汉字编码,而中国大陆的 GB 2312 编码亦未收录繁体中文字。

②特点:BIG5 字符集共收录 13053 个中文字,该字符集在中国台湾使用。耐人寻味的是该字符集重复地收录了两个相同的字:"兀"(0xA461 及 0xC94A)、"殻"(0xDCD1 及 0xDDFC)。

③字符编码方法:BIG5 码使用了双字节储存方法,以两个字节来编码一个字。第一个字节称为"高位字节",第二个字节称为"低位字节"。高位字节的编码范围 0xA1—0xF9,低位字节的编码范围 0x40—0x7E 及 0xA1—0xFE。

各编码范围对应的字符类型如下:0xA140—0xA3BF 为标点符号、希腊字母及特殊符号,另外于 0xA259—0xA261,存放了双音节度量衡单位用字;0xA440—0xC67E 为常用汉字,先按笔画再按部首排序;0xC940—0xF9D5 为次常用汉字,亦是先按笔画再按部首排序。

④BIG5 的局限性:尽管 BIG5 码内包含一万多个字符,但是没有考虑社会上流通的人名、地名用字、方言用字、化学及生物科等用字,没有包含日文平假名及片假名字母。

例如:中国台湾视"着"为"著"的异体字,故没有收录"着"字。《康熙字典》中的一些部首用字(如"丶""广""辵""癶"等)、常见的人名用字(如"堃""煊""栢""喆"等)也没有收录到 BIG5 之中。

(4)GB 18030 字符集

①名称的由来。

国家标准 GB 18030 - 2005《信息技术 中文编码字符集》是我国继 GB 2312 - 1980 和 GB 13000.1 - 1993 之后最重要的汉字编码标准,是我国计算机系统必须遵循的基础性标准之一。GB 18030 有两个版本:GB 18030 - 2000 和 GB 18030 - 2005,分别于 2000 年 3 月 17 日和 2005 年 11 月 8 日发布。

②特点：GB 18030 字符集标准的出台经过来自国内外知名信息技术行业的公司、信息产业部和原国家质量技术监督局的广泛参与和论证，并联合实施。

GB 18030 字符集标准解决了汉字、日文假名、朝鲜语和中国少数民族文字组成的大字符集计算机编码问题。该标准的字符总编码空间超过 150 万个编码位，收录了 27484 个汉字，覆盖中文、日文、朝鲜语，以及中国少数民族文字。满足了中国大陆、中国香港、中国台湾，日本和韩国等东亚地区信息交换多文种、大字量、多用途、统一编码格式的要求。并且与 Unicode 3.0 版本兼容，填补了 Unicode 扩展字符字汇"统一汉字扩展 A"的内容。此外，与以前的国家字符编码标准（GB 2312，GB 13000.1）兼容。

③编码方法：GB 18030 标准采用单字节、双字节和四字节三种方式对字符编码。单字节部分使用 0×00 至 0×7F 码（对应于 ASCII 码的相应码）。双字节部分，首字节码从 0×81 至 0×FE，尾字节码位分别是 0×40 至 0×7E 和 0×80 至 0×FE。四字节部分采用 GB/T 11383 未采用的 0×30 到 0×39 作为对双字节编码扩充的后缀，这样扩充的四字节编码，其范围为 0×81308130 到 0×FE39FE39。其中第一、三个字节编码码位均为 0×81 至 0×FE，第二、四个字节编码码位均为 0×30 至 0×39。

④包含的内容：双字节部分收录内容主要包括 GB 13000.1 全部 CJK 汉字 20902 个，有关标点符号、表意文字描述符 13 个，增补的汉字和部首/构件 80 个，双字节编码的欧元符号等。四字节部分收录了上述双字节字符之外的，包括 CJK 统一汉字扩充 A 在内的 GB 13000.1 中的全部字符。

（5）Unicode 字符集

①名称的由来：Unicode 字符集编码是 Universal Multiple-Octet Coded Character Set 通用多八位编码字符集的简称，是由一个名为 Unicode 学术学会（Unicode Consortium）的机构制定的字符编码系统，支持现今世界各种不同语言的书面文本的交换、处理及显示。该编码于 1990 年开始研发，1994 年正式公布，于 2005 年 3 月 31 日发布 Unicode 4.1.0。

②特征：Unicode 是一种在计算机上使用的字符编码。它为每种语言中的每个字符设定了统一并且唯一的二进制编码，以满足跨语言、跨平台进行文本转换、处理的要求。

③编码方法：Unicode 标准始终使用十六进制数字，而且在书写时在前面加上前缀"U＋"，例如字母"A"的编码为 004116，字符"?"的编码为 20AC16。所以"A"的编码书写为"U＋0041"。

④UTF-8 编码：UTF-8 是 Unicode 的其中一个使用方式。UTF 是 Unicode Translation Format 的缩写，即把 Unicode 转作某种格式的意思。

UTF-8 便于不同的计算机之间使用网络传输不同语言和编码的文字，使得双字节的 Unicode 能够在现存的处理单字节的系统上正确传输。

UTF-8 使用可变长度字节来储存 Unicode 字符，例如 ASCII 字母继续使用 1 byte 储存，重音文字、希腊字母或西里尔字母等使用 2 byte 来储存，而常用的汉字就要使用 3 byte。辅助平面字符则使用 4 byte。

⑤UTF-16 和 UTF-32 编码：UTF-32，UTF-16 和 UTF-8 是 Unicode 标准的编码字符集的字符编码方案，UTF-16 使用 1 个或 2 个未分配的 16 位代码单元的序列对 Unicode 代码点进行编码；UTF-32 即将每一个 Unicode 代码点表示为相同值的 32 位整数。

4. 换行

在计算机领域中,换行(newline)或称为 Line break 或 end-of-line(EOL)字符,是一种加在文字最后位置的特殊字符,换行字符之后的下一个字符将会出现在下一行,实际上根据不同的硬件平台或操作系统平台,换行字符会有不同的编码方式。

可将换行字符看作行的结束符,也可以将其看作行之间的分隔符,这两种处理方式之间存在一些歧义。如果换行字符被当作分隔符,那么文件的最后一行就不需要再有换行字符。但是多数系统的做法是在最后一行的后面也加上一个换行字符,也就是把换行字符看作行的结束符。这样的程序在处理末行没有换行字符的文件时,可能会存在问题。相反地,有的程序把换行符看作分隔符,就会把最末尾的换行字符看作是新行的开始,也就是多出了一个空行。

应用软件以及操作系统对于换行字符的表示方式:

以 ASCII 为基础的或相容的字符集使用 LF(line feed,0Ah)或 CR(carriage return,0Dh)或 CR+LF。下面列出使用不同换行方式的各系统。

LF:在 UNIX 或 UNIX 相容的系统(GNU/Linux,AIX,Xenix,Mac OS X,...),BeOS,Amiga,RISC OS。

CR+LF:MS-DOS、微软视窗操作系统(Microsoft Windows)、大部分非 UNIX 的系统。

CR:Apple II 家族,Mac OS 至版本 9。

5. 版本

版本是一种称谓,用于描述同一事物相互之间有差异的各种形式、状态或内容。"版"原意是印刷用的模板,"本"的意思是书籍。因此,版本最初用于描述书籍的不同形式、状态或内容。现今版本可用于描述书籍、电影、法律、观点、软件等。一个事物可能因各种原因而有不同版本,如作者修订、发布环境改变、传播过程影响等。不同版本的区别各异,某部法律法规为适应社会新变化,经过修订后发布并生效新版本。

6. 标记语音

标记语言,也称置标语言,是一种将文本(text)以及文本相关的其他信息结合起来,展现出关于文档结构和数据处理细节的电脑文字编码。与文本相关的其他信息(包括例如文本的结构、表示信息等)与原来的文本结合在一起,但是使用标记(markup)进行标识。当今广泛使用的置标语言是超文本置标语言(hypertext markup language,HTML)和可扩展置标语言(extensible markup language,XML)。置标语言广泛应用于网页和网络应用程序。标记最早用于出版业,是作者、编辑以及出版商之间用于描述出版作品的排版格式的。

7. 置标语言的分类

置标语言通常可以分为三类:表示性的、过程性的和描述性的。

表示性的置标语言(presentational markup),在编码过程中标记文档的结构信息。例如,在文本文件中,文件的标题可能需要用特定的格式表示(居中、放大等),这样我们就需要标记文件的标题。字处理以及桌面出版产品有时候能够自动推断出这类结构信息,但是绝大多数的,像 Wiki 这样的纯文本编辑器还不能解决这个问题。

8. 过程性标识

过程性置标语言(procedural markup)一般都专门用于文字的表达,但通常对于文本编辑者可见,并且能够被软件依其出现顺序依次解读 。为了格式化一个标题,在标题文本之前,会紧接着插入一系列的格式标识符,以指示计算机转换到居中的显示模式,同时加大及加粗字体。在标题文本之后,会紧接着级上格式中止标识;对于更高级的系统宏命令或者堆栈模式会让这一过程的实现方式更加丰富。大多数情况下,过程性置标能力包含有一个 Turing-complete 编程语言。过程性置标语言的范例有:nroff,troff,Tex,Lout 以及 PostScript。过程性置标语言被广泛应用在专业出版领域,专业的出版商会根据要求使用不同的置标语言以达到出版要求。

9.文本格式

（1）ASCII

ASCII 标准使得只含有 ASCII 字符的文本文件可以在 UNIX,Macintosh,Microsoft Windows,DOS 和其他操作系统之间自由交互,而其他格式的文件是很难做到这一点的。但是,在这些操作系统中,换行符并不相同,处理非 ASCII 字符的方式也不一致。

（2）MIME

文本文件在 MIME 标准中的类型为"text/plain",此外,它通常还附加编码的信息。在 Mac OS X 出现前,当 Resource fork 指定某一个文件的类型为"TEXT"时,Mac OS 就认为这个文件是文本文件。在 Windows 中,当一个文件的扩展名为"txt"时,系统就认为它是一个文本文件。此外,出于特殊的目的,有些文本文件使用其他的扩展名。例如,计算机的源代码也是文本文件,它们的后缀是用来指明它的程序语言的。

（3）TXT

txt 是包含极少格式信息的文字文件的扩展名。txt 格式并没有明确的定义,它通常是指那些能够被系统终端或者简单的文本编辑器接受的格式。任何能读取文字的程序都能读取带有 txt 扩展名的文件。因此,通常认为这种文件是通用的、跨平台的。

在英文文本文件中,ASCII 字符集是最为常见的格式,而且在许多场合,它也是默认的格式。对于带重音符号和其他的非 ASCII 字符,必须选择一种字符编码。在很多系统中,字符编码是由计算机的区域设置决定的。常见的字符编码包括支持许多欧洲语言的 ISO 8859-1。

由于许多编码只能表达有限的字符,通常它们只能用于表达几种语言。Unicode 制定了一种试图能够表达所有已知语言的标准。Unicode 字符集非常大,它囊括了大多数已知的字符集。Unicode 有多种字符编码,其中最常见的是 UTF-8,这种编码能够向后兼容 ASCII,相同内容的 ASCII 文本文件和 UTF-8 文本文件完全一致。

（4）Windows 的 txt 文件

微软的 MS-DOS 和 Windows 采用了相同的文本文件格式,它们都使用 CR 和 LF 两个字符作为换行符,这两个字符对应的 ASCII 码分别为 13 和 10。通常,最后一行文本并不以换行符（CR-LF 标志）结尾,包括记事本在内的很多文本编辑器也不在文件的最后添加换行符。

大多数 Windows 文本文件使用 ANSI,OEM 或者 Unicode 编码。Windows 所指的 ANSI 编码通常是 1 byte 的 ISO-8859 编码,不过对于像中文、日文、朝鲜文这样的环境,需要使用 2 byte 字符集。在过渡至 Unicode 前,Windows 一直用 ANSI 作为系统默认的编码。而 OEM 编码,也就是通常所说的 MS-DOS 代码页,是 IBM 为早期 IBM 个人电脑的文本模式显示系统定义的。在全屏的 MS-DOS 程序中同时使用了图形的和按行绘制的字符。新版本的 Windows 可以使用 UTF-16 和 UTF-8 之类的 Unicode 编码。

3.3　数字对象图像类型存储标准

3.3.1　文件大小

文件大小定义了图像文件大小,较小的图像文件用 KB 表示,较大的用 MB 来表示。

3.3.2　文件格式

在我们的日常生活和教育软件中,计算机通过特殊软件处理的精美图像与我们有着密不可分的关系,街上随处可见的广告牌、灯箱,那一幅幅精美的,或朦胧或清晰的图像,都在向人们传递着信息,给人们生活带来方便。图像到底是什么,它为什么有这么大的魅力呢?这些图像又是以什么样的格式来储存和使用的呢? 这些格式又有什么各自的特点,以及我们在什么情况下使用它们呢? 现在我们就来探讨一下这个问题。

通过计算机处理的图像一般称为数字图像,它与传统照片不同,它可以通过某种软件被任意修改和编辑;但又与传统照片有密切联系,因为好多图像信息都由照片扫描而来,另外,离开了照相机的镜头,数字图像也会濒临枯竭。数字图像根据其不同特性,可分为两类:向量图(vector)和点阵图(raster,又称光栅图)。向量图不是通过扫描而来,是利用诸如 Core1DRAW,Adobe Illustrator,FreeHand,Auto CAD 这样的软件绘制而成,它记录的是所绘对象的几何形状、线条粗细和色彩等,所占的存储空间很小。但它的缺点是不易制作色彩丰富的图像,而且绘制出来的图像不是很逼真,同时也不宜在不同的软件间进行交换。点阵图由许多点组成,这些点称为像素。它在保存时需记录每个像素的色彩,占用的空间较大,其缺点是在缩放或旋转时会失真 。随着计算机技术的发展,很多软件都可同时处理向量图形与位图图像。然而,当我们处理完后用什么格式存储呢? 这就是本节要阐明的主要内容。图像格式是指计算机图像信息的存储格式。同一幅图像可以用不同的格式存储,但不同格式之间所包含的图像信息并不完全相同,其图像质量也不同,文件大小也有很大差异。

几种常见的图像格式及其特点如下:

1.PCX(* .pcx)

pcx 格式最早是由 Zsoft 公司的 PC Paintbrush 图形软件所支持的一种经过压缩的 PC 位图文件格式。后来,Microsoft 将 PC Paintbrush 移植到 Windows 环境中,pcx 图像格式也就得到了更多的图形图像处理软件的支持。该格式支持的颜色数从最早的 16 色发展到目前的 1677 万色。它采用行程编码方案进行压缩,带有一个 128 byte 的文件头。该格式比较简单,适合保存索引和线画稿模式图像。其不足之处是它只有一个颜色通道。Pcx 格式支持 1～24 位格式颜色深度,以及 RGB、索引颜色、灰度和位图颜色模式。

2.TIFF(＊.tiff)

tiff 格式是由 AIdus 为 Macintosh 机开发的一种图像文件格式,最早流行于 Macintosh,现在 Windows 上主流的图像应用程序都支持该格式。目前,它是 Macintosh 和 PC 机上使用最广泛的位图格式,在这两种硬件平台上移植 tiff 图像十分便捷,大多数扫描仪也都可以输出 tiff 格式的图像文件。该格式支持的色彩数最高可达 2^{14} 种。其特点是:存储的图像质量高,但占用的存储空间也非常大,其大小是相应 gif 图像的 3 倍,jpeg 图像的10 倍;表现图像细微层次的信息较多,有利于原稿阶调与色彩的复制。该格式有压缩和非压缩两种形式,其中压缩形式使用的是 LZW(Lempel-Ziv-Welch)无损压缩方案。在 PhotoShop 中,tiff 格式能够支持 24 个通道,它是除 Photoshop 自身格式(psd 和 pdd)外唯一能够存储多个通道的文件格式。唯一的不足之处是由于 tiff 具有独特的可变结构,所以对 tiff 文件解压缩非常困难。tiff 文件被用来存储一些色彩绚丽、构思奇妙的贴图文件,它将 3DS,Macintosh,Photoshop 有机地结合在一起。该格式支持 RGB,CMYK,Lab,Indexed Color,位图和灰度颜色模式。

3.BMP(＊.bmp)

bmp 是 Windows 及 OS/2 中的标准图像文件格式,已成为 PC 机 Windows 系统中事实上的工业标准,有压缩和不压缩两种形式。它以独立于设备的方法描述位图,可用非压缩格式存储图像数据,解码速度快,支持多种图像的存储,常见的各种 PC 图形图像软件都能对其进行处理。该格式支持 1～24 位颜色深度,使用的颜色模式可为 RGB、索引颜色、灰度和位图等,与设备无关。在 Photoshop 中,最多可以使用 16 位的色彩渲染 bmp 图像。

4.TGA(＊.tga)

tga 是 True Vision 公司为其显示卡开发的一种图像文件格式,创建时间较早,最高色彩数可达 32 位,其中包括 8 位 Alpha 通道用于显示实况电视。该格式已经被广泛应用于 PC 机的各个领域,而且该格式文件使得 Windows 与 3DS 相互交换图像文件成为可能。该格式支持带一个单独 Alpha 通道的 32 位 RGB 文件,和不带 Alpha 通道的索引颜色模式、灰度模式、16 位和 24 位 RGB 文件。以该格式保存文件时,可选择颜色深度。

5.EPS(＊.eps)

eps 格式为压缩的 PostScript 格式,是为在 Post Script 图形打印机上输出图像开发的。在 Post Script 图形打印机上能打印出高品质的图形图像,最高能表示 32 位图形图像。该格式分为 Photoshop EPS 格式(Adobe Illustrator Eps)和标准 EPS 格式,其中标准 EPS 格式又可分为图形格式和图像格式。值得注意的是,在 Photoshop 中只能打开图像格式的 EPS 文件。EPS 格式包含两个部分:第一部分是屏幕显示的低解析度影像,方便影像处理时的预览和定位;第二部分包含各个分色的单独资料。eps 文件以 DCS/CMYK 形式存储,文件中包含 CMYK 四种颜色的单独资料,可以直接输出四色网片。其最大优点是可以在排版软件中以低分辨率预览,而在打印时以高分辨率输出。eps 格式还有许多缺陷:首先,eps 格式存储图像效率特别低;其次,eps 格式的压缩方案也较差,一般同样的图像经 tiff 的 LZW 压缩后,大小是 eps 图像的 1/4 到 1/3。

6.GIF(＊.gif)

gif 该格式由 CompuServe 公司创建,存储色彩最高只能达到 256 种,仅支持 8 位图像文件。在颜色深度和图像大小上,gif 类似于 pcx;在结构上,gif 类似于 tiff。正因为它是经过压缩的图像文件格式,所以大多用在网络传输上和 Internet 的 HTML 网页文档中,速度要比传输其他图像文件格式快得多。它的最大缺点是最多只能处理 256 种色彩,故不能用于存储真彩色的图像文件,但 gif 格式能够存储成背景透明的形式,并且可以将数张图存成一个文件,从而形成动画效果。

7. JPEG(* .jpg、* .jpe)

该格式是 JPEG(联合图像专家组)标准的产物,该标准由 ISO 与 CCI TT(国际电报电话咨询委员会)共同制定,是面向连续色调静止图像的一种压缩标准。由于其高效的压缩效率和标准化要求,目前已广泛用于彩色传真、静止图像、电话会议、印刷及新闻图片的传送上。但那些被删除的资料无法在解压时还原,所以 jpeg 文件并不适合放大观看,存在一定程度的失真现象,输出成印刷品时品质也会受到影响。因此,制作印刷品时最好不要选择此格式。同样一幅画面,用 jpeg 格式储存的文件大小是其他类型图形文件的 $1/10 \sim 1/20$。一般情况下,jpeg 文件只有几十千字节,而色彩数最高可达到 24 位,所以它被广泛运用于互联网上,以节约宝贵的网络传输资源。jpeg 格式支持 RGB,CMYK 和灰度颜色模式,但不支持 Alpha 通道。该格式主要用于图像预览和制作 HTML 网页。

8. RAW(* .raw)

如果图像需要在不同的平台上被不同的应用程序所使用,而对这些平台又不熟悉,那么可以试试 RAW 文件格式。该格式支持带 Alpha 通道的 CMYK,RGB 和灰度模式,以及不带 Alpha 通道的 CMYK,RGB 和灰度模式,还有不带 Alpha 多通道、Lab、索引颜色和双色调模式。

9. PSD(* .psd)

psd 是 Photoshop 中使用的一种标准图形文件格式,可包括层、通道和颜色模式等信息,而且是唯一支持全部颜色模式的图像格式。psd 文件能够将不同的物件以层(layer)的方式来分离保存,便于修改和制作各种特殊效果。pdd 和 psd 一样,都是 Photoshop 软件中专用的一种图形文件格式,能够保存图像数据的每一个细小部分,包括层、附加的蒙版、通道及其他内容,而这些内容在转存成其他格式时将会丢失。另外,因为这两种格式是 Photoshop 支持的自身格式文件,所以 Photoshop 能以比其他格式更快的速度打开和存储它们。在保存图像时,若图像中含有层信息,则必须以 psd 格式保存。但是由于 psd 格式保存的信息较多,因此其文件非常庞大。

10. Film strip(* .flm)

filmstrip 即幻灯片,它是 Premiere 中的一种输出文件格式。这种格式的图像只能在 Photoshop 中打开、修改和保存,而不能将其他格式的图像以 flm 格式保存。此外,如果在 Photoshop 中更改了 film 文件的大小,则这幅图片就不能再存回 flm 格式了,也就不能再返回 Premiere 了。

11. PICT(* .pic、* .pct)

pic 文件格式主要应用于 Mac 机,也可在安装了 Quick Time 的 PC 机上使用。该格式的文件不适用于打印,经常用于多媒体项目。pic 也是 Mac 应用软件用于图像显示的格式之一,其特点是能够对具有大块相同颜色的图像进行有效压缩。该格式支持 RGB、索引颜色、灰度和位图模式,在 RGB 模式下还支持 Alpha 通道。

12. PDF(＊.pdf)

该格式是由 Adobe 公司推出的专为线上出版而制定的,它以 PostScript Level2 语言为基础,因此,可以覆盖矢量式图像和点阵式图像,并且支持超级链接。该格式可以保存多页信息,其中可以包含图形和文本。此外,由于该格式支持超级链接,因此是网络下载经常使用的文件格式。pdf 格式支持 RGB、索引颜色、CMYK、灰度、位图和 Lab 颜色模式,但不支持 Alpha 通道。

13. Photo CD(＊.pcd)

pcd 是一种 Photo CD 文件格式,由 Kodak 公司开发,其他软件系统只能对其进行读取。该格式主要用于存储 CD-ROM 上的彩色扫描图像,它使用 YCC 色彩模式定义图像中的色彩。YCC 色彩模式是 CIE 色彩模式的一个变种。CIE 色彩空间是定义所有人眼能观察到的颜色的国际标准。YCC 和 CIE 色彩空间包含比显示器和打印设备的 RGB 色和 CMYK 色多得多的色彩。Photo CD 图像大多具有非常高的质量,将一卷胶卷扫描为 Photo CD 文件的成本并不高,但扫描的质量还要依赖于所用胶卷的种类和扫描仪使用者的操作水平。该格式只能在 Photoshop 中打开,且不能保存。

3.3.3　格式版本

格式版本描述了图像格式的版本号。

3.3.4　压缩模式

压缩模式描述了图像的压缩模式,如无损压缩等。

3.3.5　压缩率

压缩率(compression ratio),描述了压缩文件的效果,是文件压缩后的大小与压缩前的大小之比。比如 100 MB 的文件压缩后是 90 MB,压缩率就是 $90/100 \times 100\% = 90\%$。压缩率一般是越小越好,但是压得越小,用时越长。

计算机实现了数字化的声音和图像传输,有效的编码技术显得更为重要。MP3 已经实现了声音的高效率压缩编码,即所需存储空间甚小但具有高质量的音效,因而在短期内便得到了飞速发展。图像的压缩,有利于图像资源的存储和传输。

3.3.6　图像宽度

图像宽度定义了图像在电脑中显示的大小,通常用像素来表示,如果 imageWidth＝300 px,则表示图像的横向有 300 个点。

3.3.7　图像高度

图像高度定义了图像在电脑中显示的大小，通常用像素来表示，如果 imageHeight＝400 px，则表示图像的纵向有 400 个点。

3.3.8　色彩空间

色彩是人的眼睛对于不同频率的光线的不同感受。色彩既是客观存在的（不同频率的光），又是主观感知的，有认识差异。人类对于色彩的认识经历了极为漫长的过程，直到近代才逐步完善起来，但至今，仍不能说人类人类对色彩完全了解并能准确表述，许多概念不是那么容易理解。"色彩空间"一词源于西方的"color space"，又称作"色域"。色彩学中，人们建立了多种色彩模型，以一维、二维、三维其至四维空间坐标来表示某一色彩，这种坐标系统所能定义的色彩范围即色彩空间。我们经常用到的色彩空间主要有 RGB，CMYK，Lab 等。

色彩模型是描述使用一组值（通常使用三个、四个值或者颜色成分）表示颜色方法的抽象数学模型。例如，三原色光模式（RGB）和印刷四分色模式（CMYK）都是色彩模型。但是一个与绝对色彩空间没有函数映射关系的色彩模型或多或少地都是与特定应用要求几乎没有关系的任意色彩系统。

在色彩模型和一个特定的参照色彩空间之间加入一个特定的映射函数，就会参照色彩空间中出现一个明确的"footprint"。这个"footprint"即称为色域，并且与色彩模型一起被定义为一个新的色彩空间。例如，Adobe RGB 和 sRGB 是两个基于 RGB 模型的不同绝对色彩空间。

许多人都知道，在绘画时可以使用红、黄和蓝这三种原色生成不同的颜色，这些颜色就定义了一个色彩空间。我们将品红色的量定义为 X 坐标轴，青色的量定义为 Y 坐标轴，黄色的量定义为 Z 坐标轴，这样就得到一个三维空间，每种可能的颜色在这个三维空间中都有唯一的位置。

但是，这并不是唯一的一个色彩空间。例如，当在计算机监视器上显示颜色的时候，通常使用 RGB（红色、绿色、蓝色）色彩空间定义，这是另外一种生成同样颜色的方法，红色、绿色、蓝色被当作 X、Y 和 Z 坐标轴。另外一个生成同样颜色的方法是使用色相（X 轴）、饱和度（Y 轴）和明度（Z 轴）表示，这种方法称为 HSB 色彩空间。另外还有许多其他的色彩空间，许多可以按照这种方法用三维（X、Y、Z）、更多或者更少维表示，但是有些根本不能用这种方法表示。

正式定义一个色彩空间时通常采用的标准是 CIELAB 或 CIEXYZ 色彩空间，它们是为了涵盖正常人可见范围所有色彩所设计提出的，因此是最精确的色彩空间。但其过于复杂，不适合日常使用。

除了上述定义，在一般情况下，色彩空间可以不使用色彩模型定义。这类空间，比如潘通（PANTONE），通过一套名称或者数字来定义，并有实际存在的配套的物理色板。

由于每个色彩空间都是用绝对参考框架的功能来定义颜色，色彩空间及设备档案可以通过模拟和数字呈现使颜色再现出来。

1. RGB 和 CMYK 色彩空间的比较

在色彩空间密度上,RGB 色彩空间根据实际使用设备系统能力的不同,有各种不同的实现方法。截至 2006 年,最常用的是 24 位实现方法,也就是红、绿、蓝每个通道有 8 位或者 256 色级。基于这样的 24 位 RGB 模型的色彩空间可以表现 $256\times256\times256\approx 1670$ 万色。一些实现方法采用每原色 16 位,能在相同范围内实现更高、更精确的色彩密度。这在宽域色彩空间中尤其重要,因为通常使用的大部分颜色排列得相对更紧密。

部分色彩空间列表 CIE 1931 XYZ 色彩空间是第一次基于人眼对于色彩感知度量建立色彩空间的尝试,它是几乎所有其他色彩空间的基础。CIE 色彩空间的变体有:

- CIELUV 色彩空间:修改以更加方便地显示颜色差异,替代——CIE 1964;
- CIE 1964 U * V * W * 统一色彩空间;
- CIELAB 色彩空间;
- 利用原色相混的比例表示的色彩空间加法混色;
- 加法混色;
- 减法混色。

RGB 采用加法混色法,因为它是描述各种"光"通过何种比例来产生颜色。光线从暗黑开始不断叠加产生颜色。RGB 描述的是红、绿、蓝三色光的数值。RGBA 是在 RGB 上增加阿尔法通道实现透明效果。

基于 RGB 模式的普通色彩空间有 sRGB,Adobe RGB 和 Adobe Wide Gamut RGB。

CMYK 印刷过程中使用减法混色法,因为它描述的是需要使用何种油墨,通过光的反射显示出颜色。它是在一种白色介质(画板、页面等)上使用油墨来体现图像。CMYK 描述的是青、品红、黄和黑四种油墨的数值。根据不同的油墨、介质和印刷特性,存在多种CMYK 色彩空间。(可以通过色点扩张或者转换各种油墨数值得到不同的外观)。

利用不同的概念表示的色彩空间 HSV(hue 色相,saturation 饱和度,value 明度),亦称作 HSB(B,即 brightness),是艺术家们常用的,因为与加法、减法混色的术语相比,使用色相、饱和度等概念描述色彩更自然直观。HSV 是 RGB 色彩空间的一种变形,它的内容与色彩尺度与其出处——RGB 色彩空间有密切联系。

2. 减法混色

HSL(hue 色相,saturation 饱和度,lightness/luminance 亮度),亦称作 HLS 或 HSI(I指 intensity),与 HSV 非常相似,仅用亮度(lightness)替代了明度(brightness)。两者的区别在于,一种纯色的明度等于白色的明度,而纯色的亮度等于中度灰的亮度。

3. 电视常用色彩空间

xvYCC 是一个新的国际数字视频颜色空间标准,基于孟塞尔颜色系统创制,并已被国际电子技术委员会接受。

只要你用电脑工作,一旦你决定采用何种色彩模式,就必须先声明定义色彩空间编码问题:

- 商用色彩空间;
- 孟塞尔颜色系统;
- 色票;

- 美国的 PMS(Pantone Matching System®)色票；
- 瑞典的 NCS(Natural Color System®)色票；
- 德国的 RAL(Reichsausschußfür Lieferbedingungen)色票；
- 日本的 DIC(大日本油墨化工)色票；
- 特殊用途的色彩空间。

RG Chromaticity 是用于计算机视觉的色彩空间，可以显示光线的颜色，如红、黄、绿等，但是不能显示它的亮度，如暗与亮。

4.过时的色彩空间

早期的色彩空间有两个成分，大部分放弃了蓝色成分，这是因为三个成分将会使处理过程变得复杂，但是得到的结果与图像相比，真实度仅有少许提升，却不能像从单色到两个成分彩色那样有大幅提升。

早期 Technicolor 电影用的是 RG，早期彩色打印用的是 RGK。

3.3.9　图像来源

图像来源定义了图像的出处，例如来自网页下载、论坛保存、网上图书馆、纸质文件扫描等，一般来说从网页下载的图片都有版权归属，会附带一些水印来表明图片所属网站。

3.3.10　来源类型

来源类型描述了图像来自哪种类型，如照片、印刷产品等。

3.3.11　图像获取设备信息

图像获取设备定义了图像获取相关信息，如相机、扫描仪等。

3.3.12　创建时间

创建时间定义了图像被创建的时间，通常有固定的或者自己定义的格式，例如 2012/5/13、5.12/2012等，有的甚至精确到时刻，如 2012/5/13/09:34。

3.3.13　创建者

创建者指创建图像的作者，如张明；还可以标明他的身份，如他是管理员或者普通员工。

3.3.14　创建设备

创建设备描述了创建图像的设备信息，如 Cannon EOS 500D 等，具体信息参考本书 3.3.18（数码相机信息）。

3.3.15　扫描仪信息

1.扫描仪获取

名称:scannerCapture。

标签:扫描仪获取。

定义:定义了图像的获取是扫描仪。

注释:描述图像是否是由扫描仪获取的。

必备性:可选。

可重复性:不可重复。

著录范例:

scannerCapture:是

2.扫描仪制造商

扫描仪主要有以下制造商:中晶扫描仪、佳能 Canon、清华紫光 Unis、爱普生 Epson、惠普 HP、明基 BenQ、方正 Founder。

3.扫描仪型号

扫描仪型号描述了扫描仪的型号,如 HP Scanjet G4010。

3.3.16　光学分辨率

名称:opticalResolution。

定义:光学分辨率指的是多功能一体机在实现扫描功能时,通过扫描元件将扫描对象每英寸内容表示成的点数。单位是 dpi,dpi 值越大,扫描的效果也就越好。它是用垂直分辨率和水平分辨率相乘表示的。如某款产品的分辨率标识为 600 dpi×1200 dpi,就表示它可以将扫描对象每平方英寸的内容表示成水平方向 600 点、垂直方向 1200 点,两者相乘共 720000 个点。

注释:在了解光学分辨率之前应首先明确扫描仪的分辨率分为光学分辨率和最大分辨率,由于最大分辨率相当于插值分辨率,并不代表扫描仪的真实分辨率,所以在选购扫描仪时应以光学分辨率为准。

光学分辨率是指扫描仪物理器件所具有的真实分辨率。而且,扫描仪的光学分辨率是用两个数字相乘,如 600×1200 线,其中前一个数字代表扫描仪的横向分辨率,例如一个具有 5000 个感光单元的 CCD 器件,用于 A4 幅面扫描仪,由于 A4 幅面的纸张宽度是 8.3 英寸,所以,该扫描仪的光学分辨率就是 5000/8.3=600 dpi,换句话说,该扫描仪的光学分辨率是 600 dpi。后面一数字则代表扫描仪的纵向分辨率或机械分辨率,是扫描仪所用步进电机的分辨率,扫描仪的步进电机的精度与扫描仪的横向分辨率相同,但由于各种机械因素的影响,扫描仪的实际精度(步进电机的精度)将远远达不到横向分辨率的水平。一般来说,扫描仪的纵向分辨率是横向分辨率的两倍,有时甚至是四倍,如 600 dpi×1200 dpi。但有一点要注意:有的厂家为了显示自己的扫描仪精度高,将 600 dpi×1200 dpi 写成 1200 dpi×600 dpi,所以在判断扫描仪光学分辨率时,应以最小的一个为准。

3.3.17　扫描软件

名称：scanningSoftware。

标签：扫描软件。

定义：定义了图像扫描时的扫描软件。

注释：描述了图像扫描时采用的扫描软件，如 HP photosmart。

必备性：必选。

可重复性：不可重复。

著录范例：

scanningSoftware：HP photosmart

3.3.18　数码相机信息

名称：digitalCameraCapture。

标签：数码相机获取。

定义：定义了是否由数码相机获取。

注释：描述了图像是否由数码相机获取。

必备性：必选。

可重复性：不可重复。

著录范例：

digitalCameraCapture：数码相机获取

1.图像质量

影响图像质量的因素主要有：一个是镜头，第二个是传感器类型和大小，第三个是有效像数。这里要注意一个误区，不要以为像素越大越好，像素只是决定照片最终的放大尺寸，如果你不需要将照片放大到 20 寸以上，800 万像素已经足够，要是只扩印到 7 寸左右放在影集里欣赏，500 万像素已经很好，300 万像素其实也够用。好的镜头可以使 500 万像素的照片看起来比一般镜头 1000 万像素的照片还要清晰，色彩更准确，变形更小。小型机用的传感器基本上都是 CCD，只有单反相机会用 CMOS 或 NMOS。既然我们说小型机，就没得选择，也不要管 CMOS 比 CCD 有哪些优势。有的厂家会拿 CCD 的面积做文章，通常 CCD 的面积应当越大越好，但如果其他方面配置跟不上，光把 CCD 做大也不能提高图像质量。

所以关于图像质量方面的选择，一个是根据自己需要的图片尺寸选择相应的像素，另一个是需要一个好的镜头，传感器可以不管。

2.变焦比

前面提到第二类消费者最好选有大变焦比的相机，那么什么是大变焦比呢？因为镜头的焦距决定了所拍到景物的大小和范围，广角的镜头拍出来的照片场面大，长焦的镜头能把远的景物拍大，但普通相机难以将两者的优势集于一身，而大变焦比的相机正是将这两者的优势集于一身,既能拍广角照片,也有望远镜般的功能,比较适合在那些难以靠近被摄体的场合使用,比如一些社会现象(如斗殴、火灾等),靠得太近会有危险,这时长焦镜头就派上用场了。如果用专业的单反相机配一支长焦镜头,价格相对较高,而消费数码中的大变焦比相机虽然在图像质量上与专业相机有一定差距,但毕竟具备同样的大变焦功能,在很多情况下(包括在报纸的版面上)使用基本上看不出大的差别,价格却低很多,整台相机可能还不到一只专业镜头的价位。小型相机通常都带有三倍的光学变焦,这属于小变焦。大变焦相机的变焦比率在 10 倍以上,可大大地扩充拍摄空间,也使得拍摄题材更加丰富,但通常机身较大,携带稍感不便。所以要不要大变焦,还是要依据自己的用处定夺。如果决定不下来,现在还有一种折中的机型:比小变焦大一点,比大变焦小一点的相机,它们的变焦比在 6~7 倍左右,机型也是介于两者之间的,比如佳能的 G7,G9,理光的 R6,R7 等 R 系列。

3. 数码相机制造商

- 佳能 Canon[1937 年创立于日本,全球领先的生产影像与信息产品的综合集团,财富 500 强企业,佳能(中国)有限公司]。
- 索尼 Sony[于 1946 年创立于日本,全球高端显像领导品牌,世界知名品牌,信息技术行业领先者,索尼(中国)有限公司]。
- 尼康 Nikon[1917 年创立于日本,全球著名的光学产品设计和制造商,行业领先品牌,尼康映像仪器销售(中国)有限公司]。
- 三星 Samsung[1938 年创立于韩国,世界财富 500 强企业,全球消费电子领域龙头企业,全球电子产业的领导者,三星集团]。
- 松下 Panasonic[1918 年创立于日本,跨国企业,数码相机十大品牌,全球最大的电子公司之一,松下电器(中国)有限公司]。
- 富士 FUJIFILM[1917 年创立于日本,世界品牌 500 强,日本数码相机制造厂商领先企业之一,富士胶片(中国)投资有限公司]。
- 明基 BenQ[创立于 1984 年 6 月,世界品牌 500 强,全球一线 5C(电脑、通信、消费电子、车载电子 LOGO、医疗电子)品牌,史上最年轻且成长速度最快的世界 500 强企业]。

3.3.19　光圈值

定义:光圈值,是镜头的焦距/镜头通光直径得出的相对值(相对孔径的倒数)。例如,针对 50 mm 的标准镜头而言,最大的通光直径为 29.5 mm,其最大光圈的计算值为 50 mm÷ 29.5 mm＝F1.7,这样就能够理解,同一变焦镜头在不同的焦距下,虽然最大的通光直径相同,但是换算之后其最大光圈是不同的。

简介:光圈是一个用来控制光线透过镜头进入机身内感光面的光量的装置,它通常在镜头内。表达光圈大小用 F 值,F 值是便于在实际摄影中计算曝光值而制定的一种与光圈数值对应的表示镜头通光能力的刻度值。

由于光圈值是以 2 的倍数变化的,若直接用光圈数值表示镜头的通光量在实际摄影中计算曝光值就会有不少困难。光圈值通常用 AV(Aperture Value)表示。根据圆形的面积与半径的平方值关系可知,为了达到倍数调整通光量的目的,光圈直径应呈$\sqrt{2}$(约为1.4)系数关系递增。

光圈值(AV)与光圈数值(F)的对应关系如下:

光圈值(AV)	0	1	2	3	4	5	6	7	8	9	10
光圈数值(F)	1	1.4	2	2.8	4	5.6	8	11	16	22	32

光圈的英文名称为aperture,光圈是一个用来控制光线透过镜头进入机身内感光面的光量的装置,它通常是在镜头内。平时所说的光圈值F2.8,F8,F16等是光圈"系数",是相对光圈,并非光圈的物理孔径,与光圈的物理孔径及镜头到感光器件(胶片或CCD或CMOS)的距离有关。

表达光圈大小一般用F值。光圈F值＝镜头的焦距/镜头口径的直径,由以上公式可知要达到相同的光圈F值,长焦距镜头的口径要比短焦距镜头的口径大。当光圈物理孔径不变时,镜头中心与感光器件距离愈远,F数愈大;反之,镜头中心与感光器件距离愈近,通过光孔到达感光器件的光密度愈高,F数就愈小。完整的光圈值系列如下:F1,F1.2,F1.4,F2,F2.8,F4,F5.6,F8,F11,F16,F22,F32,F44,F64。

这里值得一提的是光圈F值愈小,在同一单位时间内的进光量便愈多,而且上一级的进光量刚好是下一级的2倍,例如光圈从F8调整到F5.6,进光量便多一倍,我们也说光圈开大了一级。多数非专业数码相机镜头的焦距短、物理口径小,F8时光圈的物理孔径已经很小了,继续缩小就会发生衍射之类的光学现象,影响成像,所以一般非专业数码相机的最小光圈都在F8~F11之间。而专业型数码相机感光器件面积大,镜头与感光器件距离远,物理孔径可以很小,光圈值可以更大。对于消费型数码相机而言,光圈F值常常介于F2.8与F16之间。此外,许多数码相机在调整光圈时,可以做1/3级的调整。

3.3.20 曝光时间

曝光时间指为了将光投射到照相感光材料的感光面上,快门所要打开的时间。视照相感光材料的感光度和对感光面上的照度而定。

定义:相机曝光时间是指从快门打开到关闭的时间间隔,在这一段时间内,物体可以在底片上留下影像。

曝光时间是视需要而定的,没有长短好坏,只有需要一说。比如,你拍星星的轨迹,就需要很长的曝光时间(可能是几个小时),这样星星的长时间运动轨迹就会在底片上成像。如果你要拍飞驰中的汽车清晰的身影就要用很短的时间,通常是几千分之一秒。

曝光时间长的话进的光就多,适合光线条件比较差的情况。曝光时间短则适合光线比较好的情况。

曝光时间主要是指底片的感光时间,曝光时间越长底片上生成的相片越亮,相反越暗。在外界光线比较暗的情况下,一般要求延长曝光时间(比如说夜景)。

快门速度愈快,愈能抓取运动的物体,使其清晰成像。当快门速度高于1/6s的时候,最好使用三脚架,否则成像很难清晰。

3.3.21　ISO 值

　　ISO 感光值是传统相机底片对光线反应的敏感程度测量值,通常以 ISO 数码表示,数码越大,表示感旋光性越强,常用的表示方法有 ISO 100、400、1000 等。一般而言,感光度越高,底片的颗粒越粗,放大后的效果越差,而数码相机也可套用此 ISO 值来标示测光系统所采用的曝光,基准 ISO 越低,所需曝光量越高。目前,数码相机感光元件最高 ISO 值可达51200。需要说明的是,虽然高 ISO 值可以提高数码相机在黑暗环境中的成像质量,但 ISO 越高,对画面质量的影响就越明显,出现的噪点就越多。

　　ISO 感光度是用数字表示对光线的敏感度,ISO 感光度越高,表示对光线的敏感度越强。因此,高 ISO 感光度适合拍摄低光照及运动物体。但是图像可能包含噪点并且显得颗粒感更大。另一方面,低 ISO 感光度虽然不适合拍摄低光照及运动物体,但图像更细腻。ISO 感光度越高和周围环境温度越高,图像的噪点越多。高温,高 ISO 感光度或者长时间曝光,可能导致图像出现异常色彩。

3.4　数字对象音频类型存储标准

3.4.1　音频块大小

　　名称:audioBlockSize。

　　标签:音频块大小。

　　定义:定义了音频块大小。

　　注释:描述了音频块大小,如一帧 200 byte。

　　必备性:必选。

　　可重复性:不可重复。

　　著录范例:

　　audioBlockSize:200 KB/帧

3.4.2　音频数据编码

　　自然界中的声音非常多,波形也极其复杂,通常我们采用的是脉冲代码调制编码,即PCM 编码。PCM 通过抽样、量化、编码三个步骤将连续变化的模拟信号转换为数字编码。

　　采样率,即将一串样本连接起来,就可以描述一段声波,把每一秒所采样的数目称为采样率。

　　数码音频系统是通过将声波波形转换成一连串的二进制数据来再现原始声音的,把模拟音频转成数字音频的过程就称作采样。实现这个步骤使用的设备是模/数转换器(A/D),它以每秒上万次的速率对声波进行采样,每一次采样都记录下了原始模拟声波在某一时刻的状态,称之为样本。将一串样本连接起来,就可以描述一段声波了,把每秒所采样的数目称为采样频率或采样率,单位为赫兹(Hz)。采样频率越高所能描述的声波频率就越高,音质亦越有保证。大部分 MP3 都支持 44.1 kHz 的 MP3 文件,只有很少部分 MP3 随身听支持 48 kHz 的 MP3 文件。

声音其实是一种能量波,因此也有频率和振幅的特征,频率对应于时间轴线,振幅对应于电平轴线。波是无限光滑的,弦线可以看成是由无数点组成的,由于存储空间是相对有限的,数字编码过程中,必须对弦线的点进行采样。采样的过程就是抽取某点的频率值,很显然,在 1 s 内抽取的点越多,获取的频率信息越丰富,为了复原波形,一次振动中,必须有 2 个点的采样,人耳能够感觉到的最高频率为 20 kHz,因此要满足人耳的听觉要求,则需要至少每秒进行 40 k 次采样,用 40 kHz 表达,这个 40 kHz 就是采样率。我们常见的 CD,采样率为 44.1 kHz。光有频率信息是不够的,还必须获得该频率的能量值并量化,用于表示信号强度。量化电平数为 2 的整数次幂,常见的 CD 采样大小为 16 bit,即 2 的 16 次方。采样大小相对于采样率更难理解,因为要显得抽象点。举个简单例子:假设对一个波进行 8 次采样,采样点对应的能量值分别为 A1~A8,但我们只使用 2 bit 的采样大小,结果我们只能保留 A1~A8 中 4 个点的值而舍弃另外 4 个。如果我们进行 3 bit 的采样大小,则刚好记录下 8 个点的所有信息。采样率和采样大小的值越大,记录的波形更接近原始信号。

3.4.3　有损和无损

根据采样率和采样大小可以得知,相对自然界的信号,音频编码最多只能做到无限接近,至少目前的技术只能这样了。相对自然界的信号,任何数字音频编码方案都是有损的,因为无法完全还原。在计算机应用中,能够达到最高保真水平的就是 PCM 编码,被广泛用于素材保存及音乐欣赏,CD、DVD 以及我们常见的 WAV 文件中均有应用。因此,PCM 约定俗成为无损编码,因为 PCM 代表了数字音频中最佳的保真水准,但并不意味着 PCM 就能够确保信号绝对保真,PCM 也只能做到最大限度地无限接近。我们习惯性地把 MP3 列入有损音频编码范畴,是相对于 PCM 编码的。强调编码的相对性的有损和无损,要做到真正的无损是困难的,就像用数字去表达圆周率,不管精度多高,也只是无限接近,而不是真正等于圆周率的值。

3.4.4　频率与采样率

采样频率是指录音设备在 1 s 内对声音信号的采样次数,采样频率越高,声音的还原就越真实、越自然。在当今的主流采集卡上,采样频率一般共分为 22.05 kHz、44.1 kHz、48 kHz 三个等级。22.05 kHz 只能达到 FM 广播的声音品质,44.1 kHz 则是理论上的 CD 音质界限,48 kHz 则更加精确一些。对于高于 48 kHz 的采样频率,人耳已无法辨别出来了,所以在电脑上没有多少使用价值。

5 kHz 的采样率仅能达到人们讲话的声音质量。11 kHz 的采样率是播放小段声音的最低标准,是 CD 音质的四分之一。22 kHz 采样率的声音可以达到 CD 音质的一半,目前大多数网站都选用这样的采样率。44 kHz 的采样率是标准的 CD 音质,可以达到很好的听觉效果。

　　采样率类似于动态影像的帧数,比如电影的采样率是 24 Hz,PAL 制式的采样率是 25 Hz,NTSC 制式的采样率是 30 Hz。当我们把采样到的一个个静止画面再以采样率同样的速度回放时,看到的就是连续的画面。同样的道理,把以 44.1 kHz 采样率记录的 CD 以同样的速率播放时,就能听到连续的声音。显然,这个采样率越高,听到的声音和看到的图像就越连贯。当然,人的听觉和视觉器官能分辨的采样率是有限的。对同一段声音,用 20 kHz 和 44.1 kHz 来采样,重放时,可能可以听出其中的差别;而基本上高于 48 kHz 采样的声音,比如说 96 kHz 采样,绝大部分人已经觉察不到两种采样出来的声音的分别了。之所以使用 44.1 kHz 这个数值是因为经过反复实验,人们发现这个采样精度最合适,低于这个值就会有较明显的损失,而高于这个值人的耳朵已经很难分辨,而且增大了数字音频所占用的空间。一般为了达到"万分精确",我们还会使用 48 kHz 甚至 96 kHz 的采样精度,实际上,96 kHz 采样精度和 44.1 kHz 采样精度的区别绝对不会像 44.1 kHz 和 22 kHz 那样区别如此之大,我们所使用的 CD 的采样标准就是 44.1 kHz。

　　采样率表示了每秒对原始信号采样的次数,我们常见的音频文件采样率多为 44.1 kHz,这意味着什么呢? 假设我们有 2 段正弦波信号,分别为 20 Hz 和 20 kHz,长度均为 1s,以对应我们能听到的最低频和最高频,分别对这两段信号进行 40 kHz 的采样,我们可以得到一个什么样的结果呢? 结果是:20 Hz 的信号每次振动被采样了 40 kHz/20=2000 次,而 20 kHz 的信号每次振动只有 2 次采样。显然,在相同的采样率下,记录低频的信息远比高频的详细。这也是为什么有些音响发烧友指责 CD 数码声不够真实的原因,CD 的 44.1 kHz 采样也无法保证高频信号被较好记录。要较好地记录高频信号,看来需要更高的采样率,于是有些朋友在捕捉 CD 音轨的时候使用 48 kHz 的采样率,这是不可取的! 这其实对音质没有任何好处,对抓轨软件来说,保持和 CD 提供的 44.1 kHz 一样的采样率才是最佳音质的保障之一,而不是去提高采样率。较高的采样率只有相对模拟信号的时候才有用,如果被采样的信号是数字的,请不要去尝试提高采样率。

3.4.5　采样位数

　　采样位数可以理解为采集卡处理声音的解析度。这个数值越大,解析度就越高,录制和回放的声音就越真实。我们首先要知道:电脑中的声音文件是用数字 0 和 1 来表示的。连续的模拟信号按一定的采样频率经数码脉冲取样后,每一个离散的脉冲信号被以一定的量化精度量化成一串二进制编码流,这串编码流的位数即为采样位数,也称为量化精度。从码率的计算公式中可以清楚地看出码率和采样位数的关系:码率=取样频率×量化精度×声道数。

　　在电脑上录音的本质就是把模拟声音信号转换成数字信号。反之,在播放时则是把数字信号还原成模拟声音信号输出。采集卡的位是指采集卡在采集和播放声音文件时所使用数字声音信号的二进制位数。采集卡的位客观地反映了数字声音信号对输入声音信号描述的准确程度。8 位代表 2 的 8 次方——256,16 位则代表 2 的 16 次方——64 k。比较一下,一段相同的音乐信息,16 位声卡能把它分为 64 k 个精度单位进行处理,而 8 位声卡只能处理 256 个精度单位。8 位采样的差别在于动态范围的宽窄,动态范围宽广,音量起伏的大小变化就能够更精细地被记录下来,如此一来,不论是细微的声音或是强烈的动感震撼,都可以表现得淋漓尽致,而 CD 音质的采样规格正是 16 位采样的规格。

16 位二进制数的最小值是 0000000000000000,最大值是 1111111111111111,对应的十进制数就是 0 和 65535,最大值和最小值之间的差值为 65535。也就是说,它量化的模拟量的动态范围可以差 65535,也就是 96.32 dB。所以,量化精度只和动态范围有关,和频率响应没关系。动态范围定在 96 dB 也是有道理的,人耳的无痛苦极限声压是 90 dB,96 dB 的动态范围在普通应用中足够使用,所以 96 dB 动态范围内的模拟波,经量化后不会产生削波失真。

声音的位数就相当于画面的颜色数,表示每个取样的数据量,当然数据量越大,回放的声音越准确,不至于把开水壶的叫声和火车的鸣笛混淆。同样的道理,对于画面来说就是更清晰和准确,不至于把血和西红柿酱混淆。不过受人的器官机能的限制,16 位的声音和 24 位的画面基本已经是普通人类的极限了,更高位数就只能靠仪器才能分辨出来了。比如,电话就是 3 kHz 取样的 7 位声音,而 CD 是 44.1 kHz 取样的 16 位声音,所以 CD 就比电话更清楚。

如今市面上所有的主流产品都是 16 位的采集卡,而并非有些无知商家所鼓吹的 64 位乃至 128 位,他们将采集卡的复音概念与采样位数概念混淆在了一起。如今功能最为强大的采集卡系列采用的 EMU10K1 芯片虽然号称可以达到 32 位,但是它只是建立在 Direct Sound 加速基础上的一种多音频流技术,其本质还是一块 16 位的声卡。应该说 16 位的采样精度对于电脑多媒体音频而言已经绰绰有余了。很多人都说,就算从原版 CD 抓轨,再刻录成 CD,重放的音质也是不一样的,这个也是有道理的。那么,既然 0101 这样的二进制是完全克隆的,重放怎么会不一样呢? 那是因为,时基问题造成的数模互换时的差别,并非是克隆过来的二进制数变了,二进制数一个也没变,时基误差不一样,数模转换后的模拟波的频率和源相比就会不一样。

3.4.6 位速

位速是指在一个数据流中每秒能通过的信息量。我们可能看到过音频文件用"128-Kbps MP3"或"64-Kbps WMA"进行描述的情形。Kbps 表示"每秒千位数",因此数值越大表示数据越多:128-Kbps MP3 音频文件包含的数据量是 64-Kbps WMA 文件的 2 倍,并占用 2 倍的空间。(不过在这种情况下,这两种文件听起来非常接近。有些文件格式,与其他文件相比,能够更有效地利用数据,64-Kbps WMA 文件的音质与 128-Kbps MP3 的音质相同。) 需要了解的重要一点是,位速越高,信息量越大,对这些信息进行解码的处理量就越大,文件需要占用的空间也就越多。

为项目选择适当的位速取决于播放目标:如果想把制作的 VCD 放在 DVD 播放器上播放,那么视频必须是 1150 Kbps,音频必须是 224 Kbps。典型的 206 MHz Pocket PC 支持的 MPEG 视频可达到 400 Kbps,超过这个限度,播放时就会出现异常。

3.4.7 采样字长

1. 字长

字长是指同时参与运算的数的二进制位数,它决定着寄存器、加法器、数据总线等设备的位数,字长是直接用二进制代码指令表达的计算机语言,指令是用 0 和 1 组成的一串代码,它们有一定的位数,并分成若干段,各段的编码表示不同的含义,例如某台计算机字长为 16 位,即有 16 个二进制数组成一条指令或其他信息。16 个 0 和 1 可组成各种排列组合,通过线路变成电信号,让计算机执行各种不同的操作。

在计算机中各种信息都是用二进制编码进行存储,以二进制数的形式进行处理的。一个二进制位称为一个比特(bit),8 个二进制位称为一个字节(byte)。计算机系统中,一般用若干个字节表示一个数或者一条指令,前者称为数据字,后者称为指令字。字长是指同时参与运算的数的二进制位数,它决定着寄存器、加法器、数据总线等设备的位数,因而直接影响着硬件的价格,同时字长标志着计算机的计算精度和表示数据的范围。为了方便运算,许多计算机允许变字长操作,例如半字长、全字长、双字长等。一般计算机的字长在 8~64 位之间,即一个字由 1~8 个字节组成。微型计算机的字长有 8 位、准 16 位、16 位、32 位、64 位等。

在同一时间中处理二进制数的位数叫字长。通常称处理字长为 8 位数据的 CPU 叫 8 位CPU,32 位 CPU 就是在同一时间内处理字长为 32 位的二进制数据。二进制的每一位 0 或 1 是组成二进制的最小单位,称为一个字长。

在计算机中,一串数码作为一个整体来处理或运算的,称为一个计算机字,简称字。字通常分为若干个字节(每个字节一般是 8 位)。在存储器中,通常每个单元存储一个字,因此每个字都是可以寻址的。字的长度用位数来表示。

在计算机的运算器、控制器中,通常都是以字为单位进行传送的。字出现在不同的地址,其含义是不相同。例如,送往控制器的字是指令,而送往运算器的字就是一个数。

字长计算机的每个字所包含的位数称为字长。根据计算机的不同,字长有固定和可变两种。固定字长,即字长度不论什么情况下都是固定不变的;可变字长,则是在一定范围内,其长度是可变的。

计算机的字长是指它一次可处理的二进制数字的数目。计算机处理数据的速率,自然和它一次能加工的位数以及进行运算的快慢有关。如果一台计算机的字长是另一台计算机的 2 倍,即使 2 台计算机的速度相同,在相同的时间内,前者能做的工作是后者的 2 倍。一般地,大型计算机的字长为 32~64 位,小型计算机为 12~32 位,而微型计算机为 4~16 位。字长是衡量计算机性能的一个重要因素。

2. 采样

把模拟音频转成数字音频的过程,就称作采样,所用到的主要设备便是模数转换器(analog-to-digital converter,ADC),与之对应的是数/模转换器(digital-to-analog converter,DAC)。采样的过程实际上是将通常的模拟音频信号的电信号转换成二进制码 0 和 1,这些 0 和 1 便构成了数字音频文件。采样的频率越大则音质越有保证。由于采样频率一定要高于录制的最高频率的 2 倍才不会产生失真,而人类的听力范围是 20 Hz~20 kHz,所以采样频率至少得是 20 kHz×2=40 kHz,才能保证不产生低频失真,这也是 CD 音质采用 44.1 kHz(稍高于 40 kHz 是为了留有余地)的原因。

通过周期性地以某一规定间隔截取音频信号,从而将模拟音频信号变换为数字信号。每次采样时均指定一个表示在采样瞬间的音频信号的幅度的数字。

3.4.8　音频压缩

音频压缩(audio compression)是指降低信号动态,以滤除噪声和避免动态过大的失真。通过不同的计算方式,忽略人耳不易察觉的频段,或通过制造听觉上的错觉,从而大幅度降低音频数据的数量,却能令音质基本不变甚至更好。

1.音频压缩技术

音频压缩技术指的是对原始数字音频信号流(PCM 编码)运用适当的数字处理技术,在不损失有用信息量,或所引入损失可忽略的条件下,降低(压缩)其码率,也称为压缩编码。它必须具有相应的逆变换,称为解压缩或解码。

2.音频压缩技术及标准

音频信号是多媒体信息的重要组成部分。音频信号可分为电话质量的语言、调幅广播质量的音频信号和高保真立体声信号。

数字音频压缩技术标准分为电话语音压缩、调幅广播与语音压缩和调频广播及 CD 音质的宽带音频压缩 3 种。

在语音编码技术领域,编码技术产品种类繁多,兼容性差。因此,需要综合现有的编码技术,制定出全球统一的语音编码标准。自 20 世纪 70 年代起,CCETT 下第十五研究组和国际标准化组织(ISO)已先后推出了一系列的语音编码技术标准。其中,CCITT 推出了 G 系列标准,而 ISO 则推出了 H 系列标准。

3.音频压缩程序

音频压缩属于数据压缩的一种,用以减少音频流媒体的传输带宽需求与音频文件的存储大小。一般数据的压缩方法对于音频数据不利,对于源文件很少能压缩到 87% 以下,因此,也就产生了特殊的音频无损和有损压缩算法。有损音频是日常生活中每天都在使用的,可最大化地保持源文件不受损,而且保持适当的大小显得非常必要。举例来说,一张 CD 可以容纳 1 h 的高保真音乐,可以容纳 2 h 略有损失的音乐,或者可以容纳 7 h 的 MP3 格式的音乐。

无损压缩可以把音频数据原封不动地保存下来。而有损压缩(如 Vorbis,MP3)一经压缩就不可以逆转。一般来说,无损压缩比为源文件的 $50\% \sim 60\%$,而有损压缩可以达到原文件的 $5\% \sim 20\%$。

3.4.9　编码器

编码器(encoder)是一种将信息由一种特定格式(或编码)转换为其他特定格式(或编码)的传感器、软件或是算法,转换的目的可能是由于标准化、速度、保密性、安全性或是为了压缩数据。

音频编解码器可以转换及压缩声音数据。

3.4.10　音频格式

音频格式是指要在计算机内播放或处理音频文件,是对声音文件进行数模转换的过程。音频格式的最大带宽是 20 kHz,速率介于 40～50 kHz,采用线性脉冲编码调制 PCM,每一量化步长都具有相等的长度。

1.简介

音频文件格式常见的特点有:要在计算机内播放或是处理音频文件,也就是要对声音文件进行数模转换,这个过程同样由采样和量化构成,人耳所能听到的声音,最低的频率是从 20 Hz 起一直到最高频率 20 kHz,20 kHz 以上人耳是听不到的,因此音频文件格式的最大带宽是 20 kHz,故而采样速率需要介于 40～50 kHz 之间,而且对每个样本需要更多的量化比特数。音频数字化的标准是每个样本 16 位-96 dB 的信噪比,采用线性脉冲编码调制 PCM,每一量化步长都具有相等的长度。在音频文件的制作中,正是采用这一标准。

音频格式日新月异,常见的音频格式包括 CD,WAVE(＊. WAV),AIFF,AU,MP3,MIDI,WMA,RealAudio,VQF,OggVorbis,AAC,APE,FLAC,ACC 等。

2.CD 格式

CD 格式的音质是比较高的音频格式。因此,要讲音频格式,CD 自然是打头阵的。在大多数播放软件的"打开文件类型"中,都可以看到 ＊.cda 格式,这就是 CD 音轨了。标准 CD 格式也就是 44.1 kHz 的采样频率,速率 88 kbps,16 位量化位数,因为 CD 音轨可以说是近似无损的,它的声音基本上是忠于原声的,所以如果你是一个音响发烧友的话,CD 是你的首选,它会让你感受到天籁之音。CD 光盘可以在 CD 唱机中播放,也能用电脑里的各种播放软件来播放。一个 CD 音频文件是一个 ＊.cda 文件,这只是一个索引信息,并不真正包含声音信息,所以不论 CD 音乐是长是短,在电脑上看到的" ＊.cda 文件"都是 44 字节长。注意:不能直接复制 CD 格式的 ＊.cda 文件到硬盘上播放,需要使用像 EAC 这样的抓音轨软件把 CD 格式的文件转换成 WAV,如果光盘驱动器质量过关而且 EAC 的参数设置得当的话,这个转换过程可以说是基本上无损抓音频。推荐大家使用这种方法。

3.WAVE 格式

WAVE（＊. WAV）是微软公司开发的一种声音文件格式,它符合 RIFF(Resource Interchange File Format)文件规范,用于保存 WINDOWS 平台的音频信息资源,被 WINDOWS 平台及其应用程序所支持。"＊.WAV"格式支持 MSADPCM,CCITT A LAW 等多种压缩算法,支持多种音频位数、采样频率和声道,标准格式的 WAV 文件和 CD 格式一样,也是 44.1 kHz 的采样频率,速率 88 kbps/s,16 位量化位数。因此可以看到,WAV 格式的声音文件质量和 CD 相差无几,也是目前 PC 机上广为流行的声音文件格式,几乎所有的音频编辑软件都"认识"WAV 格式。

4.AIFF 与 AU

AIFF(audio interchange file format)格式和 AU 格式,它们都和 WAV 非常相似,在大多数的音频编辑软件也都支持这几种常见的音乐格式。

AIFF 是音频交换文件格式的英文缩写,是苹果公司开发的一种音频文件格式,被

MACINTOSH 平台及其应用程序所支持,NETSCAPE 浏览器中 LIVEAUDIO 也支持 AIFF 格式。AIFF 是 Apple 苹果电脑上面的标准音频格式,属于 QuickTime 技术的一部分。这一格式的特点就是格式本身与数据的意义无关,因此受到了 Microsoft 的青睐,并据此研发出 WAV 格式。AIFF 虽然是一种很优秀的文件格式,但由于它是苹果电脑上的格式,因此在 PC 平台上并没有得到广泛的应用。不过,由于苹果电脑多用于多媒体制作出版行业,因此几乎所有的音频编辑软件和播放软件都或多或少地支持 AIFF 格式。只要苹果电脑还在,AIFF 就始终还占有一席之地。由于 AIFF 具有包容特性,所以它支持许多压缩技术。

AUDIO 文件是 SUN 公司推出的一种数字音频格式。AU 文件原先是 UNIX 操作系统下的数字声音文件。由于早期互联网上的网站服务器主要是基于 UNIX 操作系统研发的,所以 AU 格式的文件在如今的互联网中也是常用的声音文件格式。

5. MPEG

MPEG 是动态图像专家组的英文缩写。动态图像专家组始建于 1988 年,专门负责为 CD 建立视频和音频压缩标准。MPEG 音频文件指的是 MPEG 标准中的声音部分,即 MPEG 音频层。目前,互联网上的音乐格式以 MP3 最为常见。虽然它是一种有损压缩,但是其最大优势是以极小的声音失真换来了较高的压缩比。MPEG 含有格式包括:MP1,MP2,MP3,MP4。

MP3 格式诞生于 20 世纪 80 年代的德国,所谓的 MP3 指的就是 MPEG 标准中的音频部分,也就是 MPEG 音频层。根据压缩质量和编码处理的不同,可将其分为 3 层,分别对应"*.mp1""*.mp2""*.mp3"这 3 种声音文件。需要提醒大家注意的地方是:MPEG 音频文件的压缩是一种有损压缩,MPEG3 音频编码具有 10：1～12：1 的高压缩率,同时基本保持低音频部分不失真,但是牺牲了声音文件中 12 kHz 到 16 kHz 高音频这部分的质量来换取文件的尺寸,相同长度的音乐文件,用 *.mp3 格式来储存,大小一般只有 *.wav 文件的1/10,而音质要次于 CD 格式或 WAV 格式的声音文件。由于其文件尺寸小,音质好,所以在它问世之初还没有什么别的音频格式可以与之匹敌,因而为 *.mp3 格式的发展提供了良好的条件。直到现在,这种格式作为主流音频格式的地位仍然难以被撼动。然而,树大招风,MP3 音乐的版权问题也一直找不到办法解决,因为 MP3 没有版权保护技术,说白了也就是谁都可以用。

MP3 格式压缩音乐的采样频率有很多种,可以用 64 Kbps 或更低的采样频率节省空间,也可以用 320 Kbps 的标准来实现极高的音质。用装有 Fraunhofer IIS Mpeg Layer3 的 MP3 编码器 MusicMatch Jukebox 6.0 在 128 Kbps 的频率下编码一首时长 3 min 的歌曲,得到 2.82 MB 的 MP3 文件。采用缺省的固定采样频率技术可以以固定的频率采样一首歌曲,而可变采样频率(VBR)则可以在音乐"忙"的时候加大采样的频率获取更高的音质,不过产生的 MP3 文件可能在某些播放器上无法播放。

MP3 是截至 2008 年使用用户最多的有损压缩数字音频格式。它的全称是 MPEG (Moving Picture Experts Group) AudioLayer-3,刚出现时它的编码技术并不完善,它更像一个编码标准框架,留待人们去完善。早期的 MP3 编码采用的是固定编码率的方式,看到的 128 Kbps,就是代表它是以 128 Kbps 固定数据速率编码——你可以提高这个编码率,最高可以到 320 Kbps,音质会更好,更自然,文件的体积也会相应增大。因为 MP3 的编码方式是开放的,可以在这个标准框架的基础上自己选择不同的声学原理进行压缩处理,所以,很快由 Xing 公司推出可变编码率的压缩方式。它的原理就是将一首歌的复杂部分用高 bitrate 编码,简单部分用低 bitrate 编码,通过这种方式,进一步取得质量和体积的统一。当然,早期的 Xing 编码器的 VBR 算法很差,音质与 CBR 相距甚远。但是,这种算法指明了一种方向,其他开发者纷纷推出自己的 VBR 算法,使得效果一直在改进。目前公认比较好的首推 LAME,它完美地实现了 VBR 算法,而且完全免费,并且由爱好者组成的开发团队一直在不断地发展、完善。

而在 VBR 的基础上,LAME 发展出了 ABR 算法。ABR 即 average bitrate,平均比特率,是 VBR 的一种插值参数。LAME 针对 CBR 不佳的文件体积比和 VBR 生成文件大小不定的特点独创了这种编码模式。ABR 在指定的文件大小内,以每 50 帧(30 帧约 1 s)为一段,低频和不敏感频率使用相对低的流量,高频和大动态表现时使用高流量,可以作为 VBR 和 CBR 的一种折中选择。

MP3 问世不久,就凭着较高的压缩比(12∶1)和较好的音质创造了一个全新的音乐领域,然而 MP3 的开放性却最终不可避免地导致了版权之争。在这样的背景之下,文件更小,音质更佳,同时还能有效保护版权的 MP4 就应运而生了。MP3 和 MP4 之间其实并没有必然的联系,MP3 是一种音频压缩的国际技术标准,而 MP4 却是一个商标的名称。

MPEG-4 标准是由国际运动图像专家组于 2000 年 10 月公布的一种面向多媒体应用的视频压缩标准。它采用了基于对象的压缩编码技术,在编码前首先对视频序列进行分析,从原始图像中分割出各个视频对象,然后再分别对每个视频对象的形状信息、运动信息、纹理信息单独编码,并通过比 MPEG-2 更优的运动预测和运动补偿来去除连续帧之间的时间冗余。其核心是基于内容的尺度可变性(content-based scalability),可以对图像中各个对象分配优先级,对比较重要的对象用高的空间和时间分辨率表示,对不其重要的对象(如监控系统的背景)以较低的分辨率表示,甚至不显示,因此它具有自适应调配资源能力,可以实现高质量低速率的图像通信和视频传输。

MPEG-4 以其高质量、低传输速率等优点已经被广泛应用到网络多媒体、视频会议和多媒体监控等图像传输系统中。国内外大部分成熟的 MPEG-4 应用均为基于 PC 层面的客户端和服务器模式,应用在嵌入式系统上的并不多,且多数嵌入式 MPEG-4 解码系统大多使用商业的嵌入式操作系统,如 WindowsCE,VxWorks 等,成本高、灵活性差。若以嵌入式 Linux 作为操作系统,不仅开发方便,而且可以节约成本,并可以根据实际情况进行裁减,占用资源少,灵活性强,网络性能好,适用范围更广。

6. MIDI

MIDI(musical instrument digital Interface)格式,玩音乐的人经常使用,MIDI 允许数字合成器和其他设备交换数据。MID 文件格式由 MIDI 发展而来。MID 文件并不是一段录制好的声音,而是记录声音的信息,然后再告诉声卡如何再现音乐的一组指令。这样一个 MIDI 文件每存 1 min 的音乐,大小只有 5～10 KB。MID 文件主要用于原始乐器作品、流行歌曲的业余表演、游戏音轨以及电子贺卡等。∗.mid 文件重放的效果完全依赖声卡的档次。∗.mid 格式的最大用处是在电脑作曲领域。∗.mid 文件可以用作曲软件写出,也可以通过声卡的 MIDI 口把外接音序器演奏的乐曲输入电脑,制成∗.mid 文件。

7．WMA

WMA（windows media audio）格式是来自于微软的重量级选手，后台强硬，音质要强于 MP3 格式，远胜于 RA 格式。它和日本 YAMAHA 公司开发的 VQF 格式一样，是以减少数据流量但保持音质的方法来达到比 MP3 压缩率更高的目的。WMA 的压缩比一般都可以达到 18：1 左右。WMA 的另一个优点是内容提供商可以通过 DRM（digital rights management）方案如 Windows Media Rights Manager 7 加入防拷贝保护。这种内置了版权保护技术的格式可以限制播放时间和播放次数甚至于播放的机器等，这对音乐公司来说可是一个福音。另外，WMA 还支持音频流（stream）技术，适合在网络上在线播放，作为微软抢占网络音乐的开路先锋可以说是技术领先、风头强劲，更方便的是不用像 MP3 那样需要安装额外的播放器，Windows 操作系统和 Windows Media Player 的无缝捆绑让你只要安装了 Windows 操作系统就可以直接播放 WMA 音乐，新版本的 Windows Media Player 7.0 更是增加了直接把 CD 光盘转换为 WMA 声音格式的功能，在新出品的操作系统 Windows XP 中，WMA 是默认的编码格式。WMA 这种格式在录制时可以对音质进行调节。同一格式，音质好的可与 CD 媲美，压缩率较高的可用于网络广播。在微软的大规模推广下，WMA 格式得到了越来越多站点的承认和大力支持，在网络音乐领域中直逼 *.mp3，在网络广播方面，也正在瓜分 Real 打下的天下。因此，几乎所有的音频格式都感受到了来自 WMA 格式的压力。

微软官方宣布的资料中称 WMA 格式的可保护性极强，甚至可以限定播放机器、播放时间及播放次数，具有相当的版权保护能力。应该说，WMA 的推出，就是针对 MP3 没有版权限制的缺点而来——普通用户可能很欢迎这种格式，但作为版权拥有者的唱片公司来说，它们更喜欢难以复制拷贝的音乐压缩技术，而微软的 WMA 则照顾到了这些唱片公司的需求。除了版权保护外，WMA 还在压缩比上进行了深化，它的目标是在相同音质条件下可使文件体积变得更小（当然，只在 MP3 低于 192 Kbps 码率的情况下有效，实际上当采用 LAME 算法压缩 MP3 格式时，高于 192 Kbps 时普遍的反映是 MP3 的音质要好于 WMA）。

8．RealAudio

RealAudio 主要适用于在网络上的在线音乐欣赏，real 的文件格式主要有以下几种：RA（RealAudio）、RM（RealMedia，RealAudio G2）、RMX（RealAudio Secured），等等。这些格式的特点是可以随网络带宽的不同而改变声音的质量，在保证大多数人听到流畅声音的前提下，令带宽较富裕的听众获得较好的音质。

近来随着网络带宽的普遍改善，Real 公司正推出用于网络广播、达到 CD 音质的格式。如果你的 RealPlayer 软件不能处理这种格式，它就会提醒你下载一个免费的升级包。许多音乐网站提供了歌曲的 Real 格式的试听版本。

9．VQF

VQF 是雅马哈公司的一种格式，它的核心是通过减少数据流量但保持音质的方法来达到更高的压缩比，VQF 的音频压缩率比标准的 MPEG 音频压缩率高出近一倍，可以达到 18：1 左右，甚至更高。也就是说，把一首 4 min 的歌曲（WAV 文件）压成 MP3，大约需要 4 MB左右的硬盘空间；而同一首歌曲，如果使用 VQF 音频压缩技术的话，那只需要 2 MB 左右的硬盘空间。因此，在音频压缩率方面，MP3 和 RA 都不是 VQF 的对手。相同情况下,压缩后 VQF 的文件体积比 MP3 小 30%～50%,更便于网上传播,同时音质极佳,接近 CD 音质(16 位 44.1 kHz 立体声)。*.vqf 可以用雅马哈的播放器播放,同时,雅马哈也提供从 *.wav 文件转换到 *.vqf 文件的软件。可以说,VQF 在技术上也是很先进的,但是由于宣传不力,这种格式难有用武之地。

当 VQF 以 44 kHz、80 kbps 的音频采样率压缩音乐时,它的音质优于 44 kHz、128 kbps 的 MP3,当 VQF 以 44 kHz、96 kbps 的频率压缩时,它的音质几乎等于44 kHz、256 kbps 的 MP3。经 SoundVQ 压缩后的音频文件在进行回放效果试听时,几乎没有人能听出它与原音频文件的差异。

播放 VQF 对计算机的配置要求仅为奔腾 75 或更高,当然如果您用奔腾 100 或以上的机器,VQF 能够运行得更加出色。实际上,播放 VQF 对 CPU 的要求仅比 MP3 高 5%～10%。

VQF 即 TwinVQ 技术虽然是由 NTT 和 YAMAHA 开发的,但它们的应用软件都是免费的。只是 NTT 和 YAMAHA 并没有公布 VQF 的源代码。

10. OggVorbis

OggVorbis 是一种新的音频压缩格式,类似于 MP3 等现有的音乐格式。但有一点不同的是,它是完全免费、开放和没有专利限制的。Vorbis 是这种音频压缩机制的名字,而 Ogg 则是一个计划的名字,该计划意图设计一个具有完全开放性的多媒体系统。OggVorbis 文件的扩展名是 *.OGG。这种文件的设计格式是非常先进的。这种文件格式可以不断地进行大小和音质的改良,而不影响旧有的编码器或播放器。

Vorbis 采用有损压缩,但通过使用更加先进的声学模型去减少损失,因此,同样位速率 (BitRate)编码的 OGG 与 MP3 相比,听起来更好一些。另外,还有一个原因,MP3 格式是受专利保护的。如果你想使用 MP3 格式发布自己的作品,则需要付给 Fraunhofer(发明 MP3 的公司)专利使用费;而 Vorbis 就完全没有这个问题。

对于乐迷来说,使用 OGG 文件的显著好处是可以用更小的文件获得优质的声音。而且,由于 OGG 是完全开放和免费的,制作 OGG 文件将不受任何专利限制,可望获得大量的编码器和播放器。这也是为何现在 MP3 编码器如此少而且大多是商业软件的原因,因为 Fraunhofer 要收取专利使用费。Vorbis 使用了与 MP3 相比完全不同的数学原理,因此在压缩音乐时受到的挑战也不同。同样位速率编码的 Vorbis 和 MP3 文件具有同等的声音质量。Vorbis 具有一个设计良好、灵活的注释,避免了像 MP3 文件的 ID3 标记那样烦琐的操作。Vorbis 还具有位速率缩放的功能:可以不用重新编码便可调节文件的位速率。Vorbis 文件可以被分成小块并以样本粒度进行编辑,支持多通道,可以以逻辑方式相连接等。

11. 格式小结

作为数字音乐文件格式的标准,WAV 格式容量过大,因而使用起来很不方便。因此,一般情况下我们把它压缩为 MP3 或 WMA 格式。压缩方法有无损压缩、有损压缩,以及混成压缩。MPEG 和 JPEG 就属于混成压缩,如果把压缩的数据还原回去,数据其实是不一样的。当然,人耳是无法分辨的。因此,如果把 MP3 和 OGG 格式从压缩的状态还原回去的话,就会产生损失。然而,APE 格式即使还原,也能毫无损失地保留原有音质。所以,APE 可以无损失、高音质地压缩和还原。在完全保持音质的前提下,APE 的压缩容量有了适当的减小。拿一个最为常见的 38 MB 的 WAV 文件为例,压缩为 APE 格式后为 25 MB左右,比开始足足少了 13 MB,而且在 MP3 容量越来越大的今天,25 MB 的歌曲已经算不上什么庞然大物了。对 1 GB 的 MP3 来说可以放入 4 张 CD,那就是 40 多首歌曲,已经足够了。

MP3 支持格式有 MP3 和 WMA。MP3 由于是有损压缩,因此讲求采样率,一般是 44.1 kHz。另外,还有比特率,即数据流,一般为 8～320 Kbps。在 MP3 编码时,还要看它是否支持可变比特率(VBR),现在市场上的 MP3 机大部分都支持,这样可以减小有效文件的体积。WMA 则是微软力推的一种音频格式,相对来说要比 MP3 的体积小。

3.4.11 声道

1.单声道

单声道是比较原始的声音复制形式,早期的声卡运用比较普遍。当通过两个扬声器回放单声道信息的时候,我们可以明显感觉到声音是从两个音箱中间传递到我们耳朵里的。这种缺乏位置感的录制方式用现在的眼光来看自然是很落后的,但在声卡刚刚起步时,这已经是非常先进的技术了。

左声道即电子设备中模拟人类左耳的听觉范围产生的声音输出,与右声道相对。一般是把相关的低音频区信号压缩后经此音轨播放,人声对白、译音大多在此声道。

电子设备声音输出的立体声中左声道和右声道能够分别播出相同或不同的声音,产生从左到右或从右到左的立体声音变化效果。立体声除用左、右声道音轨播放外,经对声音进行深层的分析剥离处理后,又增加了中置音频和重低音音轨,经此方式处理后,声音播放时,听起来更加清晰圆润,并且让人能够准确地判断出声音的定位,使人如同身临其境。

在卡拉 OK 中左声道和右声道分别是主音乐声道和主人声声道,关闭其中任何一个声道,你将听到以音乐为主或以人声为主的声音。这样你就可以伴唱了。在单声道中,左声道和右声道没有什么区别。

在 2.1、4.1、6.1 等声场模式中,左声道和右声道还可以分前置左、右声道,后置左、右声道,环绕左、右声道,以及中置和低音炮等。

2.立体声

单声道缺乏对声音的位置定位,而立体声技术则彻底改变了这一状况。声音在录制过程中被分配到两个独立的声道,从而达到了很好的声音定位效果。这种技术在音乐欣赏中显得尤为有用,听众可以清晰地分辨出各种乐器来自的方向,从而使音乐更富想象力,更加接近于临场感受。立体声技术广泛运用于自 Sound Blaster Pro 以后的大量声卡,成为影响深远的一个音频标准。时至今日,立体声依然是许多产品遵循的技术标准。

3.准立体声

准立体声声卡的基本概念:在录制声音的时候采用单声道,而放音有时是立体声,有时是单声道。采用这种技术的声卡也曾在市面上流行过一段时间,但现在已经销声匿迹了。

4.四声道环绕

PCI 声卡的出现带来了许多新的技术,其中发展最为神速的当数三维音效。三维音效的主旨是为人们带来一个虚拟的声音环境,通过特殊的 HRTF 技术营造一个趋于真实的声场,从而获得更好的游戏听觉效果和声场定位。而要达到好的效果,仅仅依靠两个音箱是远远不够的,所以立体声技术在三维音效面前就显得相形见绌了,但四声道环绕音频技术则很好地解决了这一问题。

四声道环绕规定了 4 个发音点,即前左、前右、后左、后右,听众则被包围在这中间。同时,还建议增加一个低音音箱,以加强对低频信号的回放处理(这也就是如今 4.1 声道音箱系统广泛流行的原因)。就整体效果而言,四声道系统可以为听众带来来自多个不同方向的声音环绕,可以获得身临各种不同环境的听觉感受,给用户以全新的体验。如今四声道技术已经广泛融入于各类中高档声卡的设计中,成为未来发展的主流趋势。

3.4.12　声场

声场,有声波在其中传播的那部分媒质范围,是指有声波存在的弹性媒质所占有的空间。媒质可以是气体、液体和固体,环境声学涉及的媒质主要是大气。声场又可以分为自由声场和混合声场等。

1.简介

声波是在弹性媒质中传播的压力、应力、质点位移、质点速度等的变化或几种变化的综合。当声源向周围媒质辐射声波时,媒质中有声波存在的区域称为声场。

2.自由声场

声源在均匀、各向同性的媒质中,边界影响可以不计的声场称为自由声场。在自由声场中,声波按声源的辐射特性向各个方向不受阻碍和干扰地传播。

理想的自由声场很难获得,人们只能获得满足一定测量误差要求的近似的自由声场。例如,地面反射声和噪声可忽略的高空,当气象条件适宜时,便可以认为是自由声场。实际上,风、云、空气密度变化等都会影响声波的传播。又如在经过专门设计的房间中,在一定的频率范围内,房间的边界能有效地吸收所有入射的声波,这样的房间内的声音主要是直达声,也可认为是自由声场。这样的房间称作消声室。

在宽阔的广场上空,或者室内有一个面是全反射面,其余各面都是全吸声面,这样的空间称作半自由声场或反射面前方的自由声场。比如,消声室地板用反射面来模拟半自由空间则称为半消声室。

近场和远场。自由声场中声源附近声压与质点速度不同相的声场称为近场。近场区域内声压随距离变化的关系比较复杂。距离大于声源辐射面线度和波长,声压与质点速度同相的声场称为远场。在远场区,声源直接辐射的声压与离声源的距离成反比。一般所说的声场都是指远场,噪声测试也多在远场条件下进行。

3.封闭空间中的声场

声源在被声阻抗率不同的界面所包围的空间中辐射的声场,称作封闭空间中的声场。例如,机器在车间或实验室中发出噪声,当门、窗或其他开口的面积远小于整个边界的面积,则室内的声场就可以近似地看作是封闭空间中的声场。声源在封闭空间中辐射声波时,传播到各界面上的声波,一部分被界面吸收,一部分被反射。在一般房间中,要经过多次反射后,声波的强度才减弱到可以被忽略的程度。

4.直达声和混响声

声源在封闭空间中连续稳定地辐射声波时,空间各点的声能是来自各方向的声波叠加的结果。其中,未经反射、直接传播到某点的声波称为直达声;一次和多次反射声的叠加称为混响声。直达声的强度与离声源中心的距离的平方成反比。如果频率较高(波长与空间尺寸相比很小),混响声的强度可近似地认为各处相等。混响声能的大小,除与声源辐射功率有关外,还与空间大小和诸界面的平均吸声系数有关。

5.室内声压稳态值

声源以声功率在封闭空间中稳定地辐射声波时,一方面,声波在媒质中传播时,声能不断衰减,声波遇到界面时又有一部分能量被吸收,另一方面,声源又不断地补充声能。开始发声后经过很短一段时间,声能就达到动态平衡状态,这时空间内各点声压达到一稳态值。

6.扩散场距离

直达声压按距离反比规律而衰减,混响声可近似认为在空间内各点都相等,因此在离声源的某一距离处,其直达声有效声压与混响声有效声压正好相等,这个距离称为扩散场距离 RC。

封闭空间体积或界面的吸声系数越大,扩散场距离就越大。当声源在各方向辐射的指向性因数不同时,不同方向上的扩散场距离也不同。如果声源辐射无指向性,即 R_θ 为 1,这时各方向的扩散场距离都相同,称为混响半径。

在小于扩散场距离的区域内,直达声大于混响声,在允许误差范围内,可以忽略混响声(即反射声)影响的区域,作为近似的自由声场。反之,在大于扩散场距离的区域内,混响声大于直达声,称为混响声场。

7.简正方式

声波在互相平行的一对刚性界面之间传播时,如果距离为半波长的整数倍,就会产生共振。相应的频率称为简正频率(或固有频率、共振频率),相应的驻波传播方式称为简正振动方式,或简正方式。三维空间有一系列的各种类型的简正方式。关于简正频率的计算式见室内声学。

8.扩散声场

当封闭空间内被激发起足够多的简正方式时,由于不同方式有各自特定的传播方向,因而使达到某点的声波包括了各种可能的入射方向。在这种情况下,除了在扩散场距离内的自由声场区和离界面 1/4 波长范围内的固定干涉区以外,空间内各点的声能密度相等;从各个方向到达某点的声强相等;到达某点的各波束之间的相位是无规的。具备这样特性的声场称为扩散声场。

理想的扩散声场也是难以获得的。特别在低频段,被激发起的简正方式较少,到达某点的声波入射方向不够多,各点声能密度的起伏也比较大。此外,当界面有大块面积的表面声阻抗率相差很大的材料时,也会使空间内的声场不均匀。这种情况称为声场不扩散或扩散不良。为了获得较好的声场扩散条件,特别对于混响室或专门测试噪声的实验室,在设计时应考虑采取以下措施:①使实验室有足够大的体积;②使实验室有良好的布局;③在室内增加适当的固定或活动的扩散体。

3.4.13　声场衰变和混响时间

声源一停止发声,封闭空间内各处的平均声能密度就按指数率逐渐衰变。声能密度衰变到原来的百万分之一时所需的时间称为混响时间。混响时间的长短与空间体积成正比,而与空间内声吸收成反比。

不同类型的简正方式有不同的指数衰变率(或混响时间)。总的衰变过程不是单一的指数衰变规律,同时空间内不同点的衰变率也往往有较大的差异。这种混响时间的不均匀性和衰变率的不规则性是与声场扩散不良紧密联系的。

当声场扩散不良时,室内各点声压值和混响时间的起伏都比较大。这时,在实际声学测量中,只有在较多的测点求出多次测量的平均值,才能得到较为准确的实验结果。

3.5　数字对象视频类型存储标准

3.5.1　数据率

比特率表示经过编码(压缩)后的音频数据每秒需要用多少个比特来表示比特率与音视频压缩的关系。简单而言,就是比特率越高音视频的质量就越好,但编码后的文件就越大;如果比特率越少则情况刚好反转。在音频和视频中比特率就是码率,大多以 Kbps 为单位,采样率等于取样率,在视频里相当于帧数。把采样得到的一个个静止画面再以采样率同样的速度回放时,看到的就是连续的画面。帧数的单位是 fps(帧每秒),是指每秒的刷新率(单位为 Hz),比如动画里一帧就是一幅静止画面,每一帧的刷新率是 24 帧每秒(24 Hz)。

从音频来讲,表示每个取样的数据量也就是位数(相当于画面的颜色数)越大,回放的声音越准确。

3.5.2　色彩

色彩方面,视频色彩都是采用同样的原理和标准,其色彩的形成,类似于大面积涂抹的方法,并不能真正完美地还原真实的色彩,只是在一定程度上对真实物体色彩的模仿。而且,视频色彩并不能表现自然界全部的色彩,只能表现自然界真实色彩中的 2/3 左右。液晶电视,只能表现(美国)国家电视标准委员会(National Television Standards Committe,NTSC)色域的 72%,即使是三星的广色域面板,也只能达到 NTSC 的 92%。

1.色温的调整影响色彩风格

将一黑体加热到不同温度所发出的光色来表达一个光源的颜色,叫作一个光源的颜色温度,简称色温。例如,光源的颜色与黑体加热到 6500 K 所发出的光色相同,则此光源的色温就是 6500 K。电视机常见的色温有 5000 K,6500 K,9300 K 等。色温越高,颜色越偏蓝,越偏向于冷色调;色温越低,颜色偏红,越偏向于暖色调。可根据个人的喜好或节目本身的色彩风格确定相应的色温。

2.色度就是色彩的浓艳

色度是色彩调整的一个重要项目,有的也叫色饱和度。色度的高低决定色彩的浓艳,喜欢浓郁色彩,色度可以调高些,而喜欢淡雅风格的,色度不宜过高。

色度过低,会失去色彩;色度过高,色彩会过分浓艳,也无法观看。

3.色调就是色彩的风格

N 制因为在传输过程中容易出现色彩偏移,所以必须进行色彩调整,而 PAL 则是针对这一个问题对策的制式,所以不要求对其调整。

色调不是指颜色的性质,是对一幅绘画作品的整体颜色评价。一幅绘画作品虽然用了多种颜色,但总体有一种倾向,是偏蓝或偏红,是偏暖或偏冷,等等。这种颜色上的倾向就是一副绘画的色调。通常可以从色相、明度、冷暖、纯度四个方面来定义一幅作品的色调。

不同的性格、阅历和身份,对色彩的风格有着完全不同的取向,这时可以通过调整色调来改善。不同的电影也有不同的色彩风格,怀旧片、言情片、青春片、战争片,各自有不同的色彩风格,不同的导演也喜欢不同的色彩风格。我们在欣赏电影的时候,可以根据不同的影片,在菜单中调整相应的色调。

色彩调整是一件非常主观的事情,需要时间和经验,而且不是调整某一个菜单选项就可以达到最佳状态的,需要"综合治理",要将色温、色饱和度、色调等选项综合平衡,甚至要和亮度、对比度的调整结合起来,最后才能寻找到令自己最满意的效果。

3.5.3 编码器

视频编码器按照分辨率大小可以分为标清 SD(standard defination)视频编码器和高清 HD (high defination)视频编码器。分辨率越高,图像视频越清晰,视频高清化是未来发展的趋势,现在许多行业要求全高清分辨率,即 PAL 制 1080P50(1920×1080,每秒 50 帧刷新速率),N 制 1080P60(1920×1080,每秒 60 帧刷新速率)。

视频编码器按照压缩方式不同可分为 H.263 视频编码器、MPEG-2 视频编码器、MPEG-4 视频编码器和 H.264 视频编码器,拓扑威视视频编码器使用 H.264 压缩技术。由于 H.264 是一种高性能的视频编解码技术,随着芯片和处理器技术的发展,最近几年在硬盘录像机、HD-DVD 和蓝光等存储领域中得到了广泛的应用。

由专用音视频压缩编解码器芯片、数据和报警输入输出通道、网络接口、音视频接口(HDMI,VGA,HD-SDI)、RS232 串行接口控制、协议接口控制、嵌入软件等构成。

高压缩比和高质量流畅图像,在网络传输过程中需要小带宽,码流控制精度高是任何优秀视频编码器应该具有的基本特性。低编码延时,全高清,能够传输鼠标键盘等 KVM 信息和计算机数据信号、报警信号和其他数字信息,传输数字电视 DTV 信号和电脑大屏幕 VEST 系列信号是任何优秀网络视频编码器应该具有的扩充特性。在视频编码器基本特性和扩充特性基础上添加了本地 SD 卡存储、矩阵切换等功能就形成拓扑威视视频编码器。

拓扑威视视频编码器特性包括:全高清 H. 264 编码,1 ms 以内编码延时,码流控制偏差在 5% 以内,语音对讲,带有 Wi-Fi/3G/LTE 无线 USB 接口,编码码流可以用 VLC,FFMPEG 等标准播放器软件回放,可以用以太网和电力线传输音视频信号,也可以通过 USB 无线接口传输音视频信号。

这种视频编码器适合于医疗、卫星视频、教育、新闻采访、法院、公安、银行、交通等行业应用。

3.5.4　压缩率

压缩率(compression ratio),描述了压缩文件的效果,是文件压缩后的大小与压缩前的大小之比,比如 100 MB 的文件压缩后是 90 MB,压缩率就是 $90/100×100\% = 90\%$,压缩率一般是越小越好,但是压得越小,用时越长。

3.5.5　帧

数据在网络上是以很小的称作帧(frame)的单位传输的,帧由几部分组成,不同的部分执行不同的功能。帧通过特定的称作网络驱动程序的软件进行成型,然后通过网卡发送到网线上,通过网线到达它们的目的机器,在目的机器的一端执行相反的过程。接收端机器的以太网卡捕获到这些帧,并告诉操作系统帧已到达,然后对其进行存储。

"帧"数据由两部分组成:帧头和帧数据。帧头包括接收方主机物理地址的定位以及其他网络信息。帧数据区含有一个数据体。为确保计算机能够解释数据帧中的数据,这两台计算机使用一种公用的通信协议。互联网使用的通信协议简称 IP,即互联网协议。IP 数据体由两部分组成:数据体头部和数据体的数据区。数据体头部包括 IP 源地址和 IP 目标地址,以及其他信息。数据体的数据区包括用户数据报协议(user datagram protocol,UDP),传输控制协议(transmission control protocol,TCP),还有数据包的其他信息。这些数据包都含有附加的进程信息以及实际数据。

3.5.6　帧速率

帧速率(frames per second,fps),即帧每秒,是指每秒刷新的图片的帧数,也可以理解为图形处理器每秒能够刷新几次。对影片内容而言,帧速率指每秒所显示的静止帧格数。要生成平滑连贯的动画效果,帧速率一般不小于 8 fps;而电影的帧速率为 24 fps。捕捉动态视频内容时,此数字愈高愈好。

如果具体到手机,就是指每秒能够播放(或者录制)多少个画面。同时,更高的帧速率可以得到更流畅、更逼真的动画。每秒帧数(fps)越多,所显示的动作就会越流畅。

视频是连续快速地显示在屏幕上的一系列图像,可提供连续的运动效果。每秒出现的帧数称为帧速率,是以每秒帧数 (fps) 为单位度量的。帧速率越高,每秒用来显示系列图像的帧数就越多,从而使得运动更加流畅。视频品质越高,帧速率也越高,也就需要更多的数据,从而占用更多的带宽。在处理数字压缩视频时,帧速率越高,文件将越大。要减少文件大小,可降低帧速率或比特率。如果降低比特率,而将帧速率保持不变,图像品质将会降低。

以原有帧速率(视频最初录制时的帧速率)观看视频的效果会更好,因此,如果传送通道和播放平台允许的话,Adobe 建议保留较高的帧速率。对于全动态 NTSC 视频,可使用 29.97 fps;对于 PAL 视频,请使用 25 fps。如果降低帧速率,Adobe Media Encoder 会在线性速率下丢失帧,如果必须降低帧速率,均分速率将能获得最佳效果。例如,如果源帧速率为 24 fps,请将帧速率降为 12 fps,8 fps,6 fps,4 fps,3 fps 或 2 fps。

对于移动设备,可使用设备特定的编码预设,也可以使用 Adobe Device Central 来确定许多特定移动设备的相应设置。

如果使用嵌入的视频创建 SWF 文件,视频剪辑的帧速率必须与 SWF 文件的帧速率相同。如果对 SWF 文件和嵌入的视频剪辑使用不同的帧速率,回放时则会不一致。

3.5.7　采样率

采样率,也称为采样速度或者采样频率,定义了每秒从连续信号中提取并组成离散信号的采样个数,它的单位为赫兹(Hz)。采样频率的倒数叫作采样周期或采样时间,它是采样之间的时间间隔。采样频率只能用于周期性采样的采样器,对于非周期性采样的采样器没有规则限制。

采样频率的常用表示符号是 fs。

在模拟视频中,采样率可定义为帧频和场频,而不是概念上的像素时钟。图像采样频率是传感器积分周期的循环速度。由于积分周期远远小于重复所需时间,采样频率可能与采样时间的倒数不同。

当模拟视频转换为数字视频的时候,出现另外一种不同的采样过程,这次是使用像素频率。一些常见的像素采样率有:13.5 MHz-CCIR 601,D1 Video。

3.5.8　显示比例

视频比例是指影视播放器播放的影视画面长和宽的比例。普通家庭所用的 CRT 电视机,其显示画面的长和宽的比例是 4：3,即视频比例为 4：3。目前正在发展的高清显示,视频比例一般要求是 16：9。

3.5.9　信号制式

在视频设备中,我们经常可以遇到信号制式,现在常见的视频信号制式有 PAL,NTSC 和 SECAM,其中 PAL 和 NTSC 是应用最广的,PAL 是逐行倒相正交平衡调幅制,NTSC 是正交平衡调幅制。

NTSC 电视标准,每秒 29.97 帧(简化为 30 帧),电视扫描线为 525 线,偶场在前,奇场在后,标准的数字化 NTSC 电视标准分辨率为 720×486,24 比特的色彩位深,画面的宽高比为 4：3。NTSC 电视标准用于美、日等国家。

PAL 电视标准,每秒 25 帧,电视扫描线为 625 线,奇场在前,偶场在后,标准的数字化

PAL 电视标准分辨率为 720×576,24 比特的色彩位深,画面的宽高比为 4：3,PAL 电视标准用于中国、欧洲等国家。

PAL 制式全名为 phase alternating line,中文意思是逐行倒相,是电视广播中色彩编码的一种方法。它是西德在 1962 年指定的彩色电视广播标准,采用逐行倒相正交平衡调幅的技术方法,克服了 NTSC 制相位敏感造成色彩失真的缺点。德国、英国等一些西欧国家,新加坡、澳大利亚、新西兰、中国大陆及中国香港等地采用这种制式。PAL 由德国人 Walter Bruch 于 1967 年提出,当时他是为德律风根(Telefunken)工作。PAL 有时亦被用来指 625 线,每秒 25 格,隔行扫描,PAL 色彩编码的电视制式。PAL 制式中根据不同的参数细节,又可以进一步划分为 G,I,D 等制式,其中 PAL-D 制是我国大陆采用的制式。

NTSC 是 National Television Systems Committee 的缩写,意思是"国家电视系统委员会制式"。NTSC 负责开发一套美国标准电视广播传输和接收协议。此外,还有两套标准:逐行倒相(phase alteration line,PAL)和顺序与存储彩色电视系统(SECAM),用于世界上的其他国家。NTSC 标准从产生至今除了增加了色彩信号的新参数之外,没有太大的变化。NTSC 信号是不能直接兼容于计算机系统的。NTSC 电视全屏图像的每一帧有 525 条水平线。这些线从左到右、从上到下排列。因为每隔一条线跳跃,所以每一个完整的帧需要扫描两次屏幕:第一次扫描是奇数线,另一次扫描是偶数线。每次半帧屏幕扫描需要大约 1/60 s;整帧扫描需要 1/30 s。这种隔行扫描系统也叫 Interlacing(也是隔行扫描的意思)。适配器可以把 NTSC 信号转换成为计算机能够识别的数字信号。相反地,还有种设备能把计算机视频转成 NTSC 信号,能把电视接收器当成计算机显示器那样使用。但是由于通用电视接收器的分辨率要比一台普通显示器低,所以即使电视屏幕再大也不能适应所有的计算机程序。

近年来,随着视频行业的兴起与普及,需要一种标准的制式。其中,高清晰度电视(high definition television,HDTV)标准可以完全被计算机系统直接兼容,然而仍然有些设计上的问题尚待解决。有些业内专家担心这样的兼容性会严重增加通用电视机的成本。

SECAM 制式,又称塞康制,是法文 Sequentiel Couleur A Memoire 的缩写,意为"按顺序传送彩色与存储",1966 年由法国研制成功,它属于同时顺序制。在信号传输过程中,亮度信号每行传送,而两个色差信号则逐行依次传送,即用行错开传输时间的办法来避免同时传输时所产生的串色以及由其造成的彩色失真。SECAM 制式的特点是不怕干扰,彩色效果好,但兼容性差。帧频每秒 25 帧,扫描线 625 行,隔行扫描,画面比例 4：3,分辨率 720×576。采用 SECAM 制的国家主要为俄罗斯、法国、埃及等。

3.5.10　视频格式

视频格式可以分为适合本地播放的本地影像视频和适合在网络中播放的网络流媒体影像视频两大类。尽管后者在播放的稳定性和播放画面质量上可能没有前者优秀,但网络流媒体影像视频的广泛传播性使之正被广泛应用于视频点播、网络演示、远程教育、网络视频广告等互联网信息服务领域。常见格式有 MPEG,MPG 和 DAT。

1. MPEG

MPEG 格式,英文全称为 motion picture experts group,即运动图像专家组格式,家里常看的 VCD、SVCD、DVD 就是这种格式。MPEG 文件格式是运动图像压缩算法的国际标准,它采用了有损压缩方法来减少运动图像中的冗余信息,说得更加明白一点就是 MPEG 压缩方法的依据是相邻的两幅画面绝大多数是相同的,把后续图像中和前面图像有冗余的部分去除,从而达到压缩的目的(其最大压缩比可达到 200∶1)。MPEG 格式有三个压缩标准,分别是 MPEG-1、MPEG-4、MPEG-7 和 MPEG-21。

MPEG-1:制定于 1992 年,它是针对 1.5 Mbps 以下数据传输率的数字存储媒体运动图像及其伴音编码而设计的国际标准,也就是我们通常所见到的 VCD 制作格式。使用 MPEG-1 的压缩算法,可以把一部时长 120 min 的电影压缩到 1.2 GB 左右。

MPEG-4:制定于 1998 年,MPEG-4 是为了播放流式媒体的高质量视频而专门设计的,它可利用很窄的带度,通过帧重建技术,压缩和传输数据,以求使用最少的数据获得最佳的图像质量。目前 MPEG-4 最有吸引力的地方在于它能够保存接近于 DVD 画质的小体积视频文件。另外,这种文件格式还包含了以前 MPEG 压缩标准所不具备的比特率的可伸缩性、动画精灵、交互性甚至版权保护等一些特殊功能。这种视频格式的文件扩展名包括:.asf、.mov 和 DivX、AVI 等。

MPEG-7:确切来讲,MPEG-7 并不是一种压缩编码方法,其正规的名字叫作"多媒体内容描述接口",其目的是生成一种用来描述多媒体内容的标准。这个标准将对信息含义的解释提供一定的自由度,可以被传送给设备和电脑程序,或者被设备或电脑程序查取。

MPEG-21:MPEG 在 1999 年 10 月的 MPEG 会议上提出了"多媒体框架"的概念,同年 12 月的 MPEG 会议上将 MPEG-21 的正式名称确定为"多媒体框架"或"数字视听框架"。它以将标准集成起来支持协调的技术以管理多媒体商务为目标,目的就是理解如何将不同的技术和标准结合在一起需要什么新的标准以及完成不同标准的结合工作。

2. AVI

AVI,即 audio video interleaved 的缩写,音频视频交错的意思。AVI 这个由微软公司发表的视频格式,在视频领域可以说是很悠久的格式之一。AVI 格式调用方便、图像质量好,压缩标准可任意选择,是应用极广泛,也是应用时间极长的格式之一。

3. MOV

美国 Apple 公司开发的一种视频格式,默认的播放器是苹果的 QuickTime。具有较高的压缩比率和较完美的视频清晰度等特点,但是其最大的特点还是跨平台性,即不仅能支持 Mac OS,同样也能支持 Windows 系列。

4. ASF

ASF 是 advanced streaming format 的缩写,高级流格式的意思。ASF 是 Microsoft 为了和 Real Player 竞争而发展出来的一种可以直接在网上观看视频节目的文件压缩格式。ASF 使用了 MPEG-4 的压缩算法,压缩率和图像的质量都很不错。因为 ASF 是以一个可以在网上即时观赏的视频流格式存在的,所以它的图像质量比 VCD 差,但比同是视频流格式的 RAM 格式要好。

5. WMV

一种独立于编码方式的在 Internet 上实时传播多媒体的技术标准,Microsoft 公司希望用其取代 QuickTime 之类的技术标准以及 WAV,AVI 之类的文件扩展名。WMV 的主要优点在于:可扩充的媒体类型、本地或网络回放、可伸缩的媒体类型、流的优先级化、多语言支持、扩展性等。

6. NAVI

NAVI 是 New Avi 的缩写,是一个名为 Shadow Realm 的组织发展起来的一种新视频格式。它是由 Microsoft ASF 压缩算法修改而来的,视频格式追求的无非是压缩率和图像质量,所以 NAVI 为了追求这个目标,改善了原始的 ASF 格式的一些不足,使得 NAVI 可以拥有更高的帧率。可以这样说,NAVI 是一种去掉视频流特性的改良型 ASF 格式。

7. 3GP

3GP 是一种 3G 流媒体的视频编码格式,主要是为了配合 3G 网络的高传输速度而开发的,也是目前手机中最为常见的一种视频格式。

简单地说,该格式是"第三代合作伙伴项目(3GPP)"制定的一种多媒体标准,使用户能使用手机享受高质量的视频、音频等多媒体内容。其核心由包括高级音频编码(AAC)、自适应多速率(AMR)和 MPEG-4 及 H.263 视频编码解码器等组成,目前大部分支持视频拍摄的手机都支持 3GP 格式的视频播放。其特点是网速占用较少,但画质较差。

8. REAL VIDEO

REAL VIDEO(RA,RAM)格式从一开始就是定位在视频流应用方面的,也可以说是视频流技术的始创者。它可以在用 56K MODEM 拨号上网的条件下实现不间断的视频播放,当然,其图像质量和 MPEG-2,DIVX 等相比较差。

9. MKV

一种后缀为 MKV 的视频文件频频出现在网络上,它可在一个文件中集成多条不同类型的音轨和字幕轨,而且其视频编码的自由度也非常大,可以是常见的 DivX,XviD,3IVX,甚至可以是 RealVideo,QuickTime,WMV 这类流式视频。实际上,它是一种全称为 Matroska 的新型多媒体封装格式,这种先进的、开放的封装格式已经给我们展示出了非常好的应用前景。

10. FLV

FLV 是 Flash Video 的缩写,FLV 流媒体格式是一种新的视频格式。由于它形成的文件极小、加载速度极快,使得网络观看视频文件成为可能,它的出现有效地解决了视频文件导入 Flash 后,使导出的 SWF 文件体积庞大,不能在网络上很好地使用等缺点。

11. F4V

作为一种更小更清晰,更利于在网络传播的格式,F4V 已经逐渐取代了传统 FLV,也已经能够被大多数主流播放器兼容播放,而不需要通过转换等复杂的方式来使用。F4V 是 Adobe 公司为了迎接高清时代而推出继 FLV 格式后的支持 H.264 的 F4V 流媒体格式。它和 FLV 主要的区别在于,FLV 格式采用的是 H.263 编码,而 F4V 则支持 H.264 编码的高清晰视频,码率最高可达 50 Mbps。也就是说,F4V 和 FLV 在同等体积的前提下,能够实现更高的分辨率,并支持更高比特率,就是我们所说的更清晰、更流畅。另外,很多主流媒体网站上下载的 F4V 文件后缀却为 FLV,这是 F4V 格式的另一个特点,属正常现象,观看时可明显感觉到这种实为 F4V 的 FLV,其清晰度和流畅度明显更高。

12. RMVB

RMVB 的前身为 RM 格式,它们是 Real Networks 公司所制定的音频视频压缩规范。根据不同的网络传输速率,可制定出不同的压缩比率,从而实现在低速率的网络上进行影像数据实时传送和播放,具有体积小、画质也还不错的优点。

早期的 RM 格式是为了能够实现在有限带宽的情况下,进行视频在线播放而被研发出来。为了实现更优化的体积与画面质量,Real Networks 公司不久后又在 RM 的基础上,推出了可变比特率编码的 RMVB 格式。RMVB 的诞生,打破了原先 RM 格式那种平均压缩采样的方式,在保证平均压缩比的基础上,采用浮动比特率编码的方式,将较高的比特率用于复杂的动态画面(如歌舞、飞车、战争等),而在静态画面中则灵活地转为较低的采样率,从而合理地利用了比特率资源,使 RMVB 最大限度地压缩了影片的大小,最终拥有了近乎完美的接近于 DVD 品质的视听效果。例如,一般而言一部 120 min 的 DVD 大小为 4 GB,而用 RMVB 格式来压缩,仅 400 MB 左右,而且其清晰度、流畅度并不比原 DVD 差。

人们为了缩短视频文件在网络进行传播的下载时间,为了节约用户电脑硬盘宝贵的空间容量,越来越多的视频被压制成了 RMVB 格式,并广为流传。到如今,可能每一位电脑使用者(或许就包括正在阅读这篇文章的您)电脑中的视频文件,超过 80% 都会是 RMVB 格式。

13. WebM

WebM 由 Google 提出,是一个开放、免费的媒体文件格式。WebM 影片格式其实是以 Matroska(MKV) 容器格式为基础开发的新容器格式,里面包括了 VP8 影片轨和 Ogg Vorbis 音轨,其中 Google 将其拥有的 VP8 视频编码技术以类似 BSD 授权开源,Ogg Vorbis 本来就是开放格式。WebM 标准的网络视频更加偏向于开源并且是基于 HTML5 标准的,WebM 项目旨在为对每个人都开放的网络开发高质量、开放的视频格式,其重点是解决视频服务这一核心的网络用户体验。Google 说 WebM 的格式相当有效率,应该可以在 Netbook,Tablet,手持式装置等上面顺畅地使用。

14. DV-AVI

DV 的英文全称是 digital video,是由索尼、松下、JVC 等多家厂商联合提出的一种家用数字视频格式。非常流行的数码摄像机就是使用这种格式记录视频数据的。它可以通过电脑的 IEEE 1394 端口传输视频数据到电脑,也可以将电脑中编辑好的视频数据回录到数码摄像机中。这种视频格式的文件扩展名一般是 AVI,所以也叫 DV-AVI 格式。

15. DivX

这是由 MPEG-4 衍生出来的另一种视频编码(压缩)标准,也即我们通常所说的 DVDrip 格式,它采用了 MPEG-4 的压缩算法同时又综合了 MPEG-4 与 MP3 各方面的技术,说白了就是使用 DivX 压缩技术对 DVD 盘片的视频图像进行高质量压缩,同时用 MP3 或 AC3 对音频进行压缩,然后再将视频与音频合成并加上相应的外挂字幕文件而形成的视频格式,其画质直逼 DVD,并且文件大小只有 DVD 的几分之一。

3.5.11　分辨率

分辨率(resolution),也称作解析度,就是屏幕图像的精密度,是指显示器所能显示的像素的多少。由于屏幕上的点、线和面都是由像素组成的,显示器可显示的像素越多,画面就越精细,同样的屏幕区域内能显示的信息也越多,所以分辨率是个非常重要的性能指标之一。可以把整个图像想象成是一个大型的棋盘,而分辨率的表示方式就是所有经线和纬线交叉点的数目。

分辨率决定了位图图像细节的精细程度。通常情况下,图像的分辨率越高,所包含的像素就越多,图像就越清晰,印刷的质量也就越好。同时,它也会增加文件占用的存储空间。

分辨率是和图像相关的一个重要概念,它是衡量图像细节表现力的技术参数。大家往往把分辨率和点距混为一谈,其实这是两个截然不同的概念。点距是指像素点与点之间的距离,像素数越多,其分辨率就越高,因此,分辨率通常是以像素数来计量的,如 640×480,其像素数为 307200。

由于在图形环境中高分辨率能有效地收缩屏幕图像,所以在屏幕尺寸不变的情况下,其分辨率不能越过它的最大合理限度,否则就失去了意义。

分辨率是保证彩色显示器清晰度的重要前提。显示器的点距是高分辨率的基础之一,大屏幕彩色显示器的点距一般为 0.28,0.26,0.25。高分辨率的另一方面是指显示器在水平和垂直显示方面能够达到的最大像素点,一般有 320×240,640×480,1024×768,1280×1024 等几种,好的大屏幕彩色显示器通常能够达到 1600×1280 的分辨率。较高的分辨率不仅意味着较高的清晰度,而且意味着在同样的显示区域内能够显示更多的内容。比如在 640×480 分辨率下只能显示一页内容,在 1600×1280 分辨率下则能同时显示两页。

分辨率是度量位图图像内数据量多少的一个参数。通常表示成像素每英寸(pixel per inch,ppi)和点每英寸(dot per inch,dpi)。包含的数据越多,图形文件的长度就越大,也能表现更丰富的细节。但更大的文件需要耗用更多的计算机资源,更多的内存,更大的硬盘空间等。假如图像包含的数据不够充分(图形分辨率较低),就会显得相当粗糙,特别是当把图像放大到一个较大尺寸观看的时候。所以在图片创建期间,我们必须根据图像最终的用途决定正确的分辨率。这里的技巧是要保证图像包含足够多的数据,能满足最终输出的需要。同时要适量,尽量少占用一些计算机的资源。

通常,"分辨率"被表示成每一个方向上的像素数量,比如 640×480 等。某些情况下也可以同时表示成"像素每英寸(ppi)"以及图形的长度和宽度。比如 72 ppi 和 8×6 英寸。ppi 和 dpi 都会经常出现混用现象。从技术角度说,"像素"(p)只存在于计算机显示领域,而"点"(d)只出现于打印或印刷领域。分辨率和图像的像素有直接关系。我们来算一算,一张分辨率为 640×480 的图片,那它的分辨率就达到了 307200 像素,也就是我们常说的 30 万像素;而一张分辨率为 1600×1200 的图片,它的像素就是 200 万。这样,我们就知道,分辨率的两个数字表示的是图片在长和宽上占的点数的单位。一张数码图片的长宽比通常是4：3。对于 LCD 液晶显示器和传统的 CRT 显示器,分辨率都是重要的参数之一。传统 CRT 显示器所支持的分辨率较有弹性,而 LCD 的像素间距已经固定,所以支持的显示模式不像 CRT 那么多。LCD 的最佳分辨率,也叫最大分辨率,在该分辨率下,液晶显示器才能显现最佳影像。

目前 15 英寸 LCD 的最佳分辨率为 1024×768，$17 \sim 19$ 英寸的最佳分辨率通常为 1280×1024，更大尺寸拥有更大的最佳分辨率。

显示器呈现分辨率较低的显示模式时，有两种方式进行显示。第一种为居中显示，例如在 XGA 1024×768 的屏幕上显示 SVGA 800×600 的画面时，只有屏幕居中的 800×600 个像素被呈现出来，其他没有被呈现出来的像素则维持黑暗，目前该方法较少采用。另一种称为扩展显示：在显示低于最佳分辨率的画面时，各像素点通过差动算法扩充到相邻像素点显示，从而使整个画面被充满。这样也使画面失去原来的清晰度和真实的色彩。

由于现在相同尺寸的液晶显示器的最大分辨率通常是一致的，所以同尺寸的 LCD 的价格一般与分辨率没有关系。

WVGA：800×480。

QVGA：320×240。

VGA：640×480。

HVGA：480×320。

QVGA，即"Quarter VGA"，顾名思义就是 VGA 的四分之一尺寸，也就是在液晶屏幕（LCD）上输出的分辨率为 240 dpi $\times$ 320 dpi。QVGA 支持屏幕旋转，可以开发出相应的程序以显示旋转 $90°$，$180°$，$270°$ 屏幕位置。由 HandEra 公司发布，多用于手持/移动设备。

第 4 章   数字资源索引与压缩

4.1   数字资源索引技术

CADAL 推荐采用基于 XML 语言的 DRSS 文档存储数字资源元数据,随着数字资源存储文档数量的不断增长,势必要采用更为有效的数据管理和更快、更精确的查询方式。为了提高数字资源的查询效率,一种有效的方法——基于 XML 的数字资源索引技术应运而生。

本章先从索引技术基础讲起,概要介绍了基于 XML 的索引技术;然后根据数字资源文档的存取方式,分别介绍文件系统、支持 XML 技术的关系型数据库及原生 XML 数据库对数字资源文档的索引;最后介绍了几个主流数据库对 XML 文档索引的支持情况。

4.1.1   索引技术概论

在讨论索引技术时,主要考虑两方面的问题:一是索引的对象,即在什么数据上建索引;二是索引的组织形式。下面分别讨论这两方面的问题。

1. 索引的对象

在关系世界中,索引的对象很简单,就是元组的某一属性。这是因为在关系数据库里只存在一种结构——关系表,查询时直接查询表中的数据项。我们称这种索引为值索引。然而在基于 XML 的数据库中,查询是多种多样的。有时是对 XML 文档中关键词的搜索,这类搜索可以用值索引来辅助;但是更多的是类似于 XPath 或 XQuery 那样的查询,这时搜索不仅涉及值,还涉及结构(如一个节点在文档树中的路径)。因此,仅在某些值上建立索引是不够的。在支持 XML 技术的关系型数据库里,由于结构信息(如一个边的路径)往往分裂在几个表里面,因此无法对路径建立索引,查找特定路径的节点往往是通过几个表间的连接(称为 structural join 或 containment query)来实现的,这也是支持 XML 技术的关系型数据库效率低下的原因之一。考虑到这些因素,一般的原生 XML 数据库都对多个对象建立索引,主要有:值索引,即在属性值或结点内容上建立索引;节点名索引,即在节点标记上建立索引;边或路径索引,即在 XML 文档树的边上建立索引。

2. 索引的组织结构

下面我们来看索引的组织形式。在关系型数据库中,索引的组织形式主要是 B+树及其变体。B+树结构的优点有如下几个方面:

- 它是平衡的,因而对数据项的访问代价基本确定;
- 它是扁平的,因而搜索时间深度不是太深,访问磁盘的 I/O 不会太多;

• 它是插入的,删除和查询时的效率都较高。

因此 B+树的综合性能较好,用 B+树建立索引无疑是可行的。但是用它来管理 XML 文档的路径信息可能不尽如人意。这是由于当 XML 文档的模式改变时索引结构及索引项都要做较大调整,显然这就使得维护 B+树需要付出高昂的代价。另外,B+树对索引项的长度和索引项的数目是比较敏感的,如果要在大量长的而且重复较少的数据项上建立索引,B+树就会快速膨胀,从而导致访问时磁盘 I/O 的增加和更新时的烦琐,因而 B+树也不适合直接管理大量的路径信息。

另外一种常用的索引结构是哈希表。哈希表根据一个哈希函数快速将搜索键定位到某个桶里面,如果桶中的记录不多就可以快速找到索引项;但是当索引项过多时,桶的空间和数目就会快速增长。此外,哈希表的性能取决于哈希函数的选择,一个糟糕的哈希函数同样可以导致索引性能低下,而在很多情况下,在知道索引项性质之前很难选择一个理想的哈希函数。因此,哈希表也不一定适合于管理 XML 数据。

此外,还有一些传统的索引技术,如倒排表(inverted list),但是它的作用范围有限,一般用在文本搜索或关键字查询中,所以只作为一个辅助索引。

4.1.2　XML 索引及其分类

对 XML 数据建立有效的索引是左右 XML 数据处理性能的重要因素。当前 XML 索引技术主要分为两大类:节点记录类索引和结构摘要类索引。

1.节点记录类索引

节点记录类索引本质上是将 XML 数据分解为数据单元的记录集合,同时在记录中保存该单元在 XML 数据中的位置信息。其主要有两种获取位置信息的方法:一种是节点序号方法(node numbering method),亦称作节点标签方法(node labeling method);另一种是节点路径方法(node path method)。

根据路径信息表现形式的不同,节点记录类索引分为三大类:基于节点序号的索引、基于节点路径信息的索引和两者相结合的混合索引。

(1)基于节点序号的索引

基于节点序号的索引中的位置信息是节点在某种遍历序列中的序号。对于一个 XML 文档,设计遍历 XML 文档的策略,遍历的最终结果表现为一个由节点组成的序列。节点的标签在序列中就有一个序号,该序号表明了节点间的次序关系,也能够反映节点间的结构关系,进而就可以基于该节点的序号信息捕获节点间的结构关系。

基于节点序号的索引的基本思想是:基于 XML 文档设计某种遍历策略,得到由节点组成的序列,节点的标签在序列中就具有唯一的次序,将序列与某指标集(常用自然数)建立一一映射的关系,对应序列中的某个标签就有唯一的序号;对任意两个具有节点序号信息的节点,可以构建某种运算,该运算的结果可以表征节点间的结构关系,即

$$\{(独立单元属性,位置信息)\}\to(结构关系)$$

根据标签序列生成方式的不同,目前基于节点序号的索引可以分为基于标签有向树的遍历(如先序遍历和后序遍历)和基于字符流模型的顺序处理两种。根据映射指标集的不同,可以分为赋以自然数、赋以局部编码和赋以素数的方式。在序列生成和节点序号赋值的

基础上,可以构建不同形式的位置信息,进而形成不同的节点记录索引形式。

（2）基于节点路径的索引

XML 数据中结构的信息可以由节点的路径信息获知:如果给定两节点的路径信息,同时在预知两节点存在结构关系的情况下,就必然可以获知它们之间的结构关系,即节点 A 的标签路径包含节点 B 的标签路径,那么在 XML 树中 A 和 B 之间一定具有祖先—子孙的结构关系,且 B 是 A 的祖先。基于节点路径信息可以获取结构关系,因此可以基于节点路径进行 XML 索引。

基于节点路径的索引的核心技术是字符串的模式匹配,这类索引记录数据的管理方法有许多来自于信息获取领域。例如:Trie,Patricia trie,Suffix tree 和 Suffix array 等结构。基于节点路径的索引记录的基本模式为(数据单元标识、路径信息)。由于这类索引的大部分处理模式与传统的模式匹配有很深的关系,有兴趣的读者可以参考相关方面的书籍。

（3）混合索引

同时保留节点的序号信息以及节点的路径作为索引记录的位置信息,就构成了混合索引。这类索引记录的模式多为多个模式的组合,基本的模式为(数据单元的标识、路径序号、序号位置信息)和(路径序号、标签路径)的组合。混合索引吸收了节点记录索引和路径索引的优点:既具有路径模式匹配时不必分解为最小片断的要求,同时还能够保证得到的结果符合保序的要求。但是在支持 XML 数据修改问题上,混合索引还是有一定值得探讨的余地。

2.结构摘要类索引

针对 XML 查询处理时对标签路径相同的节点仍然需要重新遍历它们的路径问题,研究人员提出了一种称为结构摘要索引的方式,以期提高查询的效率。其基本思想是:既然存在相同路径重复遍历的问题,那么可以将 XML 数据按照路径进行约简,要求这种约简中只保存 XML 数据中不同的路径,将具有相同路径的节点集合作为约简中该路径的末端节点的内容,对 XML 数据上的路径查询处理能够在约简结构中得到相同的结构节点集合。

结构摘要索引仍然采取标签有向图的结构,以 XML 树结构中节点的路径信息为基础,采取某种约简方式,使得约简后的树结构只维护不同的路径信息,而不会存在具有相同路径的两个节点。当基于结构摘要进行 XML 查询处理时,就可以避免基本 XML 查询处理时重复遍历的问题。

4.1.3　数字资源文档的存取

XML 文档的存储方式主要有如下三种:第一种方式是将文档存储于文件系统,另一种方式是将文档内容作为二进制大文件(BLOB)存储于关系型数据库中,还有一种方式是将其存储于专门的原生 XML 数据库中。

1.基于文件系统的存取

当 XML 文档内容比较简单且在可预见的时间范围内其数量也不会很多,那么最简便的方法就是存储于文件系统。如果想实现简单的事务管理,可以将文件放在诸如 CVS 或 RCS 等版本管理系统中。但是在文件系统中对 XML 文件进行全文检索显然不够精确,比如很难区分文本和标记,而且无法理解实体的用法。虽然在文件系统存储数字资源元数据文档是一种长期保存的方法,但数字资源长期保存势必会有较大的量,如果仅将其元数据文档完全存于文件系统中,会给今后查询、修改工作造成极大的不便,因此不能将文档仅存于文件系统之中。

2.基于关系数据库的存取

另一种较为复杂的方法就是将文件存储于关系数据库中的 BLOB。这时可以利用数据库本身所带有的一些功能,例如事务管理、安全、多用户访问等,尤其是关系数据库通常会提供一些检索工具可以进行全文检索、近似检索、同义词检索和模糊检索,其中某些工具还支持 XML,这样就可消除文件系统中将 XML 文档作为纯文本检索所带来的问题。

如果以 BLOB 的形式存储 XML 文档,即使数据库不支持对 XML 的检索,我们也能很容易地实现自己的 XML 检索。例如,我们可以创建两个表:索引表和文件表。文件表包含一个主键和一个文档文件的 BLOB 字段,索引表内有一个已建立索引值字段及一个外来键指向文件表中的主键。

文档被存入关系数据库中之后,就可以搜索所有已建立索引的元素和属性实例。每个实例及文档的主键都存于索引表中,这样已建立索引的字段使应用程序可以快速检索某个元素或属性值并获取相应的文件。

3.基于原生 XML 数据库的存取

原生 XML 数据库是专用于存储 XML 文件的数据库。和其他数据库一样,它支持事务管理、安全、多用户访问、编程 API 和查询语言等。与其他数据库的唯一区别就是其内部模型是基于 XML 的,而不是其他的模型——如关系模型。

(1)何为原生 XML 数据库

原生 XML 数据库——Native XML Database,这个词语首先出现在德国 Software AG 公司对其数据库服务器的市场广告宣传上。由于宣传的成功,Native XML 数据库开始广为流传并用于描述同类产品。因为它是一个宣传用语,所以还没有精确的学术定义。有一个较为公认的定义是这样的:

- 它为 XML 文档(而不是文档中的数据)定义了一个(逻辑)模型,并根据该模型存取文件。这个模型至少应包括元素、属性、PCDATA 和文件顺序。这种模型的例子有 XPath 数据模型、XML Infoset 以及 DOM 所用的模型和 SAX 1.0 的事件。
- 它以 XML 文件作为其基本(逻辑)存储单位,正如关系数据库以表中的行作为基本(逻辑)存储单位。
- 它对底层的物理存储模型没有特殊要求。例如,它可以建立在关系型、层次型或面向对象的数据库之上,或者使用专用的存储格式,比如索引或压缩文件。

该定义的第一部分与其他类型数据库的定义相似,都是关于数据库所用的模型的。不过,原生 XML 数据库所能存储的信息比模型中定义的多。例如,它可支持基于 XPath 数据模型的查询,但所用的存储格式是纯文本。CDATA 部分和实体用法也可存储在数据库中,但是模型中没有包括。

定义的第二部分是说原生数据库的基本存储单位是 XML 文件。看起来似乎也可存储 XML 文件片断,但几乎所有的原生 XML 数据库都是以文件方式存储的。[基本存储单位就是可以容纳一份数据的最低级的上下文(context),相当于关系数据库中的行。它的存在并不妨碍以更小的数据单位来读取数据,比如文件片断或个别元素,同样也不影响将不同文件中的片断进行组合。从关系数据库的术语来讲,相当于数据虽然以行的形式存放,但并不意味着无法读取某个字段的值,或从现有的数据行创建新一行数据。]

（2）原生 XML 数据库的分类

原生 XML 数据库库可以分为基于文本的原生 XML 数据库和基于模型的原生 XML 数据库两大类。

基于文本的原生 XML 数据库将 XML 作为文本存储。它可以是文件系统中的文件、关系数据库中的 BLOB 或特定的文件格式。索引对所有基于文本的原生 XML 数据库来说都是一样的,它可以使查询引擎很方便地跳到 XML 文件内的任何地方。这就可以大大地提高数据库存取文件或文件片断的速度。这是因为数据库只需进行一次检索、磁头定位。如果所读的文件在磁盘上是连续的,那么只需一次读盘就可读出整个文件或文件片断。相反,如果像关系数据库或基于模型的原生 XML 数据库那样,文件由各个部分组合而成,就必须要进行多次查找定位和多次读盘动作。

基于文本的原生 XML 数据库与层次结构的数据库很相似,当存取预先定义好层次的数据的时候,它比关系数据库更胜一筹。和层次结构的数据库一样,当以其他形式比如转置层次存取数据时,原生 XML 数据库也会遇到麻烦。这个问题是不是很严重尚未可知,很多关系数据库都使用逻辑指针,使相同复杂度的查询以相同的速度完成。

第二类原生 XML 数据库是基于模型的原生 XML 数据库。它们不是用纯文本存储文件,而是根据文件构造一个内部模型并存储这个模型。至于模型究竟怎样存储,取决于数据库。有些数据库将该模型存储于关系型和面向对象的数据库中,例如在关系数据库中存储 DOM 时,就会有元素、属性、PCDATA、实体、实体引用等表格。其他数据库使用了专为这种模型做了优化的专有存储格式。

建立在其他数据库之上的基于模型的原生 XML 数据库的文件存取性能与这些数据库相似,很明显,它的存取要依赖这些数据库。但是这个数据库,特别是建立在其他数据库之上的原生 XML 数据库的设计有很大的变化余地。例如,直接以 DOM 方式进行对象—关系映射的数据库系统在获取节点的子元素时,必须单独执行 SELECT 语句。另一方面,这种数据库大多对存取模型和软件做了优化处理。

使用专有存储格式的基于模型的原生 XML 数据库,如果以文件的存储顺序读取文件,其性能与基于文本的原生 XML 数据库相似。这是因为这种数据库大多在节点间使用了物理指针,这样其读取性能和读取文本差不多。与基于文本的原生 XML 数据库一样,如果数据的读取顺序和存储顺序不同,基于模型的原生 XML 数据库也会遇到性能上的问题。

4.1.4　主流数据库管理系统的 XML 索引

1. SQL Server 对 XML 索引的支持

SQL Server 数据库管理系统是当前主流数据库管理系统之一,其原因可能包括开发人员的开发习惯,该数据库管理系统功能满足其需求或者出于支持原有数据库管理系统的目的。

早在 SQL Server 2000 版本的时候,XML 文档就可以通过 BLOB 字段进行存储,但是由于是 BLOB 字段的存储,所以不能以原格式真正使用或者引用服务器中的 XML。为了使用 SQL Server 2000 中的 XML,必须将 XML 抽取到应用程序层,然后使用 XML 语法分析程序或者文档对象模型来使用数据。

自 SQL Server 2005 以来,SQL Server 新增了一种数据类型 XML,虽然该类型实际上仍然是二进制大型对象(BLOB)类型,但是表明 SQL Server 对 XML 类型的支持已进一步提升。

SQL Server 中的 XML 索引可以分为以下两大类型:主 XML 索引和辅助 XML 索引。XML 类型列的第一个索引必须是主 XML 索引。使用主 XML 索引时,支持下列类型的辅助索引:PATH,VALUE 和 PROPERTY。根据查询类型的不同,这些辅助索引可能有助于改善查询性能。另外,对于 XML 类型列也可以构建全文索引。

(1)主 XML 索引

主 XML 索引是 XML 数据类型列中的 XML 二进制大型对象的已拆分和持久的表示形式。对于列中的每个 XML 二进制大型对象,索引将创建几个数据行。该索引中的行数大约等于 XML 二进制大型对象中的节点数。

每行存储以下节点信息:

- 标记名(如元素名称或属性名称)。
- 节点值。
- 节点类型(如元素节点、属性节点或文本节点)。
- 文档顺序信息(由内部节点标识符表示)。
- 从每个节点到 XML 树的根的路径。搜索此列可获得查询中的路径表达式。
- 基表的主键。基表的主键复制到主 XML 索引中,用于向后和基表进行连接,并且将基表的主键中的最大列数限制为 15。

此节点信息用于计算和构造指定查询的 XML 结果。出于优化的目的,标记名和节点类型信息的编码为整数值,而且 Path 列使用同样的编码。另外,路径以相反的顺序存储,以便在仅知道路径后缀的情况下能够匹配路径。

(2)辅助 XML 索引

为了增强搜索性能,可以创建辅助 XML 索引。有了主 XML 索引才能创建辅助索引。辅助索引包括以下三种类型:PATH 辅助 XML 索引、VALUE 辅助 XML 索引和 PROPERTY 辅助 XML 索引。

1)PATH 辅助 XML 索引

如果查询通常对 XML 类型列指定路径表达式,则 PATH 辅助索引可以提高搜索的速度。虽然主 XML 索引避免了在运行时拆分 XML 二进制大型对象,但是它不会为基于路径表达式的查询提供最好的性能。由于是按顺序在与 XML 二进制大型对象相对应的主 XML 索引的所有行中搜索大 XML 实例,所以按顺序搜索可能会很慢。这种情况下,对主索引中的路径值和节点值生成辅助索引,可以有效地提高索引搜索的速度。

2)VALUE 辅助 XML 索引

如果是基于值的查询,而且没有完全指定路径或路径包含通配符,则生成基于主 XML 索引中的节点值所创建的辅助 XML 索引可以更快地获得结果。VALUE 索引的键列是主 XML 索引的节点值和路径。如果涉及查询 XML 实例中的值,但不知道包含这些值的元素名称或属性名称，VALUE 索引则非常有用。

3）PROPERTY 辅助 XML 索引

从单个 XML 实例检索一个或多个值的查询适用 PROPERTY 索引。PROPERTY 索引是对主 XML 索引的列（主键、路径和节点值）创建的。当检索使用 XML 类型的 VALUE 方法并且知道对象的主键值时，使用 PROPERTY 索引代替主 XML 索引或其他辅助 XML 索引可以使执行速度加快。

（3）全文索引

XML 类型除了上述两种专用的索引之外，SQL Server 支持的全文索引对 XML 类型也同样适用。在 XML 列中创建的全文索引将只关注 XML 值的内容，而忽略 XML 标记。由于属性值被认为是标记的一部分，因而属性值将不能被全文索引。元素标记被用作标记的边界。当同时建立 XML 的主索引、辅助索引和全文索引时，可以对这些索引进行组合使用，进而进行快速检索。例如，可以先进行全文索引作为第一个筛选器来缩小范围，再通过 XML 特有的 XQuery 进一步检索。

2. Oracle 对 XML 索引的支持

Oracle 从 9i 第一版起推出了一种新的数据类型：XMLType，专门用于对 XML 数据的存储和处理。9i 第二版在第一版基础上，将 XML 相关的一系列特性和工具进行了全新的包装，作为 Oracle XML DB 组件推出，支持原生 XML 数据库和各种标准，包括 W3C XML 和 XML Schema 模型，以及 W3C XPath 和 ISO-ANSI SQL/XML 标准。

（1）Oracle XML DB

Oracle XML DB 是 Oracle 数据库的一个特性，它提供一种自带的高性能 XML 存储和检索技术。该技术将 W3C XML 数据模型完全集成到 Oracle 数据库中，并提供浏览和查询 XML 的新的标准访问方法。使用 Oracle XML DB，可以获得相关数据库技术的原有优势和 XML 的优势。

在 Oracle Database 11g 第二版中，引入了 XML Index 结构化内容和分区等新功能以及 Oracle XML DB 的众多改进，从而显著改善了其性能、可伸缩性、XML 模式管理以及 XML 信息生命周期管理。

Oracle XML DB 提供了以下功能：

- 一个用于保存和管理 XML 文档的原生 XML 数据类型。
- 一套允许对 XML 内容进行 XML 操作的方法和 SQL 运算符。
- 将标准 W3C XML 模式数据模型吸收进 Oracle 数据库的能力。
- XML/SQL 二元性，允许 XML 操作 SQL 数据和 SQL 操作 XML 内容。
- 访问和更新 XML 的业界标准方法，包括 XPath 和 SQL/XML。
- 一个允许利用文件/文件夹/URL 结构组织和管理 XML 内容的简单、轻型的 XML 信息库。
- 对业界标准、面向内容和 FTP，HTTP，WebDAV 协议的原生数据库支持，使 XML 内容移入、移出 Oracle 数据库成为可能。
- 多个业界标准的 API 允许从 Java、C 语言和 PL/SQL 对 XML 内容进行编程访问和更新。
- XML 特定的内存管理和优化。

- 将 Oracle 数据库的企业类管理能力(可靠性、可用性、可伸缩性和安全性)带给 XML 内容的能力。

(2)索引 XML 内容

传统关系数据库中保证查询响应时间的标准方法是创建索引,以高效的方式解决查询。Oracle XML DB 可使用相同的技术来保证查询 XML 内容的最优响应时间。

在 XML 内容上可以创建三种索引:

- 对于基于 XML 模式并以结构化存储技术保存的 XML 内容,可以创建传统 B 树索引。
- 基于函数的索引实际上即为 B 树索引,但是它会基于一个应用与表数据的函数,而不直接放在表数据本身上。它建立在仅返回单一值,而非多值的 XPath 表达式之上。在执行查询时,利用这个索引就能了解应选择的行,即检索的速度能比全表查询快。
- 文本的索引是对任何 XML 文档都可以创建的,无论文档内容是否使用结构化存储保存。

Oracle XML DB 在对 XML 内容创建索引时允许使用 XPath 表达式。索引创建过程中 Oracle XML DB 使用 XPath 重写确定包括在创建索引语句中 XPath 表达式是否可以被重新写入等价的对象关系 SQL 表达式。如果可以使用对象关系 SQL 重新申明 XPath 表达式,那么将对底层的 SQL 对象创建传统的 B 树索引。如果不能使用对象关系 SQL 重写 XPath 表达式就将创建函数索引。

3. DB2 对 XML 索引的支持

(1)DB2 pureXML 技术简介

DB2 9 中第一次实现了关系型引擎与层次型引擎的结合,实现了混合数据库。IBM 将此技术称作 pureXML 技术。在 pureXML 中,XML 将作为一种新的数据类型存储于数据库中。与过去关系型数据库的 XML 增强功能不同,DB2 9 中的 pureXML 技术提供了一种与 XML 层次型结构相匹配的层次型存储方式和相对应的操作访问方式。新的存储模式以解析后的注释树形式[类似于 XML 文档对象模型 (DOM)]保留 XML,它与关系数据存储分开。

关系数据库中的第一代 XML 支持切分(或分解)文档以适应关系表格,或将文档原封不动地存储为字符或二进制大对象(CLOB 或 BLOB)。这两个方法中的任一种都尝试将 XML 模型强制转换成关系模型。然而,这两种方法在功能和性能上都有很大的局限性。混合型模型将 XML 存储在类似于 DOM 的模型中。XML 数据被格式化为缓冲数据页,以便快速导航和执行查询以及简化索引编制。

(2)DB2 pureXML 的索引机制

DB2 支持在 XML 列上建立路径特定的索引,因此元素和属性常用作谓词且可以编制跨文档连接的索引。这种 XML 值索引可有效评估 XML 模式表达式,从而提高 XML 文档的查询性能。

与传统的关系索引相比较,在关系索引中,索引键由用户指定一个或多个表格列组成,而 XML 值索引则使用特定的 XML 模式表达式(XPath 的子集、XPath 不包含谓词等)来编制路径和 XML 文档(存储在一个 XML 列中)中的值的索引。如果值不是在文档中指定的,则该索引还可以在插入时通过模式来填充默认的属性和元素值。创建索引时,可以指定要编制索引的路径和索引类型。可以编制与存储在该列中的 XML 文档中的路径表达式以及路径表达式集匹配的任何节点的索引,而且该索引可以直接指向存储中的节点(它与其父节点和子节点连接以便于快速浏览)。索引条目并不是提供访问文档开头的索引,而是包含实际文档节点的位置信息。因此,该索引可以快速直接访问文档中的节点,并避免文档遍历。

4.2　数字资源压缩规范

为了满足不同来源数字资源在生命周期的不同阶段的使用需要,我们把数字资源分为长期保持级、复制加工级和发布服务级。由于各个不同级别的数字资源对存储、传播、展示的需求不同,就需要对这些数字资源区别对待。

本章先介绍数字资源压缩的概况,包括其定义、作用及意义、分类、主要参数和性能指标等内容,再针对不同类型的数字对象具体介绍相关的压缩方法,最终给出推荐的压缩规范。

4.2.1　数字资源压缩概述

1.数字资源压缩的含义

在我们的日常生活中存在许多数据压缩的例子:我国省份常用简称表示,如浙江简称浙;各个高校都有其英文简称,如浙江大学简称 ZJU。我们将数字化的文本、图像、音频、视频资源称为数字资源,所谓数字资源的压缩,就是通过对原始数字资源进行一定方式的编码,减少必须分配给它的数值。同一数字资源由于其在保存的格式、编码方式等方面不同,可能有着不同的表现形式。例如,经压缩的图像资源,其存储空间可能会减少;对于一段音频资源,经压缩后将减少其传输时所占用的带宽;或者对于某种文本文件,压缩后其查询速度将大大提高。

2.数字资源压缩的作用及意义

面对急剧增长的海量数字资源,我们传输、存储、处理这些海量信息的压力越来越大,为了更为有效地利用这些资源,进行资源压缩是一种必然选择。

我们知道数字资源的压缩具有可以减少存储空间和对传输带宽的占用,加快信息处理速度等好处。同时,进行数字资源压缩还有以下几个目的:

- 在现有系统特性限制下,例如,在现有的带宽限制条件下,通过数字资源压缩来满足工作要求。
- 在设计新系统时,通过进行数字资源压缩,节省投资成本。因为尽管从传输带宽、存储容积或处理时间等方面考虑并不需要进行数字资源压缩,但为了降低系统成本,节省投资,数字资源压缩仍然是必需的。
- 在某些情况下,由于客观条件限制,即使不惜成本,也无法满足设计要求,进行数字资源压缩就成为唯一选择。

3.数字资源压缩的主要参数

上文提到的存储空间、传输带宽和处理时间是数字资源压缩的三种参数。三者是相互联系、相互影响的。通常在某一具体的压缩系统中,只能压缩上述三种参数中的一种,不可能同时压缩两种或两种以上的参数。在数字资源压缩过程中,选择哪个参数进行压缩是一个重要的问题,需要根据数字资源的用途和各种条件慎重决定。因为压缩参数的选择,直接决定着压缩系统的特性、原理和组成。

4.数字资源压缩的分类

数字资源压缩的分类,还没有形成较为统一的观点。我们仅就目前比较公认且常用的分类方法介绍如下。

(1)基于信息论基本概念

目前各种文献资料普遍采用的方法是根据信息论的基本概念,将数字资源的压缩分为冗余度压缩和熵压缩两大类。

冗余度压缩是指仅对输入数据中的冗余度进行压缩,而不对其所包含的信息进行压缩的一种压缩方式。根据信息论的观点,可以把数字资源看作是信息和冗余度的组合。冗余度压缩在压缩过程中去除的冗余度,在解压缩的过程中完全可以恢复出来,没有失真。因此,冗余度压缩又称为无失真编码或者无噪编码。由于这种压缩技术总是可以根据压缩之后的数据恢复出原始数据,没有丢失信息,因此又被称为无损压缩。同样,由于这种压缩总是可以从压缩后的数据中无失真地恢复出原始数据,所以又被称为可逆压缩、透明编码、信息保持编码等。

熵压缩是指不仅对输入的数字资源中的冗余度进行压缩,而且还要对其所含的信息进行压缩的一种压缩方式。由于输入数据中所包含的信息被压缩后将无法恢复出来,解压缩之后就会产生失真,因此,熵压缩又被称为有失真编码或有噪编码,还被称为有损压缩、不可逆压缩、不透明编码等。

(2)基于编码技术

按照数据压缩所使用的编码技术,可以将数字资源压缩分为预测编码、变换编码、基于模型的编码、基于小波方法的编码、分形编码等。预测编码和变换编码都属于经典的数据压缩方法,基于小波方法的编码、分形编码和基于模型的编码都是比较新的数据压缩方法。这些数据压缩方法在图像资源、视频资源和音频资源的压缩中应用广泛。

(3)基于频率范围

按照被压缩资源的频率范围,可以将数字资源压缩分为音频压缩和视频压缩两大类。其中,音频压缩又可以分为语音压缩和声频压缩。音频压缩是出现和应用较早的一种数字资源压缩。视频压缩出现和应用稍晚于音频压缩,但近年来发展迅猛,应用也愈发广泛。

(4)基于资源属性

按照被压缩资源的属性可以将数字资源压缩分为语音压缩、文本压缩、图形压缩和图像压缩。语音压缩和文本压缩的出现、发展以及应用都比较早,图形图像的压缩发展稍晚一些,但是近年来发展很快,应用范围也越来越广。

除上述分类方法之外,还有一些其他分类方法,如按照压缩所依据的信源输出分布特性,按照压缩算法的实现手段,按照压缩系统有无自适应能力,按照压缩器和解压器的复杂度及工作量是否相同,按照压缩的应用领域,按照压缩使用的量化技术以及按照压缩技术出现和应用时间长短、技术成熟度等方法分类。

5.数字资源压缩的主要性能指标

由于数字资源类型各异,压缩方法也各式各样,衡量压缩性能的好坏就需要有一定的技术指标。综合各方面考虑,我们将数字资源压缩的主要性能指标分为压缩能力、信号质量、比特率、压缩算法复杂度、编译码时延和坚韧性等六项。

(1)压缩能力

一个数字资源的压缩能力,包括压缩比、压缩系数、压缩效率、压缩增益、压缩速度等指标,从不同侧面表示其压缩性能。

- 压缩比是衡量压缩性能好坏的重要指标,其定义为压缩之后的数据流长度占原始数据流长度的百分比。如在图像压缩中,压缩比表示压缩输入图像的每个像素平均所需的比特数;文本压缩中压缩比表示压缩输入数据流中一个字符平均所需的比特数。
- 压缩系数是压缩比的倒数,如果压缩系数越大,则压缩能力越强。
- 压缩效率表示已压缩的数据流占原始输入数据流的百分比。
- 压缩增益一般定义为输入数据流和压缩后数据流的对数百分比。
- 压缩速度表示每压缩一个字节所需的设备的周期平均数。

(2)信号质量

所谓的信号质量是指数字资源解压后输出的信号质量。由于数字资源通常包括语音、音频、图像、视频这类模拟信号,而接收者通常为人,经过压缩的数字资源通常会产生失真,因此需要对信号质量提出要求,保证这种失真不会影响人的正常视听。

(3)比特率

比特率也是数字资源压缩的重要性能指标之一。比特率可以用"比特每秒"来度量,它代表了编码的总速率。如果其他相关指标不变,比特率越低则压缩性能越好。

(4)压缩算法复杂度

数字资源压缩复杂度是指为了实现压缩和解压缩编译码算法所需要的硬件设备量。通常可用算法的运算量和所需的存储量来度量。数字资源压缩和解压缩的编译码算法复杂度与其输出信号质量有非常密切的关系。在同样比特率的情况下,采用复杂的算法将会获得更好的信号质量;而对于相同的信号质量,采用复杂的算法能够降低编码所需的比特率。

(5)编译码时延

当压缩算法复杂度增加时,需要存储处理的数据量也将增加,编译码的时延也会大大增加,引发较大的通信时延。在实时通信系统中,数字资源的编译码时延与线路传输时延的作用一样,会对恢复信号的质量产生很大的影响。当时延增大到一定数值时,将使通信无法实现。因此,数字资源的压缩中时延是一个必须考虑的重要因素。

(6)坚韧性

所谓坚韧性是指数字资源压缩过程能够适应各种不同的使用环境和条件,在较为不利的环境和条件下能够正常工作。其包括:

- 能够适用于各种不同的使用对象。
- 能够在较强的噪声环境下正常工作。
- 在多级编码的情况下,信号质量不应有明显下降。
- 允许有一定的误码,在超过一定的误码率时能够提供可懂的重建语音或可用的图像。

- 在部分数据丢失的情况下,避免同步错乱等。

4.2.2　文本数字资源的压缩

文本压缩是根据一定方法对大量数据进行编码处理以达到信息压缩存储的过程,被压缩的数据应该能够通过解码恢复到压缩以前的原状态。发展到现在已经有很多关于文本压缩的算法,如统计编码中的霍夫曼编码、算术编码,字典编码中的 LZW 编码等。下文我们将对主要的几种文本压缩方法进行简要的阐述、分析和说明。

1.统计编码

在通常的压缩编码中,一般采用定长编码;而在基于统计的数据压缩技术中,则通常采用变长编码。这是因为根据信息源符号不同的分布概率相应指定不同长度的编码(变长编码),其平均码长最短,编码的效率最高,对冗余度的压缩最彻底。因此,基于统计的编码又称为最佳信源编码,也称为熵编码。

（1）霍夫曼编码

霍夫曼编码是由霍夫曼于 1952 年提出的,它是一种基于信号概率的数据压缩算法,主要包含两个基本的处理阶段:

①对源信号的出现频率进行统计,每个源信号根据它出现频率大小被赋予一定的编码,高频率的信号对应短码,低频率的信号对应长码。

②用信号对应的编码去取代源数据中的信号。

另外,霍夫曼编码有一个十分重要的特性:任何一个编码绝不会是其他编码的前缀。这一特性保证了编译码时的唯一性。根据霍夫曼编码的两个基本处理过程和它的唯一性,我们可以认为它是简单而且实用的算法,但是它不是最好的算法:霍夫曼编码在实际使用中只对单一、完备的信号进行编码,穷举源数据中所有可能的信号是很困难的,而且压缩时必须知道每一个要压缩的字符在文本中出现的概率,这势必造成两次扫描输入串。由此在传统的霍夫曼编码的基础上产生了动态霍夫曼算法。

动态霍夫曼算法的基本思想是构造一棵树,这棵树能够随输入串的输入而不断地调整修改,保证它反映所输入的输入串数据变化着的概率。动态的霍夫曼编码只需一次扫描,且无须维护和传输串码对应表,对字符在整个串中出现频率不均现象有很好的压缩效果。

（2）算术编码

理论上讲,霍夫曼编码可以实现最佳变长编码,但实际上它很少能真正产生最佳变长编码。只有在信源符号的概率等于 2 的负整次幂时,它才能产生最佳结果。而算术编码可以解决这个问题。

算术编码是将被编码的信源符号表示成实数 0～1 之间的一个间隔。信源符号序列越长,通过编码表示它的间隔就越短,表示这一间隔所需要的二进制比特数就越多。对信源输出的符号序列,根据其出现概率的大小来减少其所分配的间隔,出现概率大的符号要比出现概率小的符号减少范围小,因此只增加了比较少的比特数。

算术编码是一种高效清除字串冗余的算法。它避开用一个特定码字代替一输入符号的思想,而用一个单独的浮点数来代替一串输入符号,避开了霍夫曼编码中比特数必须取整的问题。但是算术编码的实现有两大缺陷：

①很难在具有固定精度的计算机上完成无限精度的算术操作。

②高度复杂的计算量不利于实际应用。

2. 字典编码

字典编码是一种基于查字典方法的数据压缩技术，又称作 LZ 编码。与基于统计的数字资源压缩技术不同，它既不使用统计模型，也不使用变长码，而是选择许多字符串，利用字典的方法，将这些字符串编码为标识，用字典保存这些字符串及其标识。

（1）LZ 编码的基本原理

LZ 编码的基本原理是：压缩器逐字符读入数据流，并把短语及其标识加入字典中。这些短语来自输入数据流的字符或字符串。当输入数据流中的一个字符或一个字符串与字典中的一个字符或者字符串相匹配时，压缩器就输出字典中相应匹配位置的标识（编码码字）。只要用于表示该相应匹配位置的编码码字位数小于输入数据流中对应的匹配串的位数，就可以实现压缩的目的。如果精心设计，就可以取得相当好的压缩效果。字典保存字符串可以是静态的，称为静态字典，也可以是动态的，即自适应，称为自适应字典。

（2）LZW 算法

LZW 算法是在 1984 年提出的，是一种改进的 LZ 算法。这种算法的主要特点是去掉了标识的第二个字段。LZW 算法首先将字母表中的所有字符初始化到字典中，通常使用 8 位字符，因而在输入任何数据之前先占用了字典的前 256 项，即 0～255。因为字典已经经过初始化，所以下一个输入字符总能在字典中查到。

LZW 的编码原理可以简述如下：编码器逐个输入字符，并积累形成一个字符串 C，每输入一个字符就被串接在 C 后面，然后在字典中查找 C；只要在字典中找到 C，该过程就继续，直到在某一点，添加下一个字符 x 使搜索不成功，即字符串 C 在字典中，而 Cx 不在字典中，此时编码器就输出表示字符串 C 的字典标识，并在下一个可用的字典词条中存储字符串 Cx，且将字符串 C 预置为 x。

LZW 算法压缩的原理在于用字典中词条的编码代替被压缩数据中的字符串。因此，字典中的词条越长越多，压缩率就越高，所以加大字典的容量可以提高压缩率，但字典的容量要受到计算机内存的限制，而且其字典也存在被填满的可能。这样当字典不能再加入新词条后，过老的字典就不能保证高的压缩率。为了解决这个问题，我们在压缩时必须监视压缩率，当压缩率下降时，清除匹配概率较小的词条而保留匹配概率较大的词条，这样在重建字典的同时又可以提高压缩率。

4.2.3　图像数字资源的压缩

图像压缩是数字资源压缩的重要方面。由于早期出版的资源绝大多数为纸本资源，近年数字化加工的兴起，使得这些资源逐步进入了数字化。但由于原有纸本资源自身原因和技术方法等方面的限制，纸本资源转为图像的较多。另一方面，多媒体技术的发展，也产生了海量的图像。随着这些海量的图像资源的积累，对其进行压缩存储、传输和展示也势在必行。本节主要讨论图像资源压缩的基本知识、基本技术及应用，包括图像的类型和表示方式，各种常用的图像压缩技术等。

1.图像的类型及其表示

图像有许多种类型,在进行图像压缩时需要针对不同类型的图像采用最合适的压缩方法,才能取得最好的压缩效果。

常用的图像分类方法是按照图像的灰度将图像划分为以下几种:

- 二值图像,又称为单色图像。这类图像非黑即白,其像素取值为 0 或 1 两者之一,每个像素用 1 位码表示,这是最简单的一类图像。
- 灰度图像。这类图像的像素从 0 至 $n-1$ 这 n 个值中取值,表示 $2n$ 个灰度等级或其他颜色的浓淡程度中的一个。n 的取值通常与字节大小的取值兼容,例如,取为 4,8,12,16,24 或其他 4 的倍数。所有像素最高位的集合就是最高位平面。灰度图像有 n 个位平面。
- 连续色调图像。这类图像有许多相似的灰度级或颜色。当相邻像素只相差一个灰度级时,人的眼睛将不能或很难分辨出灰度的明暗或颜色的浓淡。连续色调图像一般是自然图像,可以用数码相机拍摄得到,或者对照片和图画扫描而来。
- 离散色调图像。这类图通常是人造图像,如一页图书、一张图表、一幅建筑图等。但是并不是所有人造图像都是离散色调的,例如,一幅计算机产生的很自然的图像就可以是连续色调的。
- 动画样的图像。这类图像是含有均匀区域的彩色图像,每个区域色彩均匀,相邻区域的颜色则可能大不相同。

除上述分类方法以外,还存在许多其他方法,见表 4.1。

表 4.1 图像的其他分类方法

按照颜色级	按照运动情况	按照图像产生的情况	按照图像的对象
黑白图像 多色图像 彩色图像	静止图像 准静止图像 运动图像	自然图像 人造图像	广播电视及可视电话图像 HDTV 图像 人像 医学图像 其他图像

一幅数字化的图像是一个 m 行 n 列的二维数字阵列,$m×n$ 是图像的分辨率,数字阵列的各点称为像素。对于二值图像,一个点即用一个像素表示;但是对于彩色图像,每个像素都由多个分量组成。常用的分量组合方式有两种:RGB 方式和 YUV 方式。

RGB 方式中,R 代表红,G 代表绿,B 代表蓝,三种基色组合表示某一像素的颜色。常用的计算机显示系统图像表示方法有 24 位彩色方式、16 位彩色方式、8 位彩色方式等。

YUV 方式中,Y 表示图像的亮度分量,U 和 V 表示其色度分量。人的视力系统对 U,V 分量的空间分辨率敏感性较低,所以 U,V 分量一般在进行压缩编码之前先进行取样,这样能够提高总的压缩效率。通常,对彩色图像压缩时,是对其 YUV 各分量进行压缩。

2.常用的图像压缩技术

目前广泛应用的图像压缩技术主要是预测编码、变换编码、统计编码和矢量量化编码;在静止图像编码中,分层编码也有较多的应用。近来,基于模型的编码(分析—综合编码)的应用也开始越来越广泛,分形编码、基于小波的编码等比较新的图像压缩技术也开始得到应用。下面就几种最主要的实用压缩技术进行简要介绍。

(1)二值图像

二值图像的一个像素用 1 bit 表示,因而某个指定像素 A 的最邻近域趋于和 A 相同。所以,采用行程(游程)编码对这类图像进行压缩较为有利。此时按照光栅顺序逐行扫描图像,计算黑像素行程和白像素行程的长度,编为相应的行程编码即可。传真压缩就是采用这种编码方法。另外,二值图像还可以采用改进的霍夫曼编码、算术编码等方法进行压缩。

(2)静止图像的压缩

静止图像的压缩有以下几点要求:要求有更高的清晰度,要求采用逐渐浮现的显示方式,抗干扰能力要强。灰度与彩色静止图像压缩的国际标准 JPEG 给出了适合于灰度与彩色静止图像的压缩方法,并使之满足下述要求:

- 达到或基本达到当前压缩比和图像保真度的技术水平要求,能够覆盖较宽的图像质量等级范围,编码器的参数应具有可调性。
- 能够适用于任何种类的连续色调图像的编码,并且不受图像种类及其景物内容的限制。
- 计算的复杂程度可控制,不但软件可以在各种 CPU 上实现,而且还必须在应用上满足一定的成本要求,在此前提下,可以用硬件实现。
- 在操作上能够完成顺序编码、累进编码、分层编码以及无失真编码等编码方式。

灰度图像的压缩编码主要有分块编码、比特面编码、子带编码和分层编码等编码方式,而彩色图像的压缩编码主要有两种方式:一种是直接对彩色复合信号进行编码,称为复合编码;另一种是按照构成彩色的成分,对多个基色信号进行编码,称为分量编码。需要指出的是,灰度图像压缩编码的方法基本上都可以用于彩色图像的压缩编码。

(3)运动图像的压缩

运动图像又称为活动图像或者序列图像。运动图像压缩中,选择压缩方法的一个重要原则是要根据其不同的应用和对图像质量要求的不同选择相应的压缩编码方法。例如,标准数字电视,其图像分辨率为 720×576,采用 MPEG-2 标准,只需 8 MB/s 编码速率即可满足演播室级的图像质量要求;而高清电视分辨率高达 1920×1080,其水平和垂直清晰度是现有标准的两倍,采用 MPEG-2 标准,编码速率约为 20 MB/s。

运动图像压缩与静止图像压缩相比,其主要特点是既要考虑利用每幅图像内部的相关性进行帧内压缩编码,又要考虑利用相邻帧之间的相关性进行帧间压缩。将变换编码和预测编码相结合的一种混合编码方案,由于充分考虑了运动图像在时间和空间上的特性,用变换编码消除帧内(空间)相关性,用帧间压缩编码消除帧间(时间)相关性,能够实现非常高的压缩效率。H.261,H.263,MPEG-1,MPEG-2,MPEG-4 等国际标准都采用了这种混合编码方案。

4.2.4　视频数字资源的压缩

随着数字电视、高清晰度电视的发展以及可视电话、会议电视系统和互联网的应用,视频业务和视频信号日益受到重视。然而,表示视频图像的数据量很大,给视频信息的处理、传输和存储造成了巨大的压力,这就迫使我们必须进行视频压缩。下面我们就视频压缩的基本概念、基本原理和方法加以简要的论述。

1.模拟视频和数字视频

模拟摄像机将被摄录的图像转化为电信号,这种电信号按照图像各个部分的亮度和色彩的不同而随时间变化。这个过程相当于电信号模拟了光的强度,所以称之为模拟视频。模拟视频分为符合视频和分量视频。所谓符合视频,是指将亮度和色度信息符合起来的视频信号;所谓分量视频,是指用三条线缆或三个不同的载波频率分别传输三个颜色分量。复合视频虽然成本低,但其在图像显示中存在亮度交织和色度交织等问题,一般在高性能的视频系统中采用的不是复合视频而是分量视频。

如摄像机拍摄的原始图像用像素表示,这种视频称为数字视频。数字视频相对于模拟视频,有易于编辑、易于存储、易于压缩等优势。

2.视频的压缩方法

从原理上说,图像压缩(尤其是运动图像的压缩)的全部压缩方法都适用于视频压缩。但是,视频由于其在时间和空间上具有相关性,其压缩方法主要针对这两个因素展开。

可视电话和会议电视的图像易于处理,其编码方式是一次群编码方式,最主要的算法是帧间预测编码。

广播电视信号的传输有两种:一种是将制作电视节目所需的素材图像传到节目制作中心,称之为素材传输;另一种是传送已经制作好的节目内容,称之为分配传输。分配传输又可分为基站间传输和二次分配传输。由于各自的传输目的不同,所以传输速率也不同。对于广播电视信号编码的主要编码算法,其主要参数如下所示:

- 移动检测:以块为单位进行。
- 预测方式:运动补偿帧间预测,场间、场内块单位自适应预测。
- 有条件像素补充:块单位有意义/无意义判定。
- 量化方式:8 行单位自适应量化。
- 编码方式:最长 12 bit 可变长编码。

3.MPEG 视频压缩方法

MPEG(moving picture experts group)是运动图像专家组的英文缩写,是视频压缩的标准,也是视频压缩的方法,其中包括对数字视频图像、声音及其同步信号的压缩。当前,MPEG 主要分为以下几个标准:

- MPEG-1:对于数据率大约为 1.5 MB/s 的中等数据率的压缩标准。
- MPEG-2:对于最低为 10 MB/s 的高数据率的压缩标准。
- MPEG-4:对于数据率低于 64 KB/s 的极低数据率的压缩标准。

MPEG 标准主要有以下特点:

- 在 MPEG-1 中采用多层次结构,以便分离比特流中逻辑上有区别的实例,使译码能顺利进行,因而具有通用性、灵活性和高效性。
- MPEG 的视频比特流也是分层机构,分为时序控制层、画面组层、画面层(主编码层)、分片层(复同步层)、宏块层(运动补偿单元)、微块层(DCT 单元)等六层。
- MPEG 标准对译码过程(并非译码器)做了明确规定,提出了许多实现译码功能的

　　方法。

- MPEG 定义的比特流语法具有较大的灵活性,这使得我们可以设计出高质量、低成本的编码和译码器,在运动信息提取、自适应量化以及比特率控制等与视频质量有关的各个方面,为用户提供了宽松的自由度。
- 为了确保 MPEG 标准的设备的通用性,MPEG 还定义了视频约束参数集。

　　总之,MPEG 视频压缩标准的制定,为视频压缩以及色彩运动图像的编码和处理提供了理论依据和硬件实现的可能性。

4.2.5　音频数字资源的压缩

　　除了上述介绍的文本、图像、视频以外,音频压缩也是数字资源压缩的一个重要领域。由于音频资源的存储空间比文本大,因此,为了节省存储空间,有必要对音频加以压缩。另外,音频信号相对子图像、视频的处理和压缩要容易,因此对其研究、发展和应用都早于图像和视频的压缩。

1. 声音和音频的介绍

　　声音是在媒介中的一种物理扰动,它作为一种由原子或分子运动产生的压力波在媒介中传输。它是一种纵波,其扰动方向和波传播的方向相同。与其他波一样,声音有速度、振幅和周期三个重要属性。

　　音频信号可以分为模拟音频和数字音频,但通常所指的音频信号为模拟信号。模拟音频信号是一种模拟声音变化的信号,其主要来源是声音通过话筒(麦克风)转化的电压或电流信号。将模拟音频经过模/数转换器,即可以得到数字音频。

2. 音频的压缩方法

　　常用的音频压缩方法有常规压缩方法,如行程(游程)编码、统计编码、字典编码等;有损音频压缩,如静音压缩、μ 律和 A 律压缩、ADPCM 压缩等。

　　(1)常规压缩方法

　　使用经典的数据压缩技术,例如行程(游程)编码、统计编码、字典编码等,都可以实现音频压缩,称之为常规压缩方法。常规压缩方法实现的音频压缩一般都是无损音频压缩,其压缩效果与特定的声音信号密切相关。例如,某些声音采用行程编码可以获得较好的压缩效果,但是统计编码却不行;而另一些声音采用统计编码能取得较好效果,但是采用字典编码则不行。

　　(2)有损音频压缩

　　利用人类听觉系统的特性,删除那些人的耳朵不敏感的声音数据,不对其进行编码,可以设计出压缩效率较高的音频压缩方法。

　　有损音频压缩主要包括静音压缩和压扩编码两种方法。静音压缩的原理是将小的样本作为静音处理,即作为 0 样值。这样就会产生 0 行程,针对长期低音量的声音文件,如果采用行程编码时,将会得到较好的压缩效果。压扩编码的原理是根据人的耳朵对小幅度的声音样本精度要求较高,而对大幅度的声音样本精度要求较低,通过一定的非线性公式将模拟信号转为音频信号时,减少所需的比特数。压扩编码方法中的 μ 律和 A 律压缩已经得到了广泛的应用。

（3）音频编码-3

音频编码-3（AC-3）系统又称为数字杜比，属于感知音频编码。另外，还有音频编码-1（AC-1）和音频编码-2（AC-2）：AC-1 是立体声音频编码器，不是感知编码器，主要用于卫星电视中继站、FM 广播级电缆传输等；AC-2 属于感知编码，是一个注册的 wav 文件类型，主要用于 PC 声卡、演播/发送连接以及 ISDN 中长距离的录音通话连接。AC-3 是 AC-2 编码形式的副产品，广泛地应用于 DVD，DTV 及 DBS 中。AC-3 消除了声道间的冗余，其编码效率比 AC-2 高。针对立体声的 AC-3 在 192 kb/s 的数据传输速率下可以提供很高质量的音频。AC-3 可以传输描述程序的原始形式（非立体声、立体声、唱片模子）的数据，还可以对压缩的动态范围编码。

（4）MPEG-1 音频压缩

MPEG 标准包括系统、视频和音频三大主要部分，最大音频比特率为 1.856 Mb/s。MPEG-1 中有关音频压缩的标准，即 11172-3，已经成功应用于 VCD，CD-ROM，ISDN，数字音频广播以及视频游戏等领域。11172-3 标准描述了三层音频编码，每一层都有不同的应用。通常所说的 MP3 即是 MPEG-1 的音频层第三层，其算法和设计比第一层和第二层都复杂，所以它在低数据传输速率时依然能够保持良好的保真度，应用范围相当广泛。

MP3 文件可以在因特网上上传下载，或者在电子邮件中发送，可以存储于硬盘、CD-ROM、闪存等介质中。MP3 算法一般不带有加密或复制保护，其内容可以任意复制。许多共享软件和商业软件均可以将音乐文件编译成 MP3 文件，用支持 MP3 的软件进行播放。MP3 及其他 MPEG 音频编码一般不提供纠错编码，若要求进行纠错时，则必须提供额外的信道编码。

（5）MPEG-2 音频压缩

MPEG-2 音频压缩的范围包括数字 HDTV 电视节目的发送以及从因特网上的下载等。它可以兼容多声道、低采样率以及高级音频编码（advanced audio coding，AAC）等非向后兼容的多声道声音。MPEG-2 音频压缩编码标准包括 MPEG-1 音频压缩编码标准的第一、二、三层，使用相同的编码和译码原理。在许多情况下，为了应用 MPEG-1 所设计的算法，也适合用于 MPEG-2。MPEG-2 可以提供的采样频率为 32 kHz，44.1 kHz 和 48 kHz 的多声道声音。其向后兼容 MPEG-1，用 BC 表示向后兼容，则可表示为 MPEG-2BC。另外，MPEG-2 还支持采样频率为 16 kHz，22.05 kHz 和 24 kHz 的单声道和立体声编码，这部分附加频率不向后兼容 MPEG-1，称为 MPEG-2 LSF。

MPEG 组织在 1997 年制定了 ISO/IEC 13818-7 标准，即 MPEG-2 AAC（高级音频编码），它在每个声道以 64 kb/s 的比特率对立体声或多声道声音编码，也提供 5.1 声道的编码。AAC 不向后兼容 MPEG-1，除去兼容性的限制外，它的其他性能比 MPEG-2 BC 优越。AAC 支持采样频率为 32 kHz，44.1 kHz 和 48 kHz 的信号，也支持 8～96 kHz 的采样频率，产生的最大比特速率分别为 48 kb/s 和 576 kb/s。

听力测试表明，MPEG-2 AAC 在 320～250 kb/s 时的性能优于 640 kb/s 的 MPEG-2 的音频第二层。MPEG-2 AAC 在 128 kb/s 时提供的声音质量优于在 192 kb/s 时的 MPEG-2 的音频第二层以及 128 kb/s 时的 MPEG-2 的音频第三层。MPEG-2 AAC 在 96 kb/s时的声音质量与 192 kb/s 时的 MPEG-2 的第二层以及 128 kb/s 时的 MPEG-2 的音频第三层相同。

（6）MPEG-4 音频压缩

MPEG-4 第二版在第一版的基础上添加了一些工具,扩展了标准的音频可视能力,提高了音频错误的恢复能力。此外,还增加了音频的环境空间化,提供了低速率编码实验的音频编码,并且利用面向对象编码提高了音频编码的效率,允许在不同编码技术之间选择或交换。MPEG-4 编码是一种针对回忆性试听设备的编码算法,其特点在于非常低的比特速率,可以在因特网以及其他网络上操作。

MPEG-1 和 MPEG-2 仅描述了基于帧的、交互能力的视频和音频压缩、传输和存储,MPEG-4 则提供了单个数据对象上的控制以及与它们相互关联的方法,综合了许多不同形式的数据。然而,MPEG-4 没有说明传输机制,于是它就可以使用许多不同的方法,例如MPEG-2 传输流、异步传送模式(asynchronous transfer mode,ATM)以及因特网上的实时传送协议(real-time transport protocol,RTP)等,访问网络和其他的数据。

在 MPEG-4 中,高质量的音乐编辑、语音编码、语音合成和计算机音乐都归入一个统一的框架。其适应范围广泛,从低复杂度移动通信的接入到高质量的音乐系统都适用。MPEG-4 用 MPEG-2 AAC 及 MPEG-4 编码来支持高质量单声道、立体声和多声道信号,并且还特别针对非常低的比特速率(2~64 kb/s)的自然音调进行了编码。当使用可变速率编码时,可以对低于 2 kb/s 速率的信号进行编码。

4.2.6　推荐的数字资源压缩规范

图书馆的数字资源进行加工、传输和存储时,需要区分不同的生命周期,针对不同生命周期的数字资源采用不同的压缩策略。

1.数字资源的生命周期

在图书馆中,数字资源的生命周期可以分为长期保持级、复制加工级和发布服务级。

- 长期保存级:作为档案保存及出版用的数字资源,不用于发布服务;可作为格式转换和复制的母本。
- 复制加工级:有较高质量的数字资源,是加工复制各种精度、大小的数字资源的母本文件,供专家、合作伙伴及专门组织成员通过网络有条件权限地访问。
- 发布服务级:供普通读者通过网络访问,可进行浏览、下载、复制的数字资源。

2.长期保存级数字资源的压缩

对于长期保存级别的数字资源来说,由于需要格式开放透明、持续可解释,不包含加密协议,也不包含加密选项,可转换,支持其他格式转换为长期保存格式,因此对长期保存级别的数字资源一般不采取压缩格式。

3.复制加工级数字资源的压缩

文本数据转换为 PDF 格式,并做适度压缩。

图像数据的压缩见表 4.2。

表 4.2 复制加工级图像数据的压缩

文献类型	图像分辨率/dpi	色彩位深	允许的编辑加工	文件格式压缩算法
普通图书类	300	黑白 8 位 24 位	锐化、裁切、纠偏、去噪，色彩管理	JPEG 2000 或 PDF
古籍类	300~600	8 位 24 位 更高	锐化、裁切、纠偏、去噪，色彩管理	JPEG 2000 无损压缩
手稿类	300~600	8 位 24 位 更高	锐化、裁切、纠偏、去噪；成比例扩展，最低限度地调整彩色和色调	JPEG 2000 无损压缩

视频数据的压缩见表 4.3。

表 4.3 复制加工级视频数据的压缩

视频速率	音频速率	帧速	音频采样	建议编码
2000 Kbps	384 Kbps	25/30 fps	立体声 48 kHz	MPEG-4 编码的 WMV、FLV 或 RM

音频数据的压缩见表 4.4。

表 4.4 复制加工级音频数据的压缩

比特率/采样率	量化级	通道数	推荐压缩格式
64~320 Kbps 44.1 kHz	16 bit	双声道	MP3 AAC WMA

4.发布服务数字资源级的压缩

文本数据转换为 PDF 格式高度压缩。

图像数据的压缩见表 4.5。

表 4.5 发布服务级图像数据的压缩

文献类型	图像分辨率/dpi	色彩位深	允许的编辑加工	文件格式压缩算法
普通图书类	72~96	黑白 8 位 24 位	锐化、裁切、纠偏、去噪，色彩管理	JPEG 2000 或 PDF
古籍类	72~96	8 位 24 位 更高	锐化、裁切、纠偏、去噪，色彩管理	JPEG 2000 无损压缩
手稿类	72~96	8 位 24 位 更高	锐化、裁切、纠偏、去噪；成比例扩展，最低限度地调整彩色和色调	JPEG 2000 无损压缩

视频数据的压缩如表 4.6 所示。

表 4.6　发布服务级视频数据的压缩

视频速率/Kbps	音频速率	帧速/fps	音频采样	建议编码
46	16K	15	立体声 44.1kHz	MPEG 4 编码的 WMV、FLV 或 RM

音频数据的压缩见表 4.7。

表 4.7　发布服务级音频数据的压缩

比特率/采样率	量化级	通道数	推荐压缩格式
16～4 Kbps 22.05 kHz	16 bit	双声道/单声道	MP3 AAC WMA

参考文献

[1] AudioMD/VideoMD［S/OL］.［2017-8-30］. http://www. loc. gov/standards/amdvmd/index. html.

[2] CADAL 基本元数据标准与扩展集标准（草）［S/OL］.［2017-8-30］. http://www. cadal. cn.

[3] CADAL 音频数字对象制作规范（草）［S/OL］.［2017-8-30］. http://www. cadal. cn.

[4] CADAL 音频资料数字化的元数据标准规范（草）［S/OL］.［2017-8-30］. http://www. cadal. cn.

[5] Dublin Core［S/OL］.［2017-8-30］. http://www. dublincore. org/.

[6] Metadata Object Description Schema（MODS）［S/OL］.［2017-8-30］. http://www. loc. gov/standards/mods/.

[7] MARCXML MARC 21 Schema（MARCXML）［S/OL］.［2017-8-30］. http://www. loc. gov/standards/marcxml/.

[8] METS［S/OL］.［2017-8-30］. http://www. loc. gov/standards/mets/.

[9] MIX［S/OL］.［2017-8-30］. http://www. loc. gov/standards/mix/.

[10] PREMIS［S/OL］.［2017-8-30］. http://www. loc. gov/standards/premis.

[11] SNIA［S/OL］.［2017-8-30］. http://www. snia. org/.

[12] TextMD［S/OL］.［2017-8-30］. http://www. loc. gov/standards/textMD/.

[13] 刘凯,刘博. 存储技术基础［M］. 西安:西安电子科技大学出版社,2011.

[14] 萨曼达,希瓦史塔瓦. 信息存储与管理:数字信息的存储、管理和保护［M］. 罗英伟,等,译. 北京:人民邮电出版社,2010.

[15] 张冬. 大话存储Ⅱ——存储系统架构与底层原理极限剖析［M］. 北京:清华大学出版社,2011.